KB148306

정원에서의 질문

정원에서의 질문

뜰은 좁지만
질문하는 인간은 위대하다

김풍기 지음

그린비

그림1 서거정

그림 2 김홍도, 〈송석원시사야연도〉

그림 3 이인문, 〈누각아집도〉

그림 4 정선, 〈수성구지〉

그림 5 정선, 〈인왕제색도〉

그림 6　허련, 〈태령십청원〉

그림 7 이인문, 〈산수인물도〉

그림 8   임득명, 『옥계십이승첩』 중 〈등고상화〉

일러두기

1 이 책에서는 '정원'보다는 '뜰'이라는 말을 주로 사용하였다. 약간의 차이는 있으나 두 단어는 대체로 비슷한 의미로 사용된다. '뜰'이라는 단어를 주로 쓴 것은 우리말이 가진 어감을 살리고자 한 것이다.

2 우리나라의 조경 관련 법에는 '정원'을 법률 용어로 규정하고 있으며, 조경학에서도 '정원'이라는 말을 주로 사용한다.

3 단행본 및 정기간행물에는 겹낫표(『 』)를, 논문 및 단편에는 낫표(「 」)를, 그림, 비석, 지도 등에는 화살괄호(〈 〉)를 사용하였다.

4 외국어 인명, 지명 등 고유명사는 2002년에 국립국어원에서 펴낸 외래어표기법에 따라 표기하되, 국내에서 통용되는 관례를 고려하여 예외를 두기도 하였다.

작은 숨터에서의 행복한 기억들

생각만 해도 아련해지는 어린 시절의 기억 한두 개쯤은 누구나 가지고 있을 것이다. 아파트에서 태어나 줄곧 아파트에서 자란 사람이라도 나름의 아련한 기억을 간직하듯 산골에서 자란 나는 아름다운 기억들을 많이 간직하고 있다. 어릴 적 살던 집을 생각하면 지금도 그때의 풍경이 선연히 떠오른다. 부엌 하나에 방 세 칸, 그 옆에 화장실과 외양간이 붙어 있고, 작은 마당과 엉성한 나무 울타리가 있던 작고 소박한 집이었다.

작은 초가집에 새벽빛이 스미면 마당 한쪽 작은 뜰에서 밤새 잠들었던 풀과 꽃과 나무들이 깨어나는 소리가 들리는 듯했다. 새벽녘 특유의 냄새와 함께 소여물 끓이는 냄새가 은은히 퍼지는 그 시간, 나는 계절에 따라 세상을 다르게 꾸며 주는 자연을 돌아보면서 집 주변을 산책하곤 했다. 봄이면 온갖 풀과 나무에서 새순이 돋고 연녹색 이파리들이 아기 손 같은 새순을 내밀었다. 여름이면 온갖 과일들이 지천에 달렸다. 가을이면 감과 밤이 절로 익었다. 겨울 아침이면 허연 입김을 내뿜으며 외양간으로 간 나는 간밤에 소가 잘 잤는지 보았다. 그 시절 우리 집 작은 뜰은 내게 매일 새로운 삶을 펼쳐 주던 '드넓은' 공간이었다.

뒷산 너머로 해가 지고 짙푸른 저녁 빛이 천지를 감싸면 웬일인지 아련하고 슬펐다. 세상의 슬픔과 고통을 모르던 때였으나 낮과 밤의 경계가 모호해지는 저물녘이면 왠지 차분해진 마음으로 뜰을 바라보는 나를 느낄 수 있었다. 저녁이 집 마당으로 밀려들어 오는 그 시간, 멍하니 뜰을 마주한 나는 평소에는 하지 않던 많은 생각들을 하곤 했다.

장성하여 도시로 나와 아파트 생활을 하게 되면서 뜰에서 자라던 기억을 잊었다. 공부하느라 바빴고, 결혼해서 생활을 꾸려 나가느라 바빴고, 아이를 키우느라 바빴고, 직장에서 이런저런 일을 하느라 바빴다. 그러는 동안 세월은 흘러 아파트는 내 삶의 기반이 되었다. 겨우 몇 평의 공간을 더 얻으려고 갖은 일을 하면서 돈을 모았다. 물론 그렇게 살아온 삶이 깡그리 부정해야 하는 나쁘기만 한 삶이라는 말을 하고 있는 것은 아니다. 다만 어느 순간 내 마음속 깊은 곳에서 어린 시절에 겪었던 자연이 조금씩 되살아나고 있었다는 얘기를 하고 싶은 것이다.

도시 외곽에 집을 지어 나가기로 한 것은 전적으로 충동적인 결정이었다. 아파트를 벗어나서 시외로 나가자 우리 가족의 생활은 완전히 달라졌다. 개인 주택에서 살아 본 사람은 누구나 고개를 끄덕일 터인데, 개인 주택은 사람을 그냥 두지 않는다. 집으로 돌아가는 순간부터 계속해서 사람을 움직이게 한다. 집을 손봐야 하기 때문이기도 하지만 사람을 계속 움직이게 하는 것은 바로 뜰이다. 비가 오면 뜰에 나가 배수로를 살펴야 하고 눈이 오면 눈을 쓸어야 한다. 가지치기를 해야 하고 잔디를 깎아야 하고 벌레를 잡아야 한다.

　　작으나마 뜰이 생기자 마당 한쪽에는 텃밭을, 다른 쪽에는 화단을 만들게 되었다. 집 가장자리에는 여러 종류의 나무를 심었다. 그리고 마당에는 한여름의 뜨거운 복사열을 막기 위해 잔디를 심었다. 그렇게 작은 공간에서 수많은 생명들이 자랐고 또 사라져 갔다. 해와 달이 뜨고 지는 사이에 작은 뜰은 우주 만물의 놀이터 역할을 톡톡히 했다. 잡초라는 명목으로 마당에 자라난 풀들을 뽑으면서 늘 그 생명들에게 미안했다. 심었던 나무가 말라서 죽기라도 하면 마음이 몹시 아팠다. 휴일 오후에 처마 밑에 앉아 뜰을 바라보면 얼마나 마음이 평온했는지 모른다. 책을 읽다가 시원한 바람이라도 불어올라치면 책을 덮고 풋잠을 자기도 했다. 그러는 동안 세상에서 받았던 상처들이 하나씩 치유되는 느낌이 들었다. 작은 뜰은 세파(世波)에서 잠시 벗어나 쉴 수 있는 쉼터인 한편, 답답한 현실에서 한발 비켜나 숨을 쉴 수 있는 숨터이기도 했다. 거기서 나는 열심히 책을 읽고 글을 썼다. 아내와 아들의 삶도 그곳에서 더욱 단단하고 아름답게 여물어 갔다.

그 무렵 우연히 옛사람들의 시문에서 그들의 뜰에 대한 이야기를 접하게 되었다. 그리하여 옛사람들 역시 자신의 뜰에서 삼라만상을 만나고 거기에서 삶을 돌아보았다는 것을 알게 되었다. 대부분 짧은 기록들이었지만 드물게는 제법 긴, 혹은 여러 편의 시문으로 그들은 자신의 뜰을 기록하고 있었다. 거기서 그들은 자신이 마주한 현실과 대차게 대결했고 그렇게 함으로써 새로운 사유의 지평을 열기도 했다.

이 책은 옛사람들이 자신의 작은 뜰에서 펼쳤던 사유를 주요 내용으로 삼고 있다. 그 공간을 일반적으로는 '정원'이라 부르지만, 나는 '뜰'이라 부르고 싶다. 내게는 정원보다 뜰이라는 말이 더 정겹기 때문이다.

아파트를 벗어나 작은 뜰이 있는 집으로 거처를 옮기자 아내는 정신적으로 훨씬 여유로워졌으며, 아이는 처음으로 고향을 가진 느낌이라고 했다. 이러한 삶의 변화들이 참으로 소중하다. 뜰에서 만났던 수많은 생명들이 아니었더라면 어찌 이 글을 쓸 수 있었을까. 아침이면 창가에 와서 소란스레 지저귀던 참새 떼며 들고양이들, 저녁이면 마을을 순찰이라도 하듯 하늘 가득 유유히 날아가던 까마귀 떼, 텃밭에서 뛰놀던 개구리와 딱정

벌레들, 여름밤이면 이따금 찾아오던 반딧불이들, 눈 내린 아침
이면 어느새 발자국을 찍어 놓고 사라진 이름 모를 새들이 생각
난다. 산수유, 매화나무, 왕벚나무, 소나무, 호두나무, 대추나무
등 계절을 따라 피고 졌던 아름다운 나무들. 서부해당화, 하늘매
발톱, 붓꽃, 양귀비, 로즈마리, 박하, 오레가노, 타임, 레몬밤 등
일일이 거명하지 못할 정도로 많은 꽃과 식물들. 초대하지 않았
는데도 어느새 슬며시 찾아와 꽃을 피우던 달맞이꽃이나 개망
초의 멋진 자태를 어찌 잊을 것인가. 그 생명들 덕분에 우리 가
족은 참으로 행복했다.

　옛사람들이 묘사한 뜰을 볼 때마다 나는 나의 작은 뜰을
떠올리며 즐거워했다. 옛사람들이 지냈던 뜰, 그리고 내가 살았
던 뜰은 몹시 작고 소박할지는 몰라도 거기서 만난 우주 삼라만
상과 드넓은 사유의 지평은 장엄했노라고 감히 말할 수 있다. 이
글을 통해서 많은 분들이 뜰의 가치를 새삼 돌이켜보고 생명의
소중함까지 떠올릴 수 있다면 참 좋겠다. 아파트 베란다에서 자
라는 작은 화분에서도 뜰을 느끼고, 생명과 우주의 장엄을 느낄
수 있으리라 믿는다. 이 책이 옛사람들의 멋진 생각을 읽는 동안
여러분 주변의 작은 쉼터이자 숨터를 다시 한번 돌아볼 계기가
된다면 더는 바랄 것이 없겠다.

2024년 봄, 춘천에서
김풍기

차례

정원에서의 질문

작은 뜰에서 던져 보는 작은 생각들

작은 뜰에서 얻은 평화

시골에서 농사를 도우며 자란 내게 텃밭 가꾸기는 생각도 하기 싫은 일이었다. 중학교 때까지 전기가 들어오지 않았던 그 시절 나의 일상은 정해져 있었다. 오후 3시쯤 하교하면 가방을 방에 휙 던지고는 소를 끌고 뒷산으로 갔다. 농촌에서 소를 먹이는 일은 매우 중요한 일과다. 하지만 어른 한 명이 온전히 담당하기에는 부족한 감이 있는 일이다. 그것은 대체로 중학생 정도의 아이가 하기에 적당한 일이었다. 우리 집에서는 내가 그 일을 담당했다. 다른 친구들도 나와 사정이 같았다. 뒷산에 가면 대부분의 아이들이 소를 끌고 그곳에 모여 있었다.

　　그렇게 모인 아이들은 계절과 날씨에 따라 다양한 놀

이로 시간을 함께 보냈지만 우리에게 부과된 일은 반드시 수행해야 했다. 내 경우엔 소가 풀을 뜯는 동안 꼴을 한 짐 베고 나무도 한 짐 해야 했다. 그 일을 마치면 무거워진 지게를 진 채 소를 끌고 집으로 돌아간다. 저녁밥은 기나긴 여름 한낮이 어둑해질 때쯤 느지막이 먹는다. 그러고 나면 비로소 종일토록 지친 몸을 누일 수 있는 시간이 온다. 어른들에게는 다른 노동의 시간이 기다리고 있었는지 모르지만, 적어도 나에게는 온전히 나만의 시간이 허여(許與)되었다.

　기분 좋은 포만감과 함께 툇마루에 누워서 하늘에 펼쳐진 별바다를 바라보던 그 시간들을 어찌 잊을 수 있을까. 이따금 뒤뜰 대숲을 스쳐 불어오던 시원한 바람이라든지 검은빛으로 저 멀리 고요하게 웅크리고 있던 산자락의 멋진 선, 순식간에 밤하늘 한쪽을 가로지르던 별똥별의 날렵한 꼬리, 은빛 물결 일렁이던 은하수의 빛나는 자태를 바라보던 순간은 고스란히 마음에 남아 있다. 방문 틈으로 새어 나오던 호롱불의 노르스름한 빛과 함께 라디오에서 나오는 알 수 없는 노랫소리를 희미하게 들으면서 나도 모르게 잠들던 시간이 그리워진다. 툇마루는 아주 작고 좁았다. 하지만 그곳에 앉거나 누워서 보았던 풍경을 잊지 못한다. 계절과 날씨에 상관없이 그곳에서 보던 풍경은 늘 내 마음에 평화를 가져다주었다. 거창하게 '평화'라고 이름 붙였지만, 적어도 그 공간이 내게 주었던 안온함과 평안함, 느긋한 감정은 여전히 기억하고 있다. 어쩌면 어린 시절 그 툇마루는 내가 누릴 수 있는 최고의 평화를 경험하게 해 준 곳이 아니었을까 싶다.

그 평화로움을 오랫동안 잊고 있었다. 도시 생활의 일상은 내가 다른 생각을 하거나 다른 곳으로 눈 돌릴 틈을 주지 않았고, 도시가 제공하는 편리함은 다람쥐 쳇바퀴 도는 듯한 반복적인 생활이 내가 원래 누리고 있던 삶인 것 같은 착각을 자아냈다. 그렇게 살아오는 동안 어린 시절의 기억은 영영 잊히는가 싶었다.

내가 다시 툇마루에서의 기억을 떠올린 것은 몇 년 전이다. 아파트 생활을 청산하고 도시 외곽에 작은 집을 지어 이사를 한 것이다. 집과 함께 뜰이 생겼다. 뜰이 생기자 많은 일이 벌어졌다. 자연 속에서 예상치 못했던 친구들이 수없이 찾아왔다. 참새며 딱새, 할미새 들이 슬며시 뜰에 날아들어 오더니 어느새 자기 집인 듯 떼를 지어 몰려와 노닐었다. 심지어 까마귀도 자주 지붕에 날아와 앉아 동네를 굽어보았다. 그러자 나도 점점 밖으로 나가는 시간이 늘어났다. 어떤 날은 마당가에 앉아 종일 책을 읽으며 지냈다. 그러다가 어린 시절 툇마루에서 바라보던 뜰이 떠올랐다.

글자의 구성과 의미: 원(園), 정(庭), 포(圃), 유(囿), 원(苑) 등

우리가 사는 터전은 일정한 경계로 공간이 구별된다. 울타리 안쪽에는 건물이 있고, 건물 이외의 공간은 집주인의 취향에 따라 다양하게 활용된다. 울타리와 건물 사이에 존재하는 넓은 공간을 흔히들 정원이라고 부르지만, 그 공간을 지칭하는 용어는 다양하다. 떠오르는 대로 열거해 보겠다. 원(園, 苑), 정(庭), 정원(庭園, 庭苑), 원정(園庭), 원정(園亭), 원림(園林), 원유(園囿, 苑囿), 화원(花園), 임천(林泉) 등이 있다. 비슷해 보이지만 맥락에 따라 의미가 약간 다르다. 우리말에도 그 공간을 지칭하는 말이 있다. 뜰, 뜨락, 마당 등이 떠오른다. 우리말 역시 그 뜻이 같기도 하고 다르기도 한데 맥락에 따라 단어마다 어감의 차이가 있다.

　　조경학 분야 연구자들은 자기 생각에 따라 이들 단어 중 하나를 선택해서 전문용어로 사용하지만, 그렇지 않은 일반 시민들은 아무래도 정원이라는 단어를 일상적으로 쓴다. 그런데 일상생활뿐 아니라 전문 분야에서 사용하고 있는 이 단어들은 어떤 의미를 지니고 있을까. 한자부터 하나하나 살피면서 단어의 뜻을 정리해 보자.

　　원(園)이라는 글자의 어원은 무엇일까? 어원을 따지는 일은 일견 허망하게 느껴지기도 하지만(누구도 그 글자가 만들

어지는 순간을 목격하지 못했다는 점에서!) 글자를 뜯어보면서
의미를 곱씹어 본다는 점에서는 중요할 때도 있다. 어원에 대
한 책은 제법 많지만, 그중 몇 가지만 살펴보기로 한다.

한나라 허신(許愼)이 편찬한 『설문해자』說文解字에서는
'園'이라는 글자가 口(국)과 袁(원)으로 구성된 것이라고 하면
서, 과일나무를 심은 곳(樹果也)을 뜻한다고 하였다. 우리가 흔
히 쓰는 과수원(果樹園)이야말로 이 사례에 가장 적합한 단어
다. 이러한 해석의 맥락은 『시경』詩經의 주석에도 나타난다. '園'
이라는 글자는 채마밭 같은 곳에 울타리를 치고 그 안에 나무
를 심을 수 있는 곳(園者, 圃之樊, 其內可樹木也:「정풍 ─ 장중자」
鄭風 ─ 將仲子)을 지칭한다는 것이다.

중국 근대의 원림 연구자 동준(童雋, 童寯으로도 표기)
은 『강남원림지』江南園林志에서 울타리를 뜻하는 口 안에 집[土]
과 연못[口], 정원 입구의 돌과 나무 등을 의미하는 부수들이
모여서 만들어진 袁(원)이 들어 있다고 하였다. 전거를 밝히지
않았기에 그가 왜 이렇게 풀이했는지는 알 수 없지만, 적어도
園(원)을 울타리를 경계로 해서 그 안에 여러 요소를 넣은 것
으로 보았다는 점에서는 우리가 지금 생각하는 정원의 의미와
비슷하다고 하겠다.

글자 구성의 의미에 대해서 시라카와 시즈카는 『상용
자해』常用字解(박영철 옮김, 길, 2022)에서 이렇게 풀이했다. 시라

카와 역시 『설문해자』와 마찬가지로 園이 袁이라는 글자를 囗
자가 둘러싸고 있는 모양으로 구성된 것으로 보았다. 그러면
서 袁(원)이 죽은 사람의 옷깃(衣) 언저리에 옥(玉)을 놓아두
고 그 베갯머리에 之(지, 간다는 뜻)를 더해서 죽은 사람이 사
후 세계로 간다는 의미를 담았다고 풀었다. 따라서 園(원)이
묘지를 조성한 공간을 지칭하는 것이라면 苑(원)은 평평한 지
형을 지칭하는 것이라서 주로 정원이나 목장을 의미한다고 보
았다. 이런 맥락에서 왕조실록에 자주 보이는 원릉(園陵)이라
는 표현이 적절한 예가 될 것이다. 또한 영조의 생모인 숙빈최
씨를 모신 소령원(昭寧園)이라든지 사도세자를 모신 영우원
(永祐園), 선조의 후궁 인빈김씨를 모신 순강원(順康園) 등에서
보이는 '園'이 바로 이러한 의미를 담은 글자다. 물론 이것은
일본의 문화적 배경을 염두에 둔 해설일 가능성이 높지만 적
어도 園이라는 글자의 의미 중 묘원(墓園)의 의미가 제법 크게
들어 있는 것은 분명해 보인다.

　　근대 이전 시기의 한자 어원을 탐구한 권위 있는 책인
『설문해자』와 현대의 어원 연구자인 시라카와의 『상용자해』
의 풀이가 달라도 너무 달라 어느 쪽을 따를지 고민된다. 게
다가 지금은 원(園)과 비슷한 의미로 사용하고 있는 원(苑)을
『설문해자』에서는 짐승을 기르는 곳으로 해석했지만 『상용자
해』에서는 정원이나 목장처럼 평평한 지형의 장소를 뜻한다

고 하니 어느 장단에 춤을 추어야 할지 난감하다.

　그렇다면 庭(정)은 어떻게 구성된 글자일까. 『설문해자』에서는 궁중(宮中)을 뜻한다고 했다. 즉 건물의 한가운데를 뜻하는 것으로 방의 정실(正室)을 말한다. 이것이 후에 조정을 뜻하는 것으로 의미가 확대되었다. 남조시대 양나라 고야왕(顧野王, 519~581)이 『설문해자』를 계승하여 편찬한 것으로 알려진 『옥편』玉篇에서는 이 글자의 의미를 "당의 계단 앞을 말한다"(堂階前也)고 하여, 지금 우리가 사용하고 있는 뜰의 개념을 명확하게 드러냈다. 시라카와 시즈카는 『설문해자』의 글자 구성을 그대로 받아들이면서 해석한다. 시라카와에 의하면 이 글자는 의례를 행하는 장소를 포함하여 넓은 마당을 지칭하는 글자다. 广(엄)은 건물의 지붕을 형상화한 것이고 그 안에 들어 있는 廷(정)이 벽으로 구획된 궁중 의례를 행하는 장소를 뜻하기 때문이다. 어떻든 庭은 『설문해자』가 정확하게 지적한 것처럼 집 한가운데에 있는 뜰(혹은 마당)을 말한다.

　이와 유사하지만 다른 의미를 가진 글자로 圃(포)가 있다. 일반적으로 채마밭을 일컫는 것으로 알려진 이 글자는 지금도 『설문해자』의 의미를 그대로 따라 읽고 해석된다. 과일나무를 심는 곳을 원(園)이라고 한다면 채소를 심는 곳을 포(圃)라고 한다.

　유(囿) 역시 비슷한 의미의 글자다. 이것은 집 앞의 정원이 주변 숲으로 확장된 것을 지칭하는데, 주로 궁중에서 사용된다. 왕을 위하여 나무를 울창하게 기르거니와 특히 짐승을 기르는 곳이라는 의미를 동시에 지닌다. 『설문해자』에 의하면 이 글자는 원(苑)에 담장이 있는 것을 의미한다고 하니 상당한 규모를 상정해야 뜻이 해석될 수 있다. 물론 『자림』字林과 같은 책에서는 "담이 있으면 원(苑), 담이 없으면 유(囿)"(有垣曰苑 無垣曰囿)라고 하여 반대의 기록을 남긴 바 있다. 『자림』은 서진(西晉) 무제(武帝) 때의 인물인 여침(呂忱, 생몰연대 미상)이 『설문해자』를 증보하여 펴낸 매우 중요한 서적으로 당나라 때에는 과거시험 과목으로 채택될 정도로 중시되었다. 이렇게 중요한 책에서 서로 반대의 견해가 기록된 것으로 보아, 어원을 분석하고 의미를 탐색하는 과정은 어느 때나 지난하면서도 불확정성을 담지하고 있는 것 같다.

앞서 언급했듯 어원을 살피는 일은 그 의미를 깊이 따져 본다는 의의를 가지지만 지나치게 어원을 내세워 의미를 확정하는 일은 조심스럽게 해야 한다. 어원을 탐색하는 것 이상으로 중요한 것은 지금 우리가 사용하고 있는 단어의 용법과 의미 규정일 것이다. 언어는 시대에 따라 변화하는 것이고, 그 안에 해당 시대를 살아가는 사람들의 시대정신이 담기기 때문이다.

정원과 원림, 인위(人爲)가 지향하는 자연

건물 주변에 나무와 화훼, 휴식을 위한 약간의 공토(公土)를 포함하는 공간을 지칭할 때 일상적으로 '정원'이라는 단어를 널리 사용한다. 이와 함께 조경 분야를 비롯하여 한국 고전 인문학 분야에서는 원림(園林)이라는 단어를 사용한다. 물론 연구자에 따라 여러 용어가 쓰이고 있지만, 사용 빈도수를 고려할 때 정원과 원림이 중요해 보인다. 두 단어의 용례를 통해서 그 의미를 살펴보자.

　　적어도 나에게, 일상 언어생활에서 가장 친숙한 단어는 정원(庭園)이다. 상당히 이른 시기에 관련 분야의 전공서를 펴낸 정동오 선생은 『한국의 정원』(민음사, 1986) 앞부분에서 용어를 전반적으로 검토하면서 '정원'이라는 용어가 19세기 말에 일본인이 만든 조어라 주장한 바 있다. 이 말이 20세기 전반에 우리나라에도 널리 사용되어 일상적인 단어가 되었을 뿐만 아니라 일본과 중국에서도 널리 사용되고 있다고도 하였다. 시대에 따라 달라지기는 하지만 정동오 선생은 정원의 개념을 주로 흙, 돌, 나무 등 자연 재료 및 건축물에 의해 미적이며 기능적으로 구성된 특정 구역을 지칭하는 것으로 정의하는 석천(石川)의 개념을 따르는 것이 어떤가 하는 의견을 제출한 바 있다.

'정원'이라는 용어는 사실 근대 이전 우리나라 문인들
의 기록에서 쉽게 발견하기 어려운 단어인 것이 분명하다. 그
나마 이 단어의 용례가 대체로 일본에 통신사(通信使)로 다녀
온 사람들이 일본 풍경을 묘사한 기록에서 나타나기 때문에
전적으로 우리나라의 환경을 반영하는 것으로 보기는 어렵겠
다. 그렇게 드문 와중에 다음과 같은 용례가 보인다.

> 遠遊前歲廢庭園　　지난해 멀리 노니느라 정원은 황폐해져
>
> 園裏名花百不存　　정원 안 이름난 꽃들 모두가 남아 있지 않네.
>
> 最愛淸芬霜下傑　　가장 좋구나, 맑은 향기가 서리 속에서 우뚝
> 　　　　　　　　　한 것이여,
>
> 許令移種雨中根　　빗속에서 뿌리를 옮겨 심은 것들이지.
>
> ── 권호문, 「국화를 구하다」乞菊, 『송암집』松巖集 속집續集 권3

이 글 속 정원은 현재의 우리가 생각하는 정원의 의미
와 일치하는 것으로 보인다. 멀리 외유하는 동안 정원을 돌
보지 못해서 이름난 모든 꽃들이 사라졌지만, 황폐하고 어려
운 환경 속에서도 빗속에 옮겨 심어 놓은 국화는 서리가 내
린 뒤까지도 맑은 향기를 뿜내며 정원에 우뚝 서 있는 풍경
을 읊었다. 권호문(權好文, 1532~1587)은 퇴계(退溪) 이황(李滉,
1501~1570)의 제자로, 벼슬에 나아가지 않고 평생 강학과 교육

에 종사했던 훌륭한 처사(處士)다. 이 시에서 우리는 험난한
세상에 맞서서 절의를 지키려는 권호문의 신념을 느낄 수 있
다. 온갖 꽃이 사라진 황폐한 정원을 바라보는 권호문의 마음
은 쓸쓸했겠지만, 황폐함 속에서도 맑은 향기와 노란빛을 드
러내는 국화를 보면서 자신의 마음을 돌아보지 않았을까.

　　조선 중기 권호문의 글에 보이는 용례를 제외하면
몇 차례 되지 않는 용례는 대부분 일본 정원을 그리거나 반
영한 것들이다. 조선 말기 문장가 운양(雲養) 김윤식(金允植,
1835~1922)이 1917년에 쓴 「강동서」崗桐序(『운양집』雲養集 권2)에
정원이라는 단어가 나오지만, 이때는 조선이 이미 일본에 의
해 강제 병합된 이후이기 때문에 이 단어가 과연 우리나라에
서 옛날부터 사용하던 것인지에 대해서는 쉽게 단정 지을 수
없다.

　　흥미로운 예 중에 조선 세종 때 편찬된 『의방유취』醫方類
聚라고 하는 의학서적을 들 수 있다. 이 책에서는 천지 사이에
존재하는 모든 사물은 모두 약물로 사용할 수 있다고 하면서
여러 가지 공간과 물건을 열거하는데, 다음 구절은 정원이라
는 단어를 정의하는 단서를 마련해 준다.

　　사용하는 약물에 이르면 하늘과 땅 사이에 사용할 수 없는 것은
　　없다. 산, 언덕, 밭과 들, 성의 담장, 도로, 정원, 섬돌, 방, 문, 벽,

옷, 이부자리, 깨진 그릇, 썩은 물건, 오래 묵은 돌덩이, 오래 쌓
인 먼지 등 없는 것이 없다.[1]

여기에 보면 주변의 공간을 몇 가지로 구분하면서 정
원과 섬돌과 방과 문을 거론했다. 이 말은 정원이 담장과 섬돌
사이에 위치하는 공간이라는 것을 전제로 하는 단어임을 짐작
하게 한다. 이런 자료로 미루어 보건대, 근대 이전 사람들은 담
장 안의 건물 주변에 있는 공터를 다른 곳과 구별되는 공간으
로 인식했다는 점을 알 수 있다.

한편, 조경학 분야에서 널리 사용되는 용어 중에 원림
(園林)이라는 단어가 있다. 이 분야의 글을 살펴보면 연구자에
따라 몇 가지 용어를 쓰기는 하지만 역시 정원과 원림이라는
용어가 단연코 많이 쓰고 있다. 근대 이전 기록에 나오는 용례
를 보면 '원림'은 자주 등장한다고 하겠다. 문맥에 따라 집 안
의 공간을 의미하기도 하고 집 주변의 숲을 포함하는 단어로
사용되기도 했다. 두 가지 개념이 명확하게 구분되는 것은 아
니지만 몇 가지 사례를 들어 보자.

예컨대 최치원(崔致遠, 857~?)이 쓴 「대숭복사비명」大崇

---

1   至於所用有物, 無非天地開用, 則山·丘·田野·城牆·道路·庭園·堦砌·堂舍·戶·壁·衣裳·
    褥席·敗器·朽物·遠結凝塊·久堆塵垢, 無所不有(『의방유취』 권3).

福寺碑銘(『고운집』孤雲集 권3)의 주석에 "원림에 거위를 기르자 뱀들이 멀리 달아났다"(養鵝園林, 則蛇遠去)는 문장이 있다. 매우 이른 시기에 등장하는 용례인데, 이 경우 원림은 숭복사 주변 공간을 지칭한다. 특히 절을 왕래하는 승속(僧俗)들이 뱀에게 피해를 입지 않도록 거위를 길렀다는 것으로 보아 원림은 절 주변의 숲을 전체적으로 지칭한다기보다는 사람들이 오가는 건물 가까운 공간을 지칭하는 것으로 보아야 한다. 조선 중기 문인 정두경(鄭斗卿, 1597~1673)이 "화초는 진실로 버릇이 되어, 원림에 온갖 것을 손수 심는다"(花卉眞成癖, 園林盡手栽, 「成秀才時望江亭」, 『東溟集』 권4)라고 쓴 구절이 있다. 여기서 원림 역시 집 안 건물 주변의 공간을 지칭하는 것으로 보아야 한다.

　　이에 비해 이색(李穡, 1328~1396)의 시에서는 원림의 공간 범위가 조금 다르게 나타난다.

苔痕草色共靑靑　　이끼와 풀빛 모두 푸르고 푸른데

風滿園林雨滿庭　　바람은 원림에 가득하고 비는 뜰에 가득하다.

深巷邇來車騎少　　깊은 골목엔 근래 수레와 말 적은데

眼明今日見東亭　　오늘 동정을 보니 눈이 밝아지는구려.

　　　　　—이색, 「우연히 시 한 수를 지어 맹운 선생에게 올리다」
偶得一絶錄呈孟雲先生, 『목은시고』牧隱詩藁 권30

여기에 나오는 원림은 분명 건물 주변 공간만을 지칭하는 것은 아니다. 그 공간은 '庭'이라는 글자로 분명하게 표현했다. 그러나 집과 멀리 떨어진 공간도 아닌 것이, 시의 문맥으로 보아 '園林'과 '庭'은 공간적으로 이어져 있다. 그렇게 보면 이색의 시에 나오는 원림은 집과 이어져 있는 작은 동산을 포함하는, 보다 넓은 범위의 공간이어야 한다.

이 작품은 작중 화자가 자신이 살고 있는 건물을 중심으로 다양한 공간 언어를 드러낸다는 점에서 흥미롭다. 우선 그는 '원림'과 '정'을 구별해서 표현하였다. 자신의 거처 공간에서 가까운 곳은 정(庭)이고, 이 공간에 이어지면서 조금 넓은 공간으로 확대된 곳을 원림으로 표현하였다. 그것은 시각적 감각의 범위 안에 있는 비 가득한 뜰에서, 시각적 감각의 넘어서는 바람 가득한 원림으로 확대되는 방식으로 구절을 구성하고 있기 때문이다. 거기서 다시 눈을 돌려서 마을로 자신의 시야를 넓혀 간다. '심항'(深巷)의 일차적 의미는 깊은 골목이지만, 여기서는 자신의 집 옆으로 이어져 있는 골목과 마을을 지칭하는 단어다. 말하자면 정(庭)에서 원림(園林)으로, 다시 심항으로 공간이 넓어지면서 좁은 집에서의 고절감(高絶感)을 벗어나 자신을 찾아온 벗을 통해 세상과의 끈을 만들고 있다.

이런 점 때문에 정원과 원림은 서로 비슷하면서도 공간적 범위의 차이가 느껴지기도 한다. 고전 인문학을 공부하

는 사람의 입장에서는 두 단어의 차이를 정원보다 원림이 조
금 더 넓은 범위를 포괄한다고 생각한다. 이는 박봉우 교수가
원림을 글자 그대로 원(園)과 림(林)이 함께 존재하는, 즉 건축
물과 함께하는 숲 공간을 하나의 통합된 공간 단위로 간주하
여 원림이라고 통칭하자는 제안[2]과도 일맥상통한다. 조경의
역사를 깊이 있게 연구하는 분들은 입장에 따라 정원이나 원
림을 선택해서 용어를 사용하고 있다. 예컨대 박희성 선생이
자신의 저서 머리말에서 첫 문장을 "중국에서는 정원을 원림
이라 부른다"고 시작한 것[3]은 아주 의미심장하다. 정원과 원림
을 같은 차원에서 놓고 논의하면서 국가에 따라 선택하는 용
어에 차이가 있음을 드러낸 것이다. 또한 근대 이전 기록에서
는 원림이 주로 사용되었지만 근대 이후 일반적 용례에 따라
정원을 사용하는 경우도 있다.[4]

　　정원에 대한 많은 연구가 있었지만, 흥미롭게도 용어
에 대해 정밀하게 따지고 개념화하려는 노력은 상대적으로 부
족했던 것이 아니었을까 싶다. 이 글에서는 이들의 연구 성과
를 일일이 소개하려는 것이 아니기 때문에 장황한 언급을 하
지는 않는다. 그것은 다른 지면을 통해서 정밀하게 진행되어

2　박봉우,「원림의 누정과 산림문화」(『산림문화전집 8』, 숲과문화연구회, 2017).
3　박희성,『원림, 경계 없는 자연』(서울대학교출판문화원, 2011).
4　조남철,『한국의 정원』(고려대학교출판부, 2009).

야 하는 일이기 때문이다. 다만 이 글에서는 정원이 도심 속의 주택 안에서 인위적인 조경 작업을 통하여 동산(園)의 분위기를 연출한 것이라면 원림은 교외에서 동산과 숲[林]의 자연 상태를 그대로 배경으로 삼으면서 적절한 위치에 집칸과 정자를 배치한 것이라는 유홍준의 구분을 따르기로 한다. 그렇게 보면 정원이 인공 안에서 형성된 자연이라면 원림은 자연 안에서 형성된 인공인 셈[5]이다.

'뜰'에서 던지는 질문, 작은 뜰에서 드넓은 우주까지

정원 혹은 원림을 분류하는 일은 연구자에 따라 다양하게 제시된다. 특히 중국의 경우는 매우 상세하게 분류하기 때문에 분류 기준을 마련하는 데에 하나의 기준이 된다. 그러나 나라마다 특징이 있기 때문에 그러한 분류가 보편적으로 적용되는 것은 아니다. 내 생각에 우리나라 정원은 크게 궁중정원, 사찰정원, 사가(私家)정원으로 나눈 뒤 각각의 하위 항목을 넣으면 어떨까 싶다. 내가 이 글에서 관심을 가지는 것은 주로 사가정

---

5   이주희, 「조선 시대 정원과 원림, 그 용어 구분과 공간적 특성」(『한국공간디자인학
     회 논문집』 제64호, 한국공간디자인학회, 2020).

원에 속하는 것들이다. 그중에서도 규모를 제법 갖춘, 명망가의 정원보다는 이름 없는 사람의 볼품없는 정원들이다.

정원이라고 하든 원림이라고 하든, 혹은 임천(林泉), 원포(園圃), 원정(園亭), 원정(院庭)이라고 하든, 자신의 생각을 반영하는 용어를 사용하는 것은 일견 당연해 보인다. 그런데 문득 이런 생각이 들었다. '뜰'이라는 단어를 전문용어로 쓰면 안 되는 것일까?

『표준국어대사전』에 의하면 뜰은 "집 안의 앞뒤나 좌우로 가까이 딸려 있는 빈터. 화초나 나무를 가꾸기도 하고, 푸성귀 따위를 심기도 한다"고 설명되어 있다. 대부분의 사전이 이 정의 안에서 변주되고 있음을 볼 때 울타리 내부의 공간은 뜰이라는 단어에 포함된다. 뜰은 '마당'과는 의미에서 차이를 가진다. 마당은 "집의 앞이나 뒤에 평평하게 닦아 놓은 땅"(『표준국어대사전』)을 뜻한다. 말하자면 평소에는 비워 놓는 공간이지만 필요에 따라 여러 가지로 사용되는 곳[6]이다. 마당은 뜰과 분명하게 구별되는 공간이다. 이런 점을 고려할 때 우리가 논의하고자 하는 개념을 포괄하는 단어로 뜰만한 것이 없다.

게다가 '뜰'은 오랜 옛날부터 사용하던 우리 고유의 단

---

6 박은영, 『풍경으로 본 동아시아 정원의 미』, 서해문집, 2017.

어다. 훈민정음이 창제되기 이전에는 우리말을 표기하는 문자
가 없어서 알 수는 없지만, 적어도 훈민정음 창제와 함께 뜰이
라는 단어는 그 모습을 드러낸다(이 말은 15세기 이전부터 뜰이
라는 단어가 존재하고 있었음을 의미한다). 『월인석보』月印釋譜라
든지 초간본 『두시언해』杜詩諺解에 이미 '뜰'이 나타난다. 1527년
최세진(崔世珍, ?~1542)이 편찬한 『훈몽자회』訓蒙字會에서는 '庭'
을 '뜰 뎡'으로 읽고 있다. 이 표기가 나중에 '쓸'을 거쳐서 지금
우리가 쓰고 있는 '뜰'로 변한 것이다.

　　물론 집 울타리의 경계를 넘어서 주변의 숲까지 연결
되는 개념으로 뜰을 쓰기는 어렵지만, 적어도 울타리 경계 안
을 지칭할 때는 뜰이라는 용어는 매우 유용하게 사용될 수
있다.

　　다시 어린 시절의 기억을 떠올려 본다. 우리 집 툇마루
에 앉으면 바로 앞에 마당이 보였고, 마당 주변으로 소박하지
만 아름다운 화단이 보였다. 그 가장자리로 나뭇가지를 엮어
서 두른 울타리가 있었고, 울타리 밑으로 오이며 호박 같은 덩
굴식물들이 자라고 있었다. 툇마루가 있는 건물과 울타리 사
이의 공간, 그곳을 우리는 뜰이라고 불렀다. 작은 뜰이었지만
거기에는 많은 생명들이 자라고 있었다. 나는 그 생명들과 호
흡하면서 어린 시절의 꿈을 키웠다. 아침 일찍 날아와 우짖는
할미새며 박새 같은 흔하디흔한 새들에게서 이따금 생명에 대

한 질문을 던졌고, 모진 겨울을 이겨 내고 봄이면 어김없이 싹을 틔우는 꽃들을 보며 생명의 신비로움에 감탄했다. 툇마루에 누워 밤하늘을 볼 때면 내 마음은 작은 뜰을 넘어 드넓은 우주로 퍼져 나가며 무한한 상상의 세계로 들어가기도 했다. 지금 살아가고 있는 내 모습은 아마도 그 시절 뜰에서 던지던 작은 질문으로 인해 만들어진 것일지도 모른다.

흔히 사가원림(私家園林)의 대표로 일컬어지는 담양의 소쇄원(瀟灑園)이나 보길도에 있는 부용동(芙蓉洞)같이 드넓은 뜰을 즐길 수 있다면 오죽이나 좋으랴만, 누구나 그런 호사를 누릴 수는 없다. 근대 이전 지식인들은 자신의 자연환경이나 경제 환경에 따라 자신에게 걸맞은 뜰을 누구나 가지고 있었다. 크든 작든 뜰은 그들의 생활을 만드는 가장 기본적인 토대였다. 매일 작은 뜰을 바라보거나 서성거리면서 그들은 얼마나 많은 생각들을 했을 것인가. 그 사유의 기록들이 많이 남아 있건만, 누구도 그 질문에 눈을 주지 않았다.

허균(許筠, 1569~1618)은 이렇게 물었다. 아무리 누추하고 초라한 집에 산다고 해도, "그곳에 군자가 살고 있다면 무슨 문제가 있겠는가?"(君子居之, 何陋之有? 허균, 「누실명」陋室銘).

사소할지 모르지만, 작은 뜰에서 던지는 질문이 때로는 시공을 넘어 지금의 우리에게 생각거리를 던져 주기도 한다. 그 질문들이 역사에 울림을 주었고, 사람의 생각을 바꾸었

으며, 세상을 흔들었다. 설령 세상을 뒤흔들 만한 대단한 질문
이 아니면 또 어떻겠는가. 그렇게 자신의 삶을 돌아보고 소박
한 질문을 던지는 모습에서 우리는 사람이 살아가는 멋진 태
도를 배울 수 있지 않겠는가.

시원하게 내리는 빗줄기를 보며, 여름 한낮의 작은 뜰
에서 이런저런 생각에 빠져 본다.

채마밭에서 천하를 묻는다

— 고려 후기 가정 이곡의 텃밭 풍경

텃밭 가꾸는 즐거움

뜰의 역사에서, 다양한 초목을 그저 감상용으로 심고 가꾼 것은 언제부터였을까. 동서양의 사정이 다르기는 하겠지만 고대 벽화에서 이미 그런 흔적이 발견되고 있음은 널리 알려진 바와 같다. 동시에 사람이 거주하는 공간 안쪽으로 초목을 기르는 행위가 들어오는 것은 대체로 실용적인 목적에서 비롯했으리라는 것도 제법 알려진 사실이다.

현대에는 많은 사람들이 아파트나 도시의 주택에서 살아가기 때문에 자연에 온몸을 맡기고 내 삶을 돌아볼 기회는 흔치 않다. 어쩌면 그럴 기회가 거의 없다고 해도 과언이 아니다. 그런데도 우리 몸 안에는 자연이 강렬하게 각인되어 있어

서 틈만 나면 자연을 찾아가려는 본능적인 몸짓을 드러내곤
한다. 도시 외곽에 있는 산과 들을 찾기도 하지만, 짬이 나지
않으면 아파트 건물 사이에 있는 공터를 걸어 보기라도 한다.
몸 깊은 곳에는 우리를 자연으로 돌아가게 만드는 알 수 없는
요소가 있는 게 분명하다.

　작은 마당 한쪽에 작은 텃밭을 만든 것은 전적으로 아
내 때문이다. 어린 시절 시골에서 농사일을 도우며 자란 내게
아파트는 무릉도원이나 다름없었다. 그 편리함에 깊이 도취되
어 살아온 내가 어느 날 빌딩숲을 벗어나 마당 딸린 집으로 이
사를 하게 될 줄은 꿈에도 몰랐다. 시골 생활 경험이 없었던 아
내는 나이가 들어가면서 아파트를 너무도 벗어나고 싶어 했
다. 결국 아내의 소망대로 도시 외곽에 작은 집을 지었고, 한겨
울 칼바람이 몰아치는 계절에 이사를 하게 되었다.

　입춘(立春)이 되자 아내는 이미 봄이 온 듯이 마음이 들
떴다. 입춘은 글자 뜻 그대로 곧 봄이 오리라는 것을 알리는 절
기가 아니던가. 말하자면 아직 봄은 아니지만, 조만간 봄이 오
리라는 것이다. 달력에서 입춘을 찾아보면 늘 겨울철에 들어
있다. 이사한 기념으로 그해에는 입춘방을 써서 대문에 붙였
다. 글귀를 지금도 기억한다. '문신호령 가금불상'(門神戶靈 呵
禁不祥), 말하자면 '대문을 지키는 신령이여 상서롭지 못한 것
들을 꾸짖어 들어오지 못하게 하소서' 하는 정도의 뜻이다. 어

렸을 때 대문에 붙은 입춘방을 본 이래 내가 직접 써서 붙인 것
은 거의 처음이라 기억에 생생하다. 아내도 제법 좋아했다. 아
파트 문에 입춘방을 붙일 수도 있었겠지만 그건 좀 멋쩍었던
모양이다.

　입춘이 지나자마자 아내는 마당에 텃밭을 만들자는 이
야기를 하기 시작했다. 아, 텃밭이라니. 농사일 하기 싫어서 아
파트를 벗어날 생각을 절대 하지 않던 나였다. 그렇지만 어쩌
랴. 반짝이는 눈망울과 서슬 퍼런 호통이 교차하며 나를 압박
하는데, 견딜 도리가 없었다. 결국 최소한의 텃밭만 만들기로
합의를 했다. 그러고 한 달쯤 지난 3월 두 번째 주말, 나는 마당
귀퉁이에 세 고랑의 텃밭을 만들었다. 사실 씨앗을 뿌리거나
모종을 심기에는 턱도 없이 추운 때인데도 아내는 무언가를
너무도 심고 싶어 했다. 우여곡절(그사이의 일을 어찌 짧은 글
에 담을 수 있단 말인가!) 끝에 4월 말이 되어서야 여러 종의 푸
성귀 모종을 심을 수 있었다.

　농사 경험이 없는 사람만의 로망이 있다. 전원에서 한
가하게 농사일을 취미처럼 하면서 유유자적하는 것. 그러나
농사는 취미로 할 수 있는 것이 아니다. 많은 노력이 동원되어
야 하고, 많은 관심과 공부가 필요하다. 대부분의 어설픈 농사
에 드는 비용은 생각보다 크기 때문에 사서 먹은 것이 경제적
으로 이익이다. 사서 먹으면 싼값에 질 좋은 농산물을 구할 수

있는데, 굳이 시간과 노동력과 경제력을 소비해 가면서까지 부득부득 농사일을 하려는 심리는 도대체 무엇일까. 농사일을 하는 동안 세상 번뇌를 잊을 수 있으니 정신적 치유 효과를 얻을 수 있고, 육체노동을 통해서 신체가 건강해지니 금상첨화다. 텃밭 가꾸기가 좋은 이유를 대자면 얼마나 많겠는가마는, 이렇게 작은 공간이나마 몸을 움직여 푸성귀를 가꾸려는 마음을 나는 인류 생존의 DNA가 발동된 덕분으로 여긴다. 농경사회로 접어든 이래 수천 년 동안 우리 몸속에 자리잡아서 이제는 거의 본능처럼 인식되는 경작에 대한 인식은 나도 모르는 사이에 우리를 자연 속으로 불러낸다. 거기서 삼라만상과 소통하면서 함께 살아가라고, 때로는 그들에게서 먹을 것을 뜯어내야 하지만, 그래도 뭇 생명들과 조화를 이루며 살아가라고 권하는 것이다.

귀거래의 꿈과 현실의 어려움

1341년 원나라 순제는 연호를 지원(至元)에서 지정(至正)으로 바꾸었는데, 이때 이곡(李穀, 1298~1351)은 고려 충혜왕의 축하 표문인 「하기원표」賀改元表를 받들고 원나라로 갔다. 고려에서 예문관제학(藝文館提學) 지제교(知製敎)에 제수되어 관직 생활

을 하고 있었으므로 외교 문서 작성 및 이에 대한 처리가 그의
임무였을 것이다. 흔히 '대도'(大都)로 표현되는 원나라의 수도
는 연경(燕京, 지금의 북경北京)인데, 황제에게 올리는 표문을 가
지고 간 이곡은 무슨 일 때문인지 곧바로 귀국하지 않고 계속
그곳에 머무르게 되었다.

　음력 4월 연경에 도착해서 공식 업무를 처리하느라 바
빴던 탓인지 도착한 해에 대한 기록은 특별히 보이지 않는다.
30세부터 원나라를 오가며 활동을 했기에 이곡에게는 연경이
낯설지 않았을 것이다. 가난한 집안 환경 때문에 벼슬을 그만
둘 수 없었던 이곡은 원나라와 고려 조정을 오가면서 관직 생
활에 골몰했고, 그렇게 해서 노모와 가족들을 봉양할 수 있었
다. 이듬해가 되자 마음에 여유가 생겼는지 아니면 다른 이유
가 있었는지, 그는 마당에 작은 채마밭을 가꾸기 시작한다.

　이곡이 살았던 고려 후기는 몽골족이 세운 원나라의
부마국이었던 시기이자 국정의 문란이 극에 달한 시기로 알려
져 있다. 의종 때 일어난 무신란(武臣亂)을 시작으로 고려는 제
국으로서의 풍모를 잃고 혼란기로 접어든다. 누구 탓인지, 원
인이 무엇인지 따지기 어려울 정도로 난맥상을 드러낸 국정
때문에 백성들의 삶은 너무도 팍팍했다.

　혼란기는 새로운 사상을 배태하기 마련이고 새로운 꿈
을 꾸는 계층의 부상(浮上)을 부추기기 마련이다. 이 시기에

유학을 기반으로 지방 중소 지주층 출신의 지식인들이 새로
운 계층으로 등장하게 된 것은 우연이 아니다. 우리 역사에서
는 이들을 고려 후기 신흥사대부라 칭한다. 이들은 불교를 기
반으로 하는 고려와는 여러 가지 측면에서 결을 달리했다. 원
나라가 국가의 학문으로 생각한 성리학을 한층 깊이 공부하는
한편 원나라에서 시행하는 과거에 응시하여 많은 사람들이 급
제하였다.

　　이곡은 바로 이 시기를 관통하며 살아갔던 인물이다.
어떤 사람은 그를 고려 후기 가전문학 작품인 「죽부인전」竹夫
人傳의 작자로 기억하기도 하고 어떤 사람은 고려말 조선 초의
명현 목은(牧隱) 이색의 부친으로 기억하기도 한다. 이곡은 우
리 문학사에서 몇 가지 특별한 작품을 남긴 인물이다. 「죽부인
전」도 기억할 만하지만, 일기 형식으로 기행문을 남긴 초기 인
물이라는 점도 기억할 만하다. 1349년 8월 송도를 출발하여 동
해안을 따라 내려가서 영해(寧海)까지 이른 발자취를 기록으
로 남긴 「동유기」東遊記(『가정집』 권5)는 기행문학의 선편을 잡
은 작품이다. 그의 장인 김택(金澤)이 영해에 터를 잡고 살았
으므로 아마도 처가에 다녀오기 위해 나선 길이었을 것이다.

　　이곡의 호는 가정(稼亭), 이자성(李自成)의 셋째 아들로
태어났으나 14세에 부친을 여읜다. 한산에서 대대로 살아온
한미한 가문 출신으로 추정되는데, 이곡이 고려와 원나라 과

거에 모두 급제함으로써 비로소 가문의 명성을 드날리게 되었다. 문집 첫머리에 수록된 그의 연보는 비교적 자세하여 그의 생애를 구성하는 데에 큰 도움이 된다. 어렸을 때부터 비범한 자질을 보였다고는 하지만 부친이 돌아가신 뒤 고려의 과거에 급제할 때까지는 특별한 기록이 보이지 않는다. 원나라 과거인 제과(制科)에 급제한 1333년, 그의 나이 36세가 되던 해가 어쩌면 이곡의 인생에서 정점을 찍은 때가 아니었을까.

한미한 가문에서 태어나 후원자를 구할 수 없는 사람에게 과거제도는 벼슬길에 나갈 수 있는 거의 유일한 희망이다. 아쉽게도 고려의 과거제도는 급제했다고 해서 무조건 벼슬을 얻을 수 있는 상황이 아니었다. 권력자 중에 자신의 후견인이 있어야 빠르게 높은 자리로 진출할 수 있었는데 이곡에게는 쉽지 않은 조건이었다. 물론 그의 능력으로 고려 조정에서 관직 생활을 무난하게 한 것만으로도 훌륭한 일이었지만, 더 큰 자리로 나아가기에는 조금 부족한 조건인 것도 사실이었다. 그런 상황에서 이곡이 원나라 제과에 급제한 것은 그에게 날개를 달아 주는 사건이었다. 원나라 제과 급제에는 고려의 권력이 끼어들 수 없었을 뿐 아니라 급제 자체가 대단한 성과로 칭송을 받기 때문이다. 이런 사정을 고려하면 이곡에게 36세 시절은 참으로 빛나는 순간이었으리라.

가난한 사람에게 경제적 문제 때문에 가족을 돌보기

어렵다는 것은 참혹한 현실이다. 당해 보지 않으면 상상할 수조차 없는 일들이 수시로 생긴다. 어린 시절 어머니는 늘 실을 잣고 베를 짜며 고생하셨는데, 가정 형편은 예나 지금이나 다를 바 없다는 표현[1]은 솔직한 자기 고백이 분명하다. 근대 이전 문인들이 늘 자신의 가난함을 하소연하면서 그 안에서도 안빈낙도(安貧樂道)의 삶을 영위하는 자부심을 드러내는 것이 어쩌면 관습적 표현이겠지만, 이곡이 경제적으로 넉넉하지 않았다는 점은 그의 글을 통해서 어느 정도 증명된다. 어려운 사정 때문에 그는 관직 생활을 저버릴 수 없었다. 이 점은 그의 생애 전반에 걸쳐 전원으로 돌아가고 싶은 마음을 노래한 시가 많다는 사실에서도 읽어 낼 수 있다. 그러나 귀거래(歸去來)는 경제적 토대가 있어야 가능한 법. 가난한 이곡에게는 귀거래도 희망 사항이었다. 완산에 은거하고 있는 지인에게 보낸 시를 살펴보자. 주변이 온통 권력자들의 땅이라 전원 속 집에 누워 있다 한들 대단한 게 있겠느냐고 하면서도 속세의 먼지 속을 달리며 늙어 가는 자신과 같은 사람보다는 낫지 않겠느냐고 말하고 있다.[2] 관직에서 벗어나고 싶었지만 그러지 못한 이

---

1   少年辛苦寓松都, 常愧慈親織屨勞. 此日淸貧猶似舊, 官高不必與名高(李穀, 「次韻答家兄」, 『稼亭集』卷18).

2   退臥田廬未足多, 山川爲界入豪家. 箄來猶勝馳名客, 萬丈黃埃鬢欲華(李穀, 「寄完山崔壯元」, 『稼亭集』卷15).

유는 노모와 가족 봉양 때문이었다.

생활인으로서의 관리는 권력 행사보다는 호구지책(糊口之策)을 위한 장치다. 권력은 부수적으로 딸려 오는 것일 가능성이 높다. 귀거래를 하고 싶지만 전토가 없다면 돌아갈 터전이 없다. 그는 벼슬을 그만두고 고향으로 돌아가 지내는 지인들에 대한 부러움을 종종 노래하곤 했다. 이런 작품을 예로들 수 있겠다.

白頭驚會面	얼굴 맞대니 놀랍게도 모두 흰머리
青眼早忘年	푸른 눈으로 일찍이 망년지교 맺었었지.
世事東流水	세상일은 동으로 흘러가는 물과 같고
親朋四散烟	벗들은 안개처럼 사방으로 흩어졌네.
卜隣應有地	이웃에 집 지으려니 응당 땅이 있겠지.
歸老尚無田	나이 들어 돌아가려니 아직도 땅이 없다오.
每憶松巒下	매번 생각하는 건 송악 아래에서
相尋發酒顚	서로 찾아가 듬뿍 술 마시던 일.

—「팔거의 동년 배규정의 초당에 쓴 시」題八莒同年裵糾正草堂,
『가정집』권20

이 시를 받는 주인공은 이곡과 과거 급제 동기생이며, 규정(糾正) 벼슬을 지낸 사람이다. '팔거'는 칠곡(漆谷)의 옛 이름이니, 이 사람은 벼슬을 그만두고 멀리 칠곡에 있는 전원에서 초당을 짓고 지내고 있다. 젊은 시절 맺은 망년지교(忘年之交)지만 사는 데 바빠서 만날 기회가 별로 없었을 것이다. 세상일이야 물처럼 속절없이 흘러갔고 그사이에 친구들은 안개가 사라지듯 사방으로 흩어져서 소식을 듣기 어렵다. 오랜만에 만난 벗은 자신과 마찬가지로 어느새 백발이 되었다. 그렇지만 두 사람 사이에는 큰 차이가 있다. 작자 자신은 여전히 벼슬길에서 바쁘게 오가느라 세속의 먼지 속을 방황하지만 벗은 전원의 초당에서 유유자적 노년을 보내고 있다. 바로 이곡이 원하던 모습이 아니던가. 자신도 그 옆에 집을 짓고 싶지만 불가능한 일이다. 자신에게는 돌아갈 수 있는 땅이 없다. 그것이 현실이다. 젊은 시절 술 마시고 취해서 미친 듯 지내던 일을 떠올리며 아쉬워할 뿐이다.

삼십 대에 들어서서야 비로소 본격적인 관직 생활을 시작한 이래 이곡은 고려 조정과 원나라 조정을 오가면서 여러 관직을 거친다. 그 와중에도 어머니에 대한 걱정과 그리움이 늘 떠나지 않았고, 가족을 봉양하기 위해 환해(宦海)를 떠나지 못하는 현실에 안타까워하기도 했다. 고금을 막론하고 대부분의 중생들이 이러한 삶을 살았으며 지금도 그렇게 살고 있으니, 이곡의 심정을 충분히 이해할 만하다. 입으로는 늘 직장을 그만두겠노라고 푸념을 늘어놓지만 날이 밝으면 다시 생계를 위해 출근하고 있는 우리 모습과 그리 다를 바 없다.

작은 채마밭 풍경

이곡이 마당 한켠에 작은 텃밭을 마련한 것은 원나라의 수도 북경에 머물던 1342년(지정 2년, 충혜왕 복위 후 3년)의 일이다. 앞서 언급한 것처럼 이 해는 원나라 순제가 개원(改元)을 축하하기 위해 고려의 표문을 들고 연경에 도착한 이듬해다. 어째서 그가 고려로 돌아가지 않고 연경에 머물렀는지는 알 길이 없다. 연보에도 빈칸으로 남아 있고 문집에도 특별한 언급이 없다. 그동안 시문을 지었을 것이고 조정에서 활동을 했을 것이며 여기저기 돌아다니기도 했을 터인데, 어째서 기록이 거의 없는 것일까.

그러나 원나라 연경에서 지낸 시간이 여유로웠을 리는 없다. 연보에는 1343년에 봉훈대부(奉訓大夫) 중서사전부(中瑞司典簿)에 제수되었다는 짧은 기록만 있을 뿐 이와 관련된 기록을 문집에서 찾아보기 어렵다. 황후의 보책(寶冊)을 관장하는 곳이기 때문에 고려 출신 문인과 어떤 관계가 있는지는 모르겠지만, 그가 원나라 조정에서 벼슬을 하면서 생활했던 것은 확인된다. 이 관청에 공식적으로 배정된 인원은 모두 다섯 명인데, 그중에서 전부는 가장 낮은 직책이다. 고위 관료가 아니었으므로 그의 녹봉으로 타지 생활까지 하면서 고려의 가족을 봉양했다면 넉넉하게 생활하기 어려웠을 것이다.

　　이곡의 문집에는 「소포기」小圃記(『가정집』 권4)라는 제목으로 흥미로운 글이 한 편 실려 있다. 여기서 우리는 먼 타국땅에서 살아가며 꾸렸던 작은 채마밭의 모습을 살펴볼 수 있다. 연경의 복전방(福田坊)에 있는 집을 임대해서 살았던 이곡은 자투리땅에 작은 채마밭을 만든다. 세로 2.5장(丈), 가로 약 0.8장이니 두 평이 채 안 되는 작은 땅이다. 공터를 갈아서 8~9개의 고랑을 만든 뒤 채소 몇 가지를 시절에 맞게 몇 가지를 심어서 반찬으로 사용하였다.

　　텃밭을 만들어 본 사람은 알겠지만 두 평이 채 안 되는 땅이라도 큰 땅에 농사를 짓는 것과 비슷한 품이 든다. 투입되는 노동력은 당연히 차이가 나겠지만 농사꾼으로서의 마음가짐은 비슷하게 든다는 뜻이다. 특히 주업이 따로 있는 사람에게 텃밭 농사는 신경이 많이 쓰이고 시간 활용에도 각별한 노력을 기울여야 한다. 게다가 한 뼘이라도 자투리땅이 생기면 무엇이든 심으려고 하기 때문에, 시간이 갈수록 땅은 조금씩 넓어지고 일은 많아진다. 또 하나, 텃밭을 처음 만드는 사람은 심고 싶은 작물이라면 무조건 심으려 하기 때문에 작물의 가짓수가 많아진다. 종(種)에 따라 관리 방식이 다른 채소라면 키우는 종류에 비해 관리하는 방법 역시 많아진다. 양껏 심고 싶어도 환경을 객관적으로 살피면서 적절히 자신의 욕망을 제어하는 것이 중요하다.

　무엇이든 생명을 기르는 일에 내가 들이는 노력이 별로 없다는 사실을 빨리 깨달을 필요가 있다. 밭을 갈고 고랑을 만들고 때에 맞춰 시비(施肥)를 하고 김을 매는 일 따위는 인간의 집약적 노동력을 필요로 할지 모르겠지만, 이런 것이 없다 해도 생명이 자신의 살길을 찾아 자라면서 열매를 맺는 일은 우리의 손을 떠나 있는 경우가 허다하다. 물론 손길을 많이 주면 수확을 많이 할 수 있기는 하다. 오죽하면 작물은 농부의 발소리를 들으면서 자란다고 하겠는가. 대체로 텃밭을 만든 첫해에 뜻하지 않게 많은 수확을 경험하는 것은 아마도 이런 이유 때문일 것이다. 그렇지만 사람이 아무리 많은 관심과 손길을 준다 해도 작물 성장과 결실에 가장 큰 영향을 주는 요소는 자연이 주는 거대한 혜택이나 재해다.

　　마당 공터에 작은 텃밭을 만든 이곡이 이런 사실을 깨닫는 데에는 세 해가 되었을 때였다. 이곡 역시 텃밭을 만든 첫해에는 소출이 제법 좋았다. 게다가 이 해에는 비가 제때 내리고 햇빛도 적절하게 내리 쬐어서, 말 그대로 우순풍조(雨順風調) 덕을 톡톡히 보았다. 씨를 뿌려서 싹을 제대로 틔우기만 하면 그다음은 순조로운 자연이 다 키워 준다. 두 평쯤 되는 코딱지만 한 텃밭에 김을 맬 일이 무어 그리 많겠으며 퇴비를 뿌려 줄 일이 무어 있겠는가. 작물이 잘 자라기만 하면 두 평 넓이라 해도 거기서 나오는 채소를 혼자 먹기란 불가능하다. 이곡은 이렇게 얻은 소출로 반찬을 해 먹었다. 뿌리채소는 매일 캐 먹어도 넉넉했다. 남는 것은 이웃과 나누니 일석이조였다.

그러나 두 번째 해가 되자 사정이 좀 달라졌다. 봄과 여름에 가뭄이 들면서 작물에 문제가 생겼다. 이곡은 항아리로 물을 길어다 부으며 작물 관리에 최선을 다했다. 그런데도 씨를 뿌린 데서 싹이 잘 트지 않았고, 싹이 트더라도 잎이 넓게 펴지지 않았으며, 그나마 펴진 잎은 벌레가 모두 갉아먹었다. 가뭄으로 고생한 이후에는 장맛비가 세차게 내렸다. 장마는 가을이 돼서야 멈췄다. 장마가 지난 텃밭은 온통 흙투성이다. 텃밭에는 대부분 연한 채소를 심거나 뿌리채소라 해도 작은 것들 위주로 심기 때문에 비가 세차게 내리면 흙이 튀어서 잎은 온통 모래흙으로 뒤엉긴다. 그렇게 며칠 지나면 채소는 모두 망가져서 먹을 수 없게 된다. 거기에 텃밭 옆을 지나는 담장이 장마에 무너지면서 채마밭을 덮어 버리는 바람에 두 번째 해에 이곳은 지난해 소출의 반 정도밖에 얻지 못했다.

세 번째 해는 더 심각했다. 일찍부터 가뭄이 들었고 결실의 계절인 가을에 늦장마가 드는 바람에 소출은 이전 해의 반의 반 정도밖에 되지 않았다. 그리고 「소포기」를 쓰던 1345년에는 봄이 끝날 무렵부터 하지가 될 때까지 비가 내리지 않았다. 당장이라도 비가 내리지 않으면 그해 채마밭도 영 가망이 없었다.

작은 채마밭은 이곡에게 어떤 의미였을까. 살림에 보탬이 되기도 하고 이웃과 정을 나누는 매개가 되었다는 것은 그의 글에서 충분히 엿볼 수 있다. 그렇지만 조금 더 상상력을 펼쳐 보자. 머나먼 타국에서 관직 생활을 하는 그에게 채마밭은 마음의 평화를 주는 장소가 아니었을까. 농사 경험이 없던 아내가 텃밭을 만들어서 작물을 심었을 때 했던 말이 생각났다. 아내는 내 정성으로 이렇게 아름다운 생명이 자라는 것을 보니 정말 감동적이라고 했다. 농경사회였던 고려에서, 더욱이 한미한 가문에 시골 출신인 이곡은 직접적인 농사 경험은 없었을지 몰라도 농사 짓는 것은 늘 보아 왔을 것이다. 의지할 곳 없는 타국 땅에서 이곡은 내 손으로 기른 저 푸르고 연약한 생명을 보며 소출보다 훨씬 마음의 평화를 얻었으리라.

천하로 나아가는 첫 질문터

작은 채마밭일망정 이곡에게 그 공간은 천하를 향해 나아가는 첫걸음이기도 했다. 기껏해야 푸성귀 몇 종류 심었을 것이 분명한 텃밭을 통해서 이곡은 같은 시대를 살아가는 백성들의 삶을 읽어 내려 했다. 백성들에게 한 해의 작황은 그들의 생존을 결정하는 가장 중요한 요소다. 연경에서 관직 생활을 하

던 그는 중국 하남(河南)과 하북(河北) 지역에 수많은 유랑민
이 생겼다는 소식을 듣지 않을 수가 없었다. 도적 떼가 곳곳에
출몰하자 조정에서 군대를 보내서 그 무리를 소탕했다는 것도
알고 있었다. 이듬해 봄, 연경 주변 사방에 굶주린 백성들이 몰
려들어 하소연하는 바람에 온갖 난리를 겪는다. 널리 알려진
것처럼 먹고살기 어려워진 농민은 살길이 막막하고 세금을 낼
기약도 없으니 야반도주를 하게 되고, 그리하여 넘쳐나는 유
랑민들은 무리를 이루어 도적이 된다. 유랑민과 도적의 증가
이유는 바로 그해 농사의 실패와 세금 때문이다.

　　이곡은 자신이 돌보는 채마밭에서 소출이 적게 나오
자 천하의 작황을 근심한다. 작황이 좋지 않자 곡물값은 천정
부지로 뛰어오른다. 곡식 구하기가 정말 어려워진다. 조정에
서 구휼미를 풀고 죽을 쑤어 굶주린 백성들을 구제하려 하지
만 죽은 사람이 이미 절반 이상이 된 이후다. 뜻하지 않은 가뭄
과 장마 때문에 작은 채마밭도 소출이 떨어지는데, 천하 농사
의 작황이 좋지 않으리라는 것은 당연한 이치다. 해마다 자연
환경이 나빠지는데, 그제서야 조정에서는 기우제를 준비한다
니 안타까울 뿐이라고 했다. 기우제를 지내는 행위는 농사에
큰 도움이 되지 않지만 적어도 조정에서 자연재해에 대비하려
는 정책을 결정한다는 상징적 의미를 지닌다. 그런 점에서 조
정이 천하를 걱정하고 있기는 하지만 너무 늦었다는 것이다.

연경 골목 한 귀퉁이에 있는 조그만 채마밭이었지만, 이곳은 천하를 읽어 내는 터전이기도 하다. 그것은 삶의 작은 움직임을 허투루 흘려보내지 않고 깊이 생각하며 천하를 위한 질문을 던지는 이곡의 내공이 깊은 덕분이다. 이것이야말로 노자(老子)의 말을 인용하여 표현한바, '문을 나서지 않아도 천하의 일을 안다'(不出戶庭知天下)는 말과 정확히 통한다.

고려가 서서히 황혼을 향해 걷고 있을 무렵, 세계 제국을 건설했던 몽고족의 원나라 역시 저물고 있었다. 이곡이 나라의 멸망을 정확하게 예측했다고는 장담하지 못하겠지만, 적어도 자기 시대가 우려할 만한 때라는 인식은 명확히 가지고 있었던 것으로 보인다. 고려와 원나라를 오가며 관직 생활을 한 그의 시야는 천하를 향해 열려 있었다. 모름지기 지식인이란 한 걸음을 걸어도 천하의 안녕을 위해 걷고, 뜰에서 눈을 한 번 돌리는 것에도 천하를 향한 마음이 담겨 있어야 한다. 이런 태도야말로 한 시대를 살아가는 지식인이 자기 시대의 역사에 대해 책임을 다하는 일일 것이다. 이곡의 텃밭을 통해 새삼 내가 살고 있는 시대를 돌아보게 된다.

전원으로 돌아가지 못한 사람의 뜰

— 조선 전기 문인 사가 서거정이 던지는 질문

수구초심(首丘初心)이요, 대마망북(代馬望北)이라 했다. 여우는 죽을 때 자신이 태어난 곳을 향해 머리를 두고, 변방에서 태어난 말은 북쪽을 바라본다는 뜻이다. 자신의 근본을 잊지 않는다는 의미로 사용되지만, 늘 태어난 고향을 그리워하면서 살아간다는 뜻에서 의미가 확장된 것이다. 학연이든 지연이든 혈연이든 어떤 인연에도 얽매이지 않고 살아간다고 자신만만하던 시절이 누구에게나 있을 것이다. 나 역시 마찬가지였다. 그런 인연이 결국은 우리 사회가 견지해야 할 공정과 합리성을 해친다고 생각했다. 그른 말은 아니다. 그렇지만 나이가 들면서 자신의 삶을 돌아보면 주변에 남는 사람은 오랜 벗이고 그리운 곳은 그 옛날 어릴 때 혹은 힘들 때 살아가던 곳이다. 공정과 합리성의 원칙을 버리지는 않지만, 그 안에서 상당한 융통성을 가지고 삶을 들여다보는 자신을 발견하게 된다.

어디론가 돌아가고 싶은 마음이 들 때

힘들 때면 우리는 지금 머물고 있는 자리에서 벗어나고 싶어
한다. 인지상정이다. 어지러운 세상을 피해서 머리 깎고 중이
나 될까, 혹은 모든 걸 버리고 고향이나 시골로 돌아가 농사나
지을까, 하는 말이 유행했던 적도 있었다. 차분히 따져 보면 속
세를 벗어나 출가수행자로 살아가는 것이 얼마나 어려운 일
인지, 농사를 짓는 일은 또 얼마나 힘든 일인지 쉽게 알 수 있
다. 그것은 우리 생을 온통 들어서 건곤일척(乾坤一擲)의 승부
를 거는 마음이라야 가능한 일이다. 그렇지만 그런 발언 이면
에는 자기가 처한 현실이 얼마나 힘들고 외로운지 하소연하려
는 마음이 가득 들어 있다. 실제로 출가를 감행한다든지 농사
를 지으러 귀농하는 사람은 흔치 않다.

　　돌아가고 싶은 마음은 본능적으로 생겨나는 것일까.
연어가 자신의 산란지를 찾아서 돌아오듯, 비둘기가 둥지를
정확하게 찾아오듯, 어디론가 멀리 떠났다가 돌아오는 것은
인간을 포함한 동물들의 본능일 수도 있겠다. 본능이 아니라
면 적어도 오랜 세월 축적되어 온, 무의식 속에 깊이 각인되어

있는 학습의 결과일 수도 있겠다. 귀소본능(歸巢本能)으로 칭
해지는 이러한 성질은 농담(濃淡)의 차이는 있을지언정 모든
동물들에게 공통적으로 보이는 경향이니, 오랜 세월 학습되어
온 결과라 하더라도 본능이라 불러 마땅하지 않겠는가.

　　어디론가 돌아가고 싶다는 생각이 들거나 그것을 행동
으로 옮긴다는 것은, 자신이 처한 현재의 시간과 장소가 '어느
곳'으로부터 멀리 떨어져 있다는 의미일 것이다. 돌아가고 싶
다는 생각은 현재의 장소와 돌아가고 싶은 장소 사이에 물리
적으로나 심리적으로 상당한 거리가 있다는 것에서 시작된다.
돌아가고 싶은 장소가 과거에 실재했던 장소든 가 보지 못한
장소든, 그곳이 상상 속의 공간이라는 점은 공통적이다. 마음
만 먹으면 언제든 가 볼 수 있는 장소라 해도, 그곳으로 돌아가
고 싶다는 마음을 품었다는 것은 적어도 현재 자신이 처한 상
황과 공간이 그곳과 멀리 떨어져 있다는 것을 의미한다. 그곳
은 현실 속에 존재하는 곳인 동시에 존재하지 않는, 실재와 상
상의 경계에서 서성거리고 있는 매우 흥미로운 곳이다.

　　살아가고 있는 현실에 지쳤을 때 우리는 문득 내가 서
있는 자리를 무작정 훌쩍 떠나고 싶은 욕망을 내비친다. '무작
정 훌쩍'이라고 했지만, 그 욕망을 현실적으로 실현할 수 있는
사람은 매우 드물다. 그러나 떠나려는 마음을 냈다는 것은 자
신의 현실을 부정적으로 위치시킨 뒤 긍정적인 곳을 반대편에

상정하는, 단순한 양분법의 논리가 숨어 있다. 어쩌면 내가 선 자리에 만족하지 않고 늘 새로운 곳을 찾아 떠나려는 것이 인간의 운명일지도 모른다. 인생은 고해(苦海)라는 오랜 경구가 말해 주는 것처럼, 살면서 기쁘고 즐거운 날이 얼마나 되겠는가. 괴로움의 바닷속에서 평생을 헤매다 보면 나도 모르는 사이에 어떤 괴로움도 없는 세계를 꿈꾸기 마련이다. 어디론가 떠나고 싶고 어디론가 돌아가고 싶은 마음은 우리 마음 깊은 곳에 늘 일렁이고 있다.

괴로움 가득한 인생길에서 힘든 발걸음을 재촉하면서도 우리는 좀처럼 그 길에서 벗어날 생각을 하지 못한다. 지금 딛는 발걸음이 우리를 좀 더 나은 곳으로 인도할 것이라는 희망 때문에 최선을 다해 현재의 발끝에 집중한다. 온 생애를 담은 이 발걸음의 무게는 늘 이 길을 벗어나 다른 곳으로 가고 싶은 욕망을 억누른다. 어디론가 훌쩍 떠나고 싶은 마음이 있더라도 그것을 쉽게 표현하지 못하는 이유는 바로 현실의 무게 때문이다.

서거정의 삶과 저술

근대 이전 지식인들의 글을 읽노라면 자주 접하는 단어들이

있다. 모르긴 몰라도 상위권에 오를 만한 구절로 '귀거래'를 들
수 있을 것이다. '돌아간다'는 뜻이다. 중국 동진(東晉) 말기에
활동했던 문인인 도연명(陶淵明, 365~427)이 쓴 「귀거래사」歸去
來辭가 동아시아 지식인 사회에 영향을 끼치면서 너도나도 귀
거래를 외쳤다. 도연명이 팽택령(彭澤令)으로 근무하던 중에
지역을 감찰하러 온 관리를 접대해야 하는 상황이 되었다. 그
러자 그는 '봉록으로 받는 쌀 다섯 말 때문에 이런 소인에게 허
리를 굽힐 수는 없다'고 하면서 벼슬을 그만두고 고향으로 돌
아간다. 이 일을 소재로 쓴 작품이 「귀거래사」다. 벼슬의 굴레
를 벗어 버리고 고향으로 돌아와 자연과 함께 지내는 자유로
운 삶을 그린 이 작품은 동아시아 사회에 깊은 영향을 주었는
데, 조선에서는 「귀거래사」에 화운(和韻)하여 시를 짓는 풍조
가 나타났고 시문에는 작품의 구절이나 내용을 용사하여 쓰는
관행이 생겨났으며 조선 후기에는 이것을 소재로 그린 민화가
다수 제작되기도 했다.

조선의 많은 지식인들이 귀거래를 이야기했지만, 조선
전기 서거정(徐居正, 1420~1488)만큼 자주 귀거래를 시문으로
노래했던 사람도 드물다. 또한 그는 평생을 두고 귀거래의 의
지를 표현했지만 끝내 귀거래하지 못했던 인물이기도 하다.

열아홉 살에 생원시와 진사시에 모두 합격하고 스물
다섯 살에 문과에 3등으로 급제한 서거정은 조선 전기를 대표

하는 관료 문인이다. 자는 강중(剛中), 호는 사가(四佳), 본관은
대구다. 세종 때 벼슬을 처음 시작한 이래 여섯 임금을 모시면
서 관직 생활을 한 45년 동안 외직(外職)을 거치지 않고 오직
한양에서만 지냈던 보기 드문 인물이기도 하다. 비교적 일찍
부친을 잃었지만 외조부인 양촌(陽村) 권근(權近, 1352~1409)
의 학문을 이어받아서 당대를 대표하는 문장가로 살아갔다.
뿐만 아니라 당대 최고의 인물이었던 최항(崔恒, 1409~1474)이
그의 자형(姉兄)이었고 고려 말 뛰어난 학자였던 목은 이색의
아들 이계전(李季甸, 1404~1459)이 그의 스승이었다. 수양대군
(首陽大君)과는 일찍부터 인연이 있어서 세조의 총애를 한 몸
에 받기도 했으며, 성종은 서거정이 세상을 떠날 때까지 국가
의 원로로서 그를 정중하게 대우를 하였다. 그에 걸맞게 서거
정은 23년 동안 문형(文衡)을 관장하면서 조선의 문장을 이끌
었으니, 우리 역사에서 그토록 오랫동안 문형을 관장한 유일
한 인물이며, 그야말로 조선의 문화 대통령이라 할 만하다. 국
가적 사업으로 편찬된 방대한 저술들, 예컨대 『경국대전』經國大
典, 『삼국사절요』三國史節要, 『동국여지승람』東國輿地勝覽, 『동문선』東文
選, 『동국통감』東國通鑑, 『오행총괄』五行摠括 등이 그의 손에서 편찬
되었으며, 개인적으로 『동인시화』東人詩話, 『태평한화골계전』太平
閑話滑稽傳, 『필원잡기』筆苑雜記 등을 저술했으며, 사후에 그의 시문
을 모아서 엮은 방대한 분량의 『사가집』四佳集이 전해지고 있다.

　　이 정도면 조선 전기의 대표적인 문인으로 살아가면서
말 그대로 부귀영화를 평생 누린 인물이라 해도 과언이 아니
다. 그가 세상을 떠난 1488년 12월 24일의 『성종실록』 졸기(卒
記)에는 그가 얼마나 신동이었는지, 얼마나 뛰어난 문장가였
는지, 그의 공적이 얼마나 대단한지가 길게 쓰여 있는 한편 '그
릇이 좁아서 사람을 용납하는 도량이 없었고, 후생을 장려해
서 기른 적이 없었다'고도 적혀 있다. 그런데 많은 사람들이 인
정했던 것은 그가 당대 '사문(斯文)의 종장(宗匠)'이자 특히 시
에 뛰어났다는 사실이다. 사문의 종장이라 함은 유학의 최고
봉이라는 의미일 것이고, 시문을 관장하는 문형을 오래 지내
면서 특히 시를 짓는 데에 뛰어난 능력을 보였다는 뜻이리라.
졸기에서는 '안쪽 뜰에 정자를 짓고 연못을 파고 연꽃을 심은
뒤 그 정자 이름을 정정정(亭亭亭)이라 이름 붙이고, 좌우에 책
을 쌓아 놓고 담박한 생활을 했다'고 돼 있다. 평생 귀거래를
노래하면서도 끝내 완전한 귀거래를 못 이루었지만, 귀거래에
대한 희망을 버리지 않았다. 자연으로 돌아갈 수 없는 현실 때
문에 서거정은 틈이 날 때마다 벗들과 조선 땅 여러 곳을 여행
하거나 한양 주변에 마련해 놓은 별서(別墅)로 가서 시골 생활
을 즐겼다. 그에게 별서 안의 뜰은 귀거래에 대한 희망을 끈을
이어갈 힘을 주는 공간이었다.
　　서거정은 여러 곳에 별서를 운영했다. 그중 가장 자주

등장하는 곳은 서거정 자신이 불암산 부근이라고 언급하고 있는 양주(楊州)의 토산(兔山)별서와 한강 옆 광진(廣津) 부근에 있던 몽촌(夢村)별서다. 특히 토산별서는 그가 벼슬에 나아가기 전부터 거처하던 곳이어서 그에게 각별한 곳이었다. 그의 호이자 집 안에 있던 정자 이름인 '정정정'은 바로 토산별서에 있던 정자로 보인다.

서거정이 즐겼던 뜰의 풍경

한양 주변에 별서를 마련한 서거정은 틈 날 때마다 그곳에 가서 시간을 보내곤 했다. 마을 주민들과 어울려 낚시를 하고 막걸리를 마시면서 마치 촌로(村老)처럼 지내기도 하고, 혼자서 주변 산봉우리에 올라가 떨어지는 저물녘 해를 보며 하염없이 앉아 있기도 했다. 그렇지만 많은 시간을 뜰에서 지냈다. 시 짓는 일을 워낙 중요한 자신의 임무로 생각했던 터라 뜰에서의 시간을 시로 읊어서 남긴 작품이 제법 많다.

글을 쓰거나 사진을 찍거나 그림을 그려 본 사람은 알 것이다. 그런 작업에 몰두하려면 대상에 대한 관찰이 얼마나 섬세해야 하는지를. 무심히 지나던 길섶의 풀도 눈에 들어오면 내 삶을 비추는 거울이 되기도 한다는 사실을. 서거정이 자신의 뜰을 거닐면서 눈길을 줬던 생명들은 참으로 다양하다.
대단한 물건도 아니어서, 지금도 주변에서 흔히 볼 수 있는 것
들이다. 지금의 우리조차도 무심히 지나칠 만한 것인데 서거
정은 시의 소재로 채택하여 일상의 무료함을 깨뜨린다.

　기록을 통해 유추해 보건대, 서거정이 자신의 별서에
마련해 놓았던 뜰은 제법 서성거릴 정도의 넓이는 되었던 것
같다. 뜰에 정자를 건립하고 그 앞에 연못을 파고 연꽃을 심었
으며, 울타리 주변으로는 여러 화초와 나무를 비롯하여 벽려
(薜荔)도 심어 그 덩굴이 울타리를 보호할 수 있도록 했다. 다
른 한쪽에는 채마밭을 일구어 각종 채소를 심어 놓았다. 뿐만
아니라 건물 안에는 매화와 연꽃 등을 심은 다양한 화분을 배
치하여 일 년 내내 푸른 잎과 꽃을 감상하면서 세월의 변화를
읽을 수 있도록 했다.

　그 뜰에서 서거정은 무엇을 하며 지냈을까. 다음과 같
은 작품에서 그의 일상을 엿볼 수 있다.

園林雨亦好	뜰에 비도 잘 내리는데
地僻類村居	땅은 외져서 시골과 같아라.
倩客譜移竹	손님께 부탁해서 대나무 옮겨 심고
呼兒課種蔬	아이 불러서 여러 채소 심게 한다.
護牆治薜荔	담장 보호하려 벽려 덩굴 다듬고

鑿沼養芙蕖	연못 파서 연꽃도 기른다.
誰識此中樂	이 가운데 즐거움 그 누가 알려나
官閑客政疎	벼슬 한가하니 손님도 정말 뜸하네.

　이 작품의 제목은 「보름날 비가 조금 내리기에 종을 시켜서 채소와 대나무를 심게 하였다. 또 뒤뜰에 한 뙈기쯤 되는 연못을 팠으니 이는 연꽃을 심으려는 것이다. 그러고는 시 한 편을 지어 일휴(日休)에게 보여 준다」(「十五日小雨, 命僮奴種蔬栽竹. 又鑿沼一畝于後園, 將欲種蓮. 仍吟一絶, 示日休」, 『사가시집』 권9)인데, 제목만 읽어도 사정을 충분히 짐작할 수 있다. 서거정의 문집 편찬은 대체로 연대순으로 되어 있기 때문에, 여기서의 15일은 음력 5월 15일임을 알 수 있다. 일휴(日休)는 서거정과 함께 함께 합격한 홍일동(洪逸童, ?~1464)의 자다. 그의 호는 마천(麻川)이고 세조의 지우를 받은 인물이었다. 서거정과는 평생지기(平生知己)로 지냈는데, 서거정이 그와 주고받은 시가 문집에 상당히 남아 있다.

　비가 잘 내린다는 것은 때맞춰 비가 내리는 것을 말한다. 봄비가 내리면 농가에서 해야 할 일이 많다. 시를 지은 날이 5월 15일이어서 아마도 대나무를 옮겨심기 하기에 적절한 날이라고 생각했을 것이다. 매년 5월 13일을 흔히 죽취일(竹醉日)이라하여, 이날 대나무를 옮겨 심으면 잘 산다고 하는 말이

있다. 이맘때 채소를 심으면 여름 내내 여러 가지 채소를 먹을
수 있다. 정원을 잘 가꾸려면 비가 내릴 때 뜰에서 해야 할 일
을 잘 포착해서 실기(失期)하지 않도록 해야 한다.

　한편, 담장에는 벽려 덩굴이 잘 뻗어가도록 다듬어야
한다. 줄사철나무로도 불리는 벽려는 잎이 큼직한 덩굴식물이
어서 울타리를 타고 번지면서 울타리를 튼튼하게 버티도록 만
들어 준다. 게다가 연못을 파서 연꽃을 기르니 여름날의 풍치
(風致)를 짐작할 만하다. 벽려와 연꽃은 서거정이 자신의 뜰에
심어서 기른 것이기도 하겠지만, 선비의 담박하고 고아한 삶
을 의미하는 시적 상관물이기도 하다. 벽려는 산중에 은거하
여 살아가는 선비의 옷을 만드는 이미지로 한시에 자주 등장
하고, 연꽃은 송나라 유학자 주돈이(周敦頤)의 「애련설」愛蓮說에
서 보이는 것처럼 선비들의 고결한 정신세계를 표현하는 꽃으
로 널리 알려져 있다. 시 속 사물에 대한 전통적인 상징 의미
를 알아야 마지막 구절이 연결된다. 아름다운 뜰에서 살아가
는 즐거움으로 그는 자신의 인생을 충분히 즐긴다. 벼슬이 한
가하니 손님도 뜸하다는 것은 자신이 비록 관리로 살아가고는
있지만 권력을 탐해서가 아니기에 찾아오는 손님이 적다는 것
을 의미한다. 그에게 뜰은 권력의 세계에서 멀리 떨어져 아름
다운 자연의 즐거움을 만끽하게 해 주는 공간이었다.

뜰을 가꾸는 즐거움

서거정은 뜰에서 주로 산책을 하거나 계절과 날씨의 변화에 맞춰 식물들을 돌보거나 시를 지었다. 오사모(烏紗帽)를 반쯤 젖혀 쓴 채 명아주 지팡이를 짚고 뜰을 이리저리 거닐다 보면 하루해가 진다(烏巾半岸杖枯藜 步履園中日欲西:「巡園卽事」,『사가시집』 권4). 서거정은 종을 불러서 뜰을 가꾸면서 눈에 들어오는 여러 생명들을 세심하게 관찰한다. 그렇게 하여 뜰을 소재로 읊은 시가 상당히 많은데, 그중 「영물」詠物(『사가시집』 권4)이라는 제목 아래 43수 연작시가 있다. 이 작품은 뜰에서 만나는 꽃과 나무, 새 등 여러 풍경을 두루 읊은 것이다. 차례로 나열하면 다음과 같다: 매화, 살구꽃, 장미, 작약, 모란, 배꽃, 해당화, 산다화(山茶花), 자미화(紫微花), 도미화(酴醾花, 玉梅라고도 함), 동백, 해바라기, 국화, 사계화(四季花), 백일홍, 삼색도(三色桃), 금전화(金錢花), 옥잠화, 연꽃, 철쭉, 거상화(拒霜花), 치자꽃, 대나무, 난초, 파초, 원추리, 회나무, 소나무, 오동나무, 버드나무, 단풍, 포도, 석류, 정자(根子), 감나무, 화합(華鴿), 금계(錦鷄), 학, 사향노루, 가산(假山), 괴석, 유리석(瑠璃石), 처거분(珲琚盆).

서거정의 시대에는 자신만의 뜰을 만들고 가꾸어 식물, 날짐승과 길짐승, 바위 등 특별한 풍경을 만들어 낼 수 있

는 것들을 배치하여 그 아름다움을 즐기는 풍조가 있었다. '영
물'이라는 제목이 보여 주는 것처럼 자신이 좋아하는 사물을
즐기면서 그 의미를 시로 읊는 것은 조선 시대 지식인들에게
널리 보이는 경향이었다. 모든 지식인들이 영물시를 즐겨 지
었던 것은 아니지만, 많은 사람들이 사물을 관찰하고 그 의미
를 찾아서 시로 표현하는 것은 시 창작의 한 계열이라 할 수 있
다. 서거정은 그러한 시적 전통 속에 있을 뿐만 아니라 그러한
경향을 적극적으로 보여 준 사람이다. 나아가 이들 그룹은 자
신의 뜰에 기르고 있는 것 중에서 귀하거나 좋은 것을 서로 선
물하기도 하고 선물받기도 했다. 서거정만 해도 양천 태수로
있던 이눌(李訥)에게 석류나무 다섯 그루를 받아서 뒤뜰에 심
었고, 과거에 함께 급제한 최한경(崔漢卿)에게 밤을 보내 주고
붉은 콩 종자를 얻어 심기도 했다. 특히 효령대군의 아들인 영
천군(永川君) 이정(李定)에게 파초, 두견화(杜鵑花, 진달래꽃),
산석류(山石榴) 등 여러 그루의 꽃나무를 부탁해서 심었다. 뜰
에서 기르는 이들 꽃과 나무, 바위, 짐승 등을 보면서 서성거
리는 서거정이 얼마나 한가로운 삶을 누리고 있었는지를 알게
한다. 그중에서도 소나무, 대나무, 연꽃, 매화를 특별히 뽑아
'원중사영'(園中四詠)으로 읊었다.

　　뜰에 좋은 꽃과 나무를 심어 가꾸는 것은 뜰을 거니는
즐거움을 제공하는 중요한 요소 중의 하나였다. 그렇다면 그

가 누리던 즐거움은 어떤 것이었을까.

四佳亭前多養竹　　정자 앞에는 대나무 많이 기르고

四佳園中唯種藥　　뜰 안에는 오직 약초만 심었지.

種藥可却老　　　　약초 심어서 늙음을 물리칠 수 있고

養竹能免俗　　　　대나무 길러서 속됨을 면할 수 있으리.

四佳園亭日無事　　뜰과 정자에선 날마다 일이 없고

四佳老人頭半白　　이 노인 머리는 반나마 백발.

不有竹君藥君吾何歸　죽군과 약군 없으면 내가 어디로 돌아갈

　　　　　　　　　까나.

高詞擊樽月不落　　높이 노래하며 술동이 두드리매 달도 아

　　　　　　　　　직 떨어지지 않았나니.

　　　　　　　　　── 서거정,「뜰 안에서의 즐거움」園中樂,『사가시집』권28

　　서거정은 집 뜰 안에 있던 정자를 사가정(四佳亭), 뜰을 사가원(四佳園)으로 지칭하면서 자신이 뜰에서 느끼는 즐거움을 읊었다. 대나무 무성한 정자와 약초 가득한 뜰을 거닐면서 '일 없는'[無事] 시간을 보낸다. 멍하니 시간을 보내는 것이 아니라 소리 높여 노래하고 술을 마시며 술동이를 두드린다. 달이 아직 떨어지지 않았다는 것은 밤늦도록 술과 노래로 즐거운 시간을 보낸다는 의미를 함축한다. 그러고 보면 '일 없는'

삶이란 정말 아무런 일도 없다는 의미라기보다는 속세에 미련
을 두지 않고 자연과 함께 담박하고 청정한 시간을 보낸다는
의미로 읽힌다. 이런 삶이야말로 진정 은거자의 본령이 아니
겠는가.

이 같은 발언에도 불구하고 서거정의 귀거래 의지는
실현되지 못했다. 은거는 대체로 속세에서 바쁘게 살아가는
사람들의 미래 모습으로 제시되기 일쑤다. 그러나 은거하고
싶다고 해서 누구나 은거할 수 있는 것은 아니다. 하고 싶은 것
만을 하면서 살 수 없는 것이 인생이다. 귀거래를 노래한다 해
도 당장 관직을 그만둘 수 없거나 돌아갈 경제적 토대가 없거
나 혹은 가족이나 주변 상황 때문에 돌아갈 수 없다면 현실 속
에서 귀거래를 실현하지 못하는 것은 당연한 일이다. 사정이
이렇다면 결국 자연이 아닌 다른 곳에서 은거할 곳을 찾아야
한다.

서거정은 자신이 지내는 집을 유거(幽居)라고 표현한
바 있다(「유거」幽居, 『사가시집』 권13). 원래 '유거'는 산속 깊이
있어서 사람들이 잘 모르는 곳을 지칭하는 말이다. 그렇지만
귀거래할 형편이 안 되었던 서거정은 은거지와 같은 공간을
자신의 별서에 마련했다. 평생 관직 생활을 하면서 느끼는 불
안함과 어려움, 회의 등을 벗어나고 싶어서 늘 귀거래를 꿈꾸
었지만 꿈을 이룰 수 없었다. '자신의 신세가 새장에 갇혀 있는

새와 같고 자신이 누리는 공명(功名)은 대나무에 올라가 있는
메기와 같다'(身世籠中鳥 功名竹上鮎:「유거」)고 생각하면서, 그
가 할 수 있는 최선은 별서에 뜰을 가꾸면서 즐거움을 누리는
것이었다. 그는 자신의 뜰에 마치 송나라 양만리(楊萬里)가 그
랬던 것처럼 아홉 갈래 길을 만들어 놓고 온갖 종류의 꽃을 심
어서 바라보고 싶어 했고, 수많은 책을 쌓아 놓고 책마다 상아
로 만든 찌[籤]를 달아 놓고 싶어 했다. 뜰의 꽃과 나무를 보며
산책하고 책을 읽는 것이야말로 서거정이 희망했던 즐거움이
었다.

　　그러나 별서에서 경영하는 뜰이 아무리 아름답고 고요
하다 한들 그곳으로 귀거래를 할 수는 없는 노릇이다. 그리하
여 생각해 낸 것이 바로 벼슬 속으로 은거하는 '이은'(吏隱)이
었다. 덕이 높고 어진 사람이 낮은 관직에 있으면서 권력과 상
관하지 않고 살아간다는 뜻이다. 「유거」라는 작품에서 그는 별
서의 뜰에서 즐겁게 살아가는 자신을 두고 사람들은 이은을
겸했다고 말한다고 하면서, 자신은 벼슬에서 벗어나고 싶다는
투의 발언을 한다. 그렇지만 그의 다른 작품 「함열에 부임하는
기백을 전송하며」送耆伯之任咸悅(『사가시집』 권8)에서는 김숭로(金
崇老)가 뛰어난 능력에도 불구하고 함열로 발령이 나자, 그곳
에서 선현들의 행적을 본받아서 유유자적 지낸다면 이은이 될
수 있으리라고 하면서 자신도 그를 따르고 싶다는 말로 끝을

맺는다(眞堪成吏隱 我欲一追攀). 글의 이면을 들여다보면 서거
정은 늘 귀거래를 말하지만 실제로 관직에서 벗어나려는 적극
적인 의지는 그리 커 보이지는 않는다.

'귀거래'를 묻는 까닭

서거정에게 '귀거래'가 과연 어떤 의미였기에 그는 평생 귀거
래를 부르짖었을까. 「귀거래편」歸去來篇(『사가시집』 권28)은 귀
거래에 대한 그의 생각을 잘 보여 주는 작품이다.

歸去來歸去來	돌아가리라, 돌아가리라
我嗟不歸今幾時	읊기만 하고 돌아가지 않은 것 그 얼마던가
功成不退古所戒	공 이루고 물러나지 않는 것은 옛사람이 경계한 것
當局者迷吾何爲	당국자가 미혹하니 내 무엇을 하리
柴桑高義明日月	시상의 높은 의리 일월처럼 밝고
功名末路多危機	공명의 말로엔 위기가 많다네
(아래 생략)	

전원으로 돌아가자고 하는 이유는 하나다. 공(功)을 이

루면 물러나야 하기 때문이다. 이 말은 원래 『노자』老子 제9장
에 나오는 구절이다. 판본에 따라 약간 다르기는 하지만, 일반
적으로 통용되던 책에는 "공이 완성되고 이름이 이루어지면
몸은 물러나는 것이 하늘의 도다"(功成名遂身退 天之道)라고 되
어 있다. 조선의 관료들은 이 구절에 상당한 의미를 부여하곤
했는데, 특히 조선 전기 관료문인들이 자주 인용하면서 널리
알려지게 된다. 관료로서 해야 할 일을 모두 마치면 그 자리에
서 물러나는 것이 하늘의 이치라는 것이다.

　　위의 시에서 서거정은 바로 이 논리를 그대로 인용한
다. 전원으로 돌아가자고 노래 부르면서 돌아가지 않은 자신
의 현실을 먼저 이야기한 다음, 돌아가야 하는 이유를 구체적
으로 서술한다. 자신은 이미 관료로서 해야 할 일을 모두 마쳤
으니 더 이상 정치 현실에서 할 일이 없다는 것이다. 시상(柴
桑)의 높은 의리가 해와 달처럼 밝다고 한 것은 「귀거래사」의
작자인 도연명을 말한다. 앞서 언급한 것처럼, 도연명이 팽택
령을 그만두고 고향인 시상으로 돌아오면서 지은 것이 바로
「귀거래사」다. 서거정 자신도 도연명의 행적을 따라 고향으로
돌아가야 한다는 점을 알고 있는데, 그것을 어긴 길의 끝에는
늘 위험이 도사리고 있기 때문이다. 그렇지만 권력을 쥐고 있
는 사람들이 미혹하여 자신을 놓아주지 않으니 어쩌겠느냐 하
는 것이 인용의 내용이다.

그렇지만 서거정 자신도 인정했듯이, 주변 환경이 어떠하든 자신이 결심하면 돌아갈 수 있다. 그렇게 하지 못하는 이유는 권력 주변에 머무르고 싶은 본인의 욕망 때문이다. 권력 추구만을 위해 달려가는 끝에는 자기를 파멸로 이끄는 위태로움만이 있다. 그걸 뻔히 알면서도 욕심에 눈이 멀어서 그 길을 달려간다. 이러한 생각은 서거정이 신말주(申末舟, 1429~1503)의 정자에 써 준 글에서도 나타난다.

신말주는 우리에게 널리 알려져 있는 신숙주(申叔舟, 1417~1475)의 막냇동생이다. 그는 순창(淳昌)으로 내려가서 '귀래정'(歸來亭)이라는 정자를 짓고 살았는데, 거기에 서거정이 기문을 썼다. 그 글 말미에서 서거정은 이렇게 말한다. "후대의 뜻 있는 선비라면 누군들 어려서는 배우고, 장성해서는 시행하고, 늙으면 물러나서 처음부터 끝까지 온전하게 하고 싶지 않겠는가. 그러나 한번 공명에 그 마음이 오염되고 처자(妻子)에 그 사욕이 얽매여, 돌아가야 하는데도 돌아가지 못하는 자들이 세상에 즐비하다. 그리하여 드디어는 산림에 사람이 없다는 비난이 있게 되었다."[1] 말하자면 공명에 한번 마음을 주게 되면 여러 가지 욕망에 얽매여 돌아가야 하는 때를 놓치

---

1 後之有志之士, 孰不欲幼而學, 壯而行, 老而退, 以全終始者哉? 一有功名玷其心, 妻子累其欲, 當歸去, 而不歸去者, 滔滔皆是. 遂有以來林下無人之誚(徐居正, 「歸來亭記」, 『四佳文集』卷2).

게 된다는 것이다. 어쩌면 서거정 자신도 귀거래를 할 적절한 때를 놓쳤던 것은 아닐까.

뜰을 거닐면서 서거정이 평생토록 묻고 또 물었던 것은 '귀거래' 즉 전원으로 돌아가야 한다는 것이었다. 서거정에게 '귀거래'는 화두나 다름없었다. 공무를 보는 틈틈이 자신의 별서로 돌아가 뜰을 거닐면서 얼마나 많은 것들을 질문했을 것인가. 꽃과 나무를 보고, 좋은 나무를 구해 심으며, 때로는 채소를 뿌려 가꾸면서, 자신이 귀거래할 최종 목적지가 이 뜰이었으면 좋겠다는 생각도 했을 것이다. 평생을 관료로 살아가면서 가지게 되는 양가적 감정, 관직 생활을 통해서 이루어 보고 싶은 유생으로서의 꿈과 관직 생활 중에 무시로 닥치는 피로와 긴장과 위험, 그 둘 사이에서 얼마나 고민했을 것인가. 전원으로 돌아가고 싶었지만 결국 자신의 은거지는 관직이었음을, 그리하여 이은을 자신의 모토로 삼는 순간 서거정이 가졌을 깊은 절망은 없었을까. 어쩌면 인간이 경험하는 가장 깊은 절망의 순간에 뜰은 삶의 활기와 희망을 던져 주는 아름답고 평화로운 공간이었을지도 모르겠다. 서거정이 늘 뜰에서 무엇인가를 보고 가꾸고 서성거렸던 것은, 뜰이 주는 안온함이 자신의 삶을 한가롭게 만들었기 때문이리라.

뜰에 만든 무릉도원
— 안평대군의 비해당 뜰

드라마나 영화에 재벌이 등장하면 어김없이 멋진 정원(이럴 때 나는 뜰이라는 단어 사용이 머뭇거려진다)이 있는 집이 배경으로 나온다. 언제부턴가 나는 그들의 정원을 찬찬히 보게 되었다. 넓은 잔디밭을 보면서 저 잔디를 깎으려면 얼마나 고생스러울까 하는 생각을 하고, 멋지게 전지(剪枝)되어 있는 나무들을 보면 사다리에 올라 일을 하느라 얼마나 고생했을까 하는 생각을 한다. 그러다가, 아, 저이들은 직접 하지 않고 조경사에게 맡기겠구나, 하는 생각에 이르면 피식 웃곤 한다. 심지어 새벽부터 밤까지 바쁘게 회사를 운영하거나 온갖 서류를 결재하는 사람들인데, 자기 집의 넓은 정원을 찬찬히 살피며 지금 무슨 꽃이 피어 있고 어떤 풀이 싹을 틔우고 있는지 본 적이나 있을까 하는 생각까지 한다. 물론 그들도 사람인지라 이러한 나의 생각은 터무니없는 편견일 수 있다. 그러나 세속적 권력을 크게 가지면 가질수록 도시 생활의 이로움에 모든 감각을 빼앗기는 경우를 우리는 너무도 많이 보아 왔다. 동시에 이런 사람들일수록 자연으로 돌아가고 싶은 마음을 꾸준히 키우면서 살아가는 경우를 제법 많이 보아 왔다. 세속적 권력과 자연의 삶은 대체로 반비례하는 것이어서, 두 가지를 모두 누리는 일은 쉽지 않거나 불가능하다.

살아 있는 동안 늘 갈등과 긴장 속에서 고통스러워하는 것이 인간의 숙명이 아닐까 싶다. 겉으로는 행복하고 여유로워 보여도 그 속을 찬찬히 들여다보면 사람마다 나름의 고민이 있고 나름의 갈등 때문에 괴로워하는 것을 발견한다. 힘없고 가난한 사람들은 눈앞에 닥친 냉엄한 현실 때문에 괴로워하고, 큰 권력과 부를 누리는 사람은 그것을 빼앗길까 두려워서 괴로워한다. 괴로움의 종류는 다를지언정 괴롭다는 점에서는 마찬가지다. 그럴 바에는 큰 권력과 부를 누리면서 괴로워하는 것이 낫지 않겠느냐는 물음을 던지기도 하겠지만, 그것을 유지하고 누리기 위해 많은 사람들과 목숨을 건 경쟁을 해야 한다는 점을 생각하면 그 또한 괴로운 일이다. 동서양을 막론하고 왕이 된 자들 중에서 천수를 누린 사람이 좀처럼 많지 않다는 것을 떠올려 보면 그들이야말로 늘 암살의 위협에 시달리면서 긴장과 불안 속에서 살아갔음을 알 수 있다.

조선 시대라고 해서 다를 바 없다. 가문을 유지하기 위해 혹은 학파나 정치적 붕당을 결집시키기 위해, 사람들은 늘 긴장 속에서 자신을 돌아보고 상대방을 비판하기 위한 마음의 칼날을 세우고 살아간다. 그 시대의 문집을 펼쳐 보면 웬만한 곳에는 그런 글이 수록되어 있다 해도 과언이 아닐 정도이고, 그 글들은 날카롭기 짝이 없다. 밖에서 그렇게 살다가 할 일을 끝내고 혹은 퇴근해서 집으로 돌아오면 피곤이 엄습할 수밖에 없다. 그럴 때 마음의 긴장과 불안을 달래 줄 것이 있어야 한다. 어쩌면 뜰은 그 마음을 달래 주는 가장 안온하고 평화로운 공간이었을 것이다.

권력의 정점에서 역모의 주범으로

안평대군은 우리에게 널리 알려진 인물이다. 특히 당대 최고의 화원이었던 안견(安堅)으로 하여금 자신이 꾼 꿈속의 일을 그리게 한 〈몽유도원도〉夢遊桃源圖는 그림을 직접 보지 못한 사람들에게조차 잘 알려진 명품 중의 명품이다. 사극이나 영화, 소설 같은 작품을 통해서 그의 이름이 알려지기는 했지만, 다시 따져 보면 그가 어떤 삶을 살았는지 구체적으로 우리가 알고 있는 건 별로 없다. 우선 짧은 그의 일생을 일별해 보자.

　　이용(李瑢, 1418~1453)은 세종이 즉위하던 해에 소헌왕
후(昭憲王后) 심씨(沈氏)와 세종 사이에서 태어났다. 훗날 문종
이 되는 구(珣)와 수양대군에 이은 세종의 셋째 아들이다. 자
는 청지(清之), 호는 비해당(匪懈堂), 낭간거사(琅玕居士), 매죽
헌(梅竹軒) 등이다. 어렸을 때부터 명민했을 뿐 아니라 형인 수
양대군과도 돈독한 사이를 자랑했다. 두 형제는 세종의 명에
의해 책을 함께 편찬하기도 하는 등 학술, 불교 및 예술 분야에
서 상당히 많은 부분을 공유하였다. 수양이 왕권을 잡기까지
그들의 관계는 아주 좋았던 것으로 보인다. 동시에 자신의 취
향에 따라 문화 그룹을 만들어서 다양한 활동을 하며 문화생
활을 즐겼다. 조선에서 차지하는 그들의 지위만큼이나 그 영
향력은 상당했다. 당대의 문인들은 이들이 만들어 내는 문화
적 자장 안에서 활동하며 자신의 예술적 능력을 신장시키거나
발휘했고, 그것은 다시 조선의 문화적 기틀을 튼실하게 만드
는 하나의 원동력으로 작동했다.

　　역모로 사형을 당하기는 했지만, 안평이 실제로 왕권
을 놓고 수양과 얼마나 다투었는지 판단하기란 쉽지 않다. 다
만 왕조실록의 기사나 패설류에 등장하는 기록을 참고하건
대, 그의 주변에 상당히 많은 인재들이 드나들었던 것은 분명
해 보인다. 한강 변에 경영했던 담담정(淡淡亭), 동문 밖 인왕
산 밑에 지었던 무계정사(武溪精舍), 인왕산 수성동 계곡에 자

신이 거처하려고 지었던 비해당 등을 중심으로 문인 및 예술
인들이 모여서 시와 술과 음악과 그림 등을 감상했으며, 그런
곳에서 모임이 있을 때마다 당대를 대표하는 관료 예술인들이
모여들어 성황을 이루었다.

　그가 이토록 성대한 잔치를 열고 값비싼 예술품들을
소장할 수 있었던 것에는 그의 경제적 부유함이 큰 몫을 했다.
세종의 동생 성녕대군이 일찍 세상을 떠난 뒤 후사를 남기지
못하자 안평대군은 혼자 남은 부인인 창녕성씨(昌寧成氏)의 양
자로 들어갔다. 숙모가 양모로 바뀐 셈인데, 뒤에 두 사람 사이
에 불미스러운 소문이 나서 결국 성씨 부인이 귀양을 가기도
했다. 어떻든 성녕대군의 재산은 상당했는데, 이것을 안평이
상속받았다. 거기에 대군을 위해 나라에서 하사한 재산이 있
었으니, 기본적으로 안평대군은 재산이 많을 수밖에 없었다.
이러한 부를 바탕으로 안평대군은 호사스러운 생활과 함께 당
대 최고의 문화적 혜택을 충분히 누렸다.

　가장 널리 알려진 안평대군과 관련한 기록은 성현(成
俔, 1439~1504)의 『용재총화』慵齋叢話에 수록된 기사일 것이다. 그
기록에 의하면 안평은 학문을 좋아했고 시문을 잘 지었으며
글씨가 천하제일이었다. 게다가 그림 그리기와 거문고 및 비
파 연주도 일품이었다. 사람들과 어울려 술을 마시고 시를 지
었으며, 쌍륙과 바둑을 놀며 웃고 떠드는 소리가 끊이지 않았

고, 그의 집에는 심지어 무뢰배들까지도 드나들었다. 그는 옥으로 만들어 금을 입힌 바둑돌을 사용했으며, 가는 비단에 글씨를 써서 원하는 사람이면 누구에게나 주었다.

그러나 수양대군의 등극과 함께 그의 빼어난 능력은 도리어 화를 불러온다. 그의 주변으로 사람들이 모이는 것을 늘 경계했던 수양대군 즉 세조 일파의 우려 때문에 역모로 몰려 강화도 교동도로 귀양을 갔다가 결국은 아들과 함께 사사(賜死)되었다. 집안이 풍비박산 났으니 가장 화려한 삶과 가장 비극적인 삶을 동시에 경험한 셈이다.

이 글에서 주목해 보려고 하는 것은 가장 화려한 시절에 가꾸었던 안평대군의 뜰이다. 특히 비해당 뜰은 당대 대표적인 문인들에게 널리 알려졌으며, 안평대군의 시에 차운(次韻)하여 왕과 고관대작들의 시 창작이 이어졌다. 그가 역모로 몰려 죽는 바람에 안평 자신이 직접 남긴 기록은 모두 사라졌지만, 주변 사람들이 남긴 단편적인 기록으로 그가 가꾸었던 뜰이 얼마나 아름다웠는지, 그곳에서 안평대군은 어떤 생각을 하고 어떤 꿈을 꾸었는지를 짐작해 볼 수 있다.

〈몽유도원도〉에 그려 낸 안평의 꿈

1447년(세종29) 4월 20일, 안평대군은 기묘한 꿈을 꾼다. 홀연 박팽년(朴彭年, 1417~1456)과 함께 어느 산 아래에서 서성이고 있었다. 어디로 가야 할지 몰라 머뭇거리고 있는데, 어디선가 산관야복(山冠野服)을 한 사람이 도원(桃源)으로 가는 길을 가르쳐 준다. 그들은 절벽을 지나 우거진 수풀을 뚫고 시내를 건넜다. 꼬불꼬불한 길을 거쳐 드디어 한 골짜기에 이르니, 동천(洞天)이 갑자기 탁 트이고 아름다운 별천지가 나타났다. 바로 도원이었다.

이 꿈을 〈몽유도원도〉라는 그림으로 그리도록 만든 안평대군은 그림 앞에 쓴 글에서 꿈속에서 본 무릉도원의 경치를 이렇게 묘사한다.

또 대나무 숲에는 띠풀집이 있어 사립문은 반쯤 열려 있었고 흙으로 만든 섬돌은 이미 스러져 있었으며, 개와 소, 말도 없었다. 앞 시내에는 오직 조각배만 있었는데 물결을 따라 일렁이고 있었다. 그 정경이 쓸쓸하여 마치 신선이 사는 곳 같았다.[1]

---

1 안휘준·이병한 공저, 『안견과 몽유도원도』, 예경문화사, 1991, 166쪽.

동천의 경치를 구경하다가 안평대군은 함께 올랐던 박팽년에게 이곳이 바로 도원동(桃源洞)이라고 말을 한다. 그 순간 옆을 보니 최항과 신숙주도 따라오고 있어서 함께 시를 지으며 주변을 돌아보다가 산을 내려오는 도중에 꿈에서 깨어난다. 깨어난 뒤에도 너무 생생한 꿈이 기이하여 결국 안견(安堅, ?~?)을 불러서 꿈을 그림으로 그리게 하였고, 꿈을 꾼 지 3일째 되는 날 그림이 완성된다. 그가 쓴 발문은 바로 이 시점에 지어진 것이다. 한 달 뒤, 꿈에서 함께 도원을 방문했던 박팽년의 글이 창작되고, 이후 신숙주의 글이 지어진다. 안평대군은 주변 사람들에게 이 그림에 대한 시를 지어 달라 부탁하였고, 그렇게 해서 당대의 문사들의 엄청난 글이 남게 되는 것이다. 말하자면 〈몽유도원도〉라고 하는 그림을 중심으로 한자리에 모여서 시회를 열었던 것이 아니라 안평대군과의 인연으로 인해 시를 짓고 자필로 쓴 것을 안평이 모아서 시화축으로 묶은 것이다.

안평대군을 우리 문화사에서 빛나는 이름으로 남게 만든 것은 바로 〈몽유도원도〉다. 그 이면에는 고려 후기 이후 수많은 문인들이 깊은 관심을 가졌던 이상향을 찾는 문화적 풍조가 깊이 스며 있다. 시대가 어지러울수록 지식인들은 세상의 어지러움이 전혀 없는 평화로운 공간을 찾게 된다. 그렇게 보면 어느 시대나 이상향을 그리워하고 거기에 도달하려는 노

력과 상상력은 존재하는 법이다. 그렇지만 특히 고려 후기 무
신난 이후 사회적으로 전쟁과 기근, 정치적 폭압이 계속되는
시대에 지식인들이 새로운 공간을 상상하고 찾는 행위가 하나
의 풍조처럼 형성되는 것은 당연한 일이었을 것이다. 고려 말
이인로(李仁老, 1152~1220)의 『파한집』破閑集에서 '청학동'(靑鶴
洞)이라는 이름의 무릉도원이나 이상향을 찾는 풍조가 명확하
게 기록된 이래, 이러한 풍조가 조선 초기까지 이어졌다. 그 풍
조의 한 획을 그은 예술 작품이 바로 〈몽유도원도〉다. 이 작품
의 제작을 주도한 안평대군은 도대체 무슨 마음을 가지고 있
었던 것일까? 이인로의 청학동은 무신의 난이 가져온 어지러
운 세상을 벗어나고 싶은 지식인들의 욕망을 투사한 것으로
해석할 수 있다지만, 안평대군을 비롯한 그 주변의 문인들에
게 무릉도원은 과연 무엇이었을까?

　　그동안 이에 대한 논의가 없었던 것은 아니다. 김윤식
교수는 안평대군이나 집현전 학사들의 정치사상 빈곤이나 현
실에 대한 비판 의식의 결여가 낳은 비현실적 환상 체계라고
평가했고, 이형대 교수는 '와유'(臥遊)라는 핵심어를 중심으로
세종대의 이상 국가 건설에 여념이 없었던 관학파 사대부들의
정신적 자유 추구로 해석하기도 했다. 모두 충분히 설득력이
있는 말이라 몽유도원도의 의미를 논의하고 감상하는 데에 도
움이 된다.

다른 한편 무릉도원이라는 이상향을 현실 세계에서는 도저히 찾을 수 없다면 그것을 대체할 수 있는 공간은 있어야 하지 않을까. 누구나 현실이 어렵고 전망이 불투명할 때 숨 쉴 수 있는 공간을 하나쯤은 가지고 있기 마련이다. 안평대군 역시 그런 공간이 필요했다. 그가 만든 비해당 뜰이 바로 그런 공간이었다.

안평대군의 비해당 뜰 주변

비해당은 1442년(세종24) 6월, 세종이 안평대군에게 내린 당호(堂號)다. 박팽년의 글에 의하면 안평의 학문적 명민함과 뛰어난 재주를 면려하기 위해 『시경』과 장재(張載)의 「서명」西銘에 나오는 '비해'(匪懈)라는 단어를 당호로 내렸다고 한다. 안평은 비해당이라는 당호를 걸고 그 주변의 경관을 아름답게 꾸민다. 특히 아름다운 경관 포인트 48개소를 정하고 각각의 장소를 소재로 시를 읊는다. 이것이 바로 「비해당사십팔영」匪懈堂四十八詠이다. 그러고는 주변의 문인학사들에게 시문을 지어줄 것을 요구한다. 이들 작품을 모아서 시축을 만드는데, 화답시를 지으면서 앞부분에 인문(引文)을 붙인 성삼문(成三問, 1418~1456)의 글에 개략적인 경과가 나와 있다.

비해당시회(匪懈堂詩會)라고 이를 만한 이 시축에는 안평대군 그룹에서 활동하던 문인학사들이 포함되어 있다. 이들이 화운한 '사십팔영'은 48수 모두를 전하지 못하는 경우도 있지만, 현재 작품이 전해지는 사람으로는 김수온(金守溫, 1410~1481), 성삼문, 최항, 신숙주, 서거정 등이 있다. 이개(李塏, 1417~1456), 이현로(李賢老, ?~1453), 이승윤(李承胤, ?~?), 임원준(任元濬, 1423~1500)의 작품은 전하지 않는다. 훗날 성종은 안평대군의 '사십팔영'을 읽고 나서 주변의 관료 문인들에게 화답시를 지으라고 명령을 하기도 했다. 그리하여 홍귀달(洪貴達, 1438~1504), 유호인(兪好仁, 1445~1494), 채수(蔡壽, 1449~1515), 김일손(金馹孫, 1464~1498) 등이 『속비해당사십팔영』續匪懈堂四十八詠을 남기게 된다.

현재 전하는 사십팔영시를 정리하면 〈표 1〉과 같다.[2]

번호	제목(원문)	식물 이름	제목의 의미
1	매창소월(梅窓素月)	매화	매화 핀 창에 비치는 밝은 달
2	죽경청풍(竹逕淸風)	대나무	대숲 오솔길에 부는 맑은 바람
3	일본척촉(日本躑躅)	왜철쭉	일본철쭉

---

2   이 도표는 다음의 논저를 정리하여 종합한 것이다. 유영봉, 『다섯 사람의 집현전 학자가 안평대군에게 바친 시』(다운샘, 2004), 김풍기, 「안평대군 그룹의 문화적 토대와 창작 경향」(『동아시아고대학』 제36집, 동아시아고대학회, 2014), 심경호, 『안평, 몽유도원도와 영혼의 빛』(알마, 2018).

번호	제목(원문)	식물 이름	제목의 의미
4	해남낭간(海南琅玕)		해남에서 온 낭간석(주옥珠玉 종류)
5	번계작약(飜階芍藥)	작약	섬돌에 날리는 작약
6	만가장미(滿架薔薇)	장미	시렁에 가득한 장미
7	설중동백(雪中冬柏)	동백	눈 속의 동백
8	춘후모란(春後牡丹)	모란	늦봄의 모란
9	옥각이화(屋角梨花)	배꽃	집 모퉁이의 배꽃
10	장두홍행(墻頭紅杏)	살구꽃	담장 가의 붉은 살구꽃
11	숙수해당(熟睡海棠)	해당화	깊이 잠든 듯한 해당화
12	반개산다(半開山茶)	산다화(동백류)	반쯤 핀 산다화
13	난만자미(爛漫紫薇)	배롱나무	활짝 핀 배롱나무
14	경영옥매(輕盈玉梅)	옥매	가볍게 날리는 옥매화
15	망우원초(忘憂萱草)	원추리	근심 잊은 원추리
16	향일규화(向日葵花)	황규 혹은 추규	해를 향해 피어 있는 황규화
17	문전양류(門前楊柳)	버드나무	문 앞의 버드나무
18	창외파초(窓外芭蕉)	파초	창밖의 파초
19	농연취회(籠烟翠檜)	전나무	안개에 싸인 푸른 전나무
20	영일단풍(映日丹楓)	단풍	햇빛 비치는 단풍
21	능상국(凌霜菊)	국화	서리를 이기고 핀 국화
22	오설란(傲雪蘭)	난초	눈을 업신여길 만한 난초
23	만년송(萬年松)	눈향나무	만년송
24	사계화(四季花)	장미	사계화
25	백일홍(百日紅)	백일홍/배롱나무	백일홍
26	삼색도(三色桃)	삼색복숭아나무	삼색복숭아나무
27	금전화(金錢花)	금전화	금전화
28	옥잠화(玉簪花)	옥잠화	옥잠화
29	거상화(拒霜花)	목부용	목부용
30	영산홍(映山紅)	영산홍	영산홍
31	오동엽(梧桐葉)	벽오동나무	벽오동나무 잎사귀

번호	제목(원문)	식물 이름	제목의 의미
32	치자화(梔子花)	치자나무	치자꽃
33	태봉괴석(苔封怪石)		이끼 덮인 괴석
34	등만노송(藤蔓老松)	소나무	등나무 덩굴진 노송
35	긍추홍시(矜秋紅柿)	감(홍시)	멋진 가을의 홍시
36	읍로황등(浥露黃橙)	당귤	이슬 맺힌 당귤
37	촉포도(蜀葡萄)	포도나무	촉 땅에서 온 포도나무
38	안석류(安石榴)	석류나무	석류나무
39	분지함담(盆池菡萏)	연꽃	단지 같은 못의 연꽃
40	가산연람(假山烟嵐)		가산의 안개와 이내
41	유리석(琉璃石)		유리석
42	차거분(硨磲盆)		차거로 만든 동이(차거는 칠보의 하나)
43	학려정송(鶴唳庭松)	소나무	학이 우는 뜰의 소나무
44	사면원초(麝眠園草)		사향노루가 잠자는 동산의 풀
45	수상금계(水上錦鷄)		물가의 금계
46	농중화합(籠中華鴿)		조롱 안의 비둘기
47	목멱청운(木覓靑雲)		남산의 푸른 구름
48	인왕모종(仁王暮鐘)		인왕산의 저녁 종소리

표1. 「비해당사십팔영」 식물 및 시제(詩題) 정리표

　　앞서 말할 것처럼 안평대군의 사십팔영시는 남아 있지
않다(지었을 것으로 추정되지만 흔적을 찾기가 어렵다). 그런데
조선 전기 서얼 출신의 문인인 어숙권(魚叔權, ?~?)이 남긴 『안
평사적』安平事蹟에 안평대군이 쓴 「비해당사십팔영서」匪懈堂四十八詠
序가 필사되어 있다. 이 글에 의하면 '매창소월'에서 시작하여
'인왕모종'으로 끝난 것은 의도적으로 순서를 배치한 것인데,

가까이 있는 것에서 먼 곳에 있는 것으로 시선을 옮겨 가는 방식을 택했다고 했다. 특히 낭간석과 같은 먼 곳의 귀한 돌 같은 부류를 넣은 것은 영광스럽게도 임금에게서 받아 호로 삼았다는 점 때문이며, 문방사우와 같은 것은 조물주가 만든 것이 아니기 때문에 넣지 않았다고도 했다.

안평대군은 자신의 뜰에 귀한 꽃과 나무를 식재하였고 귀한 사물도 사이사이에 넣음으로써 비해당 뜰이 저절로 차별화되기를 원했던 것으로 보인다. 창가로는 매화를 심어 밝은 달이 비치는 밤이면 매화의 은은한 향기와 함께 절의 높은 정신을 깨우치고, 창밖으로는 파초를 비롯하여 일본철쭉, 원추리, 작약, 모란, 금전화, 옥잠화, 거상화, 영산홍, 치자나무, 해당화를 심었다. 그 주변으로 시렁을 만들어서 장미 덩굴과 포도 덩굴을 올렸을 것이고, 석류와 삼색복숭아나무, 살구나무, 동백 등을 뜰의 적절한 곳에 심었다. 뜰의 요소요소마다 낭간석이라든지 태봉석(苔封石)과 같은 귀한 돌을 배치하고, 다른 한쪽에는 가산을 만들어서 자연의 축소판을 뜰 안으로 끌어들였다. 그 옆으로 작은 못을 파서 연꽃을 심었으며, 칠보의 하나인 차거로 만든 화분에 멋진 분재를 심었을 것으로 보인다. 담장 쪽으로는 배나무, 전나무, 감나무, 노송 등을 심어서 뜰을 한층 아늑하면서도 서늘한 공간으로 만들었으리라. 집을 나서면 문 앞에는 버드나무가 살랑이고, 멀리 남산에 푸른 구름이

걸린 것을 보노라면 인왕산 어디선가 종소리가 은은하게 들린
다. 그가 나열한 48종의 풍경 포인트를 정확하게 찍을 수는 없
겠지만, 하나씩 음미하면서 여러 문인들이 남긴 시를 읽어가
다 보면 나도 모르게 안평대군이 만든 가장 완벽하고 아름다
운 이상향 속으로 스며드는 듯하다.

　　여러 문인들의 시 중에서, 안평대군이 가장 친애했던,
그리하여 단종에 대한 절의를 끝내 지켰던 사육신 중의 한 사
람인 성삼문의 작품 한 편을 보기로 한다.

手植梧桐樹	손수 심은 오동나무
春來綠葉齊	봄이 되자 푸른 잎 가지런하다.
何時成老大	언제나 완전히 자라서
枝上鳳來棲	가지 위에 봉황새 와서 깃들려나.

　　오동나무는 흔히 그 잎이 떨어지는 소리로 가을이 왔
음을 의미하거나 가을 달과 함께 감상하는 이미지로 자주 등
장한다. 또 하나는 바로 봉황새가 깃드는 이미지다. 여기서는
후자의 이미지를 사용한다. 아주 쉬운 글자로 구성된 이 작품
에서 성삼문은 봄날 푸른 잎 가지런히 자라는 오동나무가 얼
른 자라서 봉황새에게 둥지를 내주기를 바라고 있다. 특별히
정치적 의미를 담지는 않았으리라 보지만, 안평대군의 정치적

영향력이 커지기를 바라거나 혹은 안평대군이 자신의 능력을 활짝 펴는 날을 기대한다는 의미로도 읽힌다. 주변의 많은 사람들이 이러한 시선으로 안평대군을 바라보았다면, 훗날 수양대군이 왕위에 등극했을 때 가장 위험한 인물로 꼽은 것이 그리 이상하지 않다.

사십팔영을 지은 또 한 사람, 신숙주를 빼놓을 수 없다. 앞서 이미 한 작품을 보았지만, 안평대군과의 관계를 생각하면서 다른 작품을 더 읽어 보자.

芳英相續十旬間　아름다운 꽃송이 백 일이나 이어지니
清興悠然可解顏　맑은 흥취 유연하여 얼굴 펼칠 만하여라.
世上榮華無十日　세상의 영화로움이야 열흘도 못 가는 것,
也須相就酌中山　모름지기 네 앞에서 중산주(中山酒) 한잔
　　　　　　　하리.

백일홍은 여름 내내 붉은 꽃을 피워 내는 나무다. 더운 여름, 무성한 꽃그늘 아래에 있노라면 세상 번우한 일을 잊을 수 있다. 신숙주 역시 백일홍에서 그러한 흥을 일으켰을 것이다. 벼슬에 골몰하여 일하는 것은 세상의 부귀영화를 얻고자 함이다. 그렇지만 다시 돌아보면 그 부귀영화야말로 얼마나 허망한가. 열흘도 못 가는 부귀영화에 빠져서 인생을 낭비하

느니 차라리 백일홍 앞에서 술 한잔 하면서 맑은 흥을 즐기는 것이 훨씬 가치 있는 일이라는 것이다.

이렇게 세상의 부귀영화를 하찮게 보자고 노래했던 신숙주는 철저히 부귀영화를 위해 자기 삶의 방향타를 돌렸다. 세조 정권에 적극 협조하여 최고의 권력과 부귀를 누렸다.

안평대군과 신숙주는 당대 누구보다도 절친한 사이였다. 어찌 보면 성삼문이나 박팽년 등보다도 더 친했을 것이다. 안평대군은 주변의 문인들을 모아서 시회(詩會)를 자주 열었고 좋은 그림이 있으면 제화시(題畵詩)를 지은 뒤 거기에 차운을 하도록 부탁한 다음 시권(詩卷)으로 만들었는데, 그 기록도 제법 남아 있는 편이다. 확인되는 것만 해도 우리가 지금 이야기하고 있는 「비해당사십팔영」 시권을 비롯하여 예천시회(醴泉詩會, 1442년과 1444년), 소상팔경도 시권(瀟湘八景圖詩卷, 1442), 희우정시회(喜雨亭詩會, 1447), 몽유도원도 시권(1447) 등이 있다. 여기에 이름을 한 번이라도 올린 사람이 모두 39명이며 한 시대를 울리는 명사들이었지만, 모든 기록에 자기 이름을 올린 사람으로는 신숙주가 유일하다. 이 정도면 안평대군과 신숙주의 절친이 어느 정도인지 짐작할 수 있으리라. 그러나 세조가 왕위에 등극하고 나자 신숙주는 안평대군과의 관계를 완전히 끊고 등을 돌린다. 심지어 안평대군이 역모로 몰려 죽은 뒤 세조가 공신들에게 그 재산을 분배해 줄 때 신숙주는 그것을 제법 챙기기도 했다.

이렇게 보면 한 치 앞도 모르는 것이 우리 인생이다. 절 친하기 그지없는 사이로 지내며 술과 시를 즐기다가 권력과 부귀 앞에서는 매정하게 등을 돌리는 것이 인간관계일 수 있다. 그러나 대부분의 사람이 그렇게 산다 해도, 누구나 그렇지는 않다는 것이다. 성삼문이나 박팽년 역시 안평대군과 친근하게 지내다가 세조의 회유를 받았지만 끝내 그렇게 하지 않았던 인물이다. 그 행적 탓에 지금까지도 역사의 준열한 비판을 받는 것이다.

도대체 안평대군은 왜 자신의 뜰을 이토록 멋지고 호사스럽게 만들었던 것일까? 이 뜰에서 그는 무슨 생각을 했으며, 주변 사람들과 어떤 생각을 나누고 즐겼을까?

안평대군의 「비해당사십팔영」은 뜰의 아름다운 지점을 노래함으로써 자신이 거처하는 공간을 신선의 땅과 같은 이상향으로 만들기 위한 의도와 닿아 있다. 실제로 여기서 창작된 작품에는 이곳이 바로 선부(仙府)임을 노골적으로 노래하는 것도 발견된다. 비해당은 안평대군이 생각하는 이상향을 현실 속에 구현한 선계였다. 그것은 이상향의 기초 개념, 즉 존재하지 않는 존재로서의 의미에 충실한 것이다. 속세 속에 있지만 그 공간 자체는 탈속의 공간이다. 그 안에서 안평대군은 가장 이상적인 사회를 만들었으며 그것을 시문 속에 묘사

해 냈다. 안평대군 주변에서 활동하는 문사들은 자연히 이러
한 모습을 시문 속에 담았으며, 자연스럽게 이상향의 현실화
에 문학적으로 참여하고 있었다. 앞서 인용한 작품의 작자인
최항과 신숙주 역시 현실 속의 이상향을 그리고 있는데, 이러
한 경향의 이상향은 안평대군 그룹의 다른 문인들에게서도 널
리 보이는 성향이다.

현실과 이상향의 문화적 착종과 그 의미

조선 전기 문인들에게 나타나는 이상향의 구현 방법은 단순하
지 않다. 앞서 언급했듯 가산을 집 안에 만들기도 하고 그림을
통해서 경험하기도 하며 나아가 한양 근교에 별장을 만들어
놓고 속세를 벗어난 새로운 이상향을 만들기도 했다. 때로는
마음에 맞는 문인들끼리 모여서 경치 좋은 곳에 앉아 시문을
주고받으며 속세를 벗어난 새로운 세계를 경험하려 했다. 그
러나 안평대군 그룹의 관료 문인들이 보여 주는 탈속적 이상
향의 이미지는 시문 속에서만 존재하거나 현실 속에서 구현되
는 방식으로 나타났다. 그런 상황에서 안평대군이 자신의 뜰
에 이상향을 구현하였으니 당대의 뛰어난 관료문인들의 눈에
그것은 얼마나 새롭고 대단했겠는가.

집 밖에서 찾을 수 없었던 이상향을 집 안으로 끌어들여서 구현했던 의미는 무엇이었을까? 이에 대해 안평대군이 〈몽유도원도〉 앞에 쓴 글은 매우 시사적이다.

옛사람이 말하기를, 낮에 행한 바를 밤에 꿈꾼다고 하였다. 나는 궁궐에 몸을 기탁하여 밤낮으로 일에 몰두하고 있는 터에 어찌하여 산림에 이르는 꿈을 꾸었단 말인가? 그리고 또 어떻게 도원에까지 이를 수 있었단 말인가? 내가 서로 좋아하는 사람이 많거늘, 도원에 노닒에 있어 나를 따른 자가 하필이면 이 몇 사람이었는가? 생각건대, 본디 그윽하고 궁벽한 곳을 좋아하며, 마음에 전부터 산수 자연을 즐기는 생각을 가지고 있었고, 아울러 이들 몇 사람과의 교분이 특별히 두터웠던 까닭에 함께 이르게 되었을 것이다.[3]

안평대군의 이 발언은 당시 안평대군 및 그 주변의 관료 문인들에게 널리 퍼져서 공유되던 생각을 그대로 보여 준다. 그가 무릉도원을 꿈꾼 것은 전적으로 현실적인 번우함에

---

3   有人言曰: "晝之所爲, 夜之所夢". 余托身禁掖, 夙夜從事, 何其夢之到於山林耶? 又何到而至於桃源耶? 余之相好者多矣, 何必遊桃源而從是數子乎? 意其性好幽僻, 素有泉石之懷, 而與數子交道尤厚, 故致此也(安平大君, 「夢遊桃源圖跋」: 안휘준·이병한 공저, 『안견과 몽유도원도』, 예경문화사, 1991, 166쪽).

서 벗어나려는 목적에서였다. 자신의 성품이 유벽(幽僻)한 곳을 좋아한다고 말했지만, 그러한 수사적 발언 이전에 그는 두 개의 장소를 대치시켜서 자신의 논지를 전개한다. 바로 궁궐과 산림이다. 산림에서 살아가는 것이 자신의 성품과 맞기는 하지만 현실적으로는 궁궐에 몸을 기탁하고 있다. 궁궐은 속세의 가장 핵심적인 장소다. 긴장 속에서 일에 몰두해야 하는 곳이라서 잠시도 마음을 놓을 수 없다. 그 긴장을 견디기 위해서는 주기적인 휴식이 필요하다. 본래의 성품대로라면 당연히 궁궐을 벗어나 산림 속에서 자유로운 휴식을 취하는 것이 옳다. 그렇지만 안평대군은 긴장과 격무로 가득한 현실을 벗어나는 휴식을 택하기보다는 자신의 꿈속에서 이상향을 즐기는 것을 택한 것으로 보인다. 물론 위의 인용문에서 이러한 점을 명확하게 말하고 있는 것은 아니다. 그러나 안평대군의 저 발언은 자신이 좋아하는 몇 사람과 유벽한 산림 즉 도원에서 노닒으로써 현실 속의 긴장을 풀어 보는 것이다.

국가 권력의 핵심 속에서 복잡다단한 일들을 처리하며 정신을 소모적으로 쓰고 있던 안평대군에게 휴식이란 어떤 형태였을까? 그저 꿈속에서 좋은 사람들과 무릉도원을 거니는 것뿐이었을까? 물론 〈몽유도원도〉에서 보이는 그의 꿈도 좋은 휴식의 소재였겠지만, 그것은 일종의 비유적인 예술 행위로 보아야 할 것이다. 위의 인용문 역시 그런 맥락에서 해석해야 할 것이다. 현실 속에서 안평대군의 휴식은 비해당과 같은 뜰을 경영한다든지 담담정과 같은 정자에서의 놀이, 무계정사와 같은 곳에서 자연과 벗과 시문을 즐기는 시회, 〈몽유도원도〉와 같은 좋은 예술품을 중심으로 문인들과 서로 교유하면서 권축(卷軸)으로 남기는 일 등이었다. 이러한 일련의 행위야말로 현실을 벗어나 심신이 편안하고 아름다운 이상향을 찾는 작업의 일환이었다.

이상향의 현실적 구현과 그 의미

어느 시대에나 이상향을 찾으려는 경향은 존재하지만, 그 모습이 늘 같은 것은 아니었다. 그것은 시대적 환경과 예술적 경향의 영향 속에서 모습을 달리했다. 조선 초기의 문화를 주도했던 관료 문인들의 경우 현실의 정치권력 속에서 뜻을 펼치는 한편 정치 현실에서 벗어나 자신만의 안온한 삶을 누릴 수 있는 공간을 만들고자 했다. 그러한 생각이 이상향을 현실 속으로 끌어오려는 노력을 기울이게 만들었다.

조선 초기 관료 문인들의 예술 활동이 이상향과 관련하여 집단적으로 하나의 경향을 가지게 된 것으로 우리는 안평대군 그룹에 주목할 필요가 있다. 안평대군을 중심으로 시

문과 서화(書畵)를 즐기고 예술 활동을 했던 일군의 사람들은
집현전 학사 출신의 명민하고 젊은 인재들이 많았다. 훗날 세
조의 등극과 함께 정치적 입장이 달라지기는 했지만, 적어도
안평대군의 예술적 기질은 그들을 하나로 묶었고 당대 예술사
에 큰 영향을 끼쳤다. 궁궐을 중심으로 여러 차례의 시회를 열
어서 그 결과를 시축으로 남기거나 안평대군의 별서를 중심으
로 모여서 이루어졌던 다양한 예술 활동에서 그들의 집단적
예술 활동의 모습을 살펴볼 수 있다.

　　이러한 맥락을 공유한 안평대군 그룹 관료 문인들은
이상향을 자신의 사적 공간 안으로 끌어들여서 구현하고 그것
을 주변 사람과 공유하였다. 자신의 뜰에 석가산(石假山)을 만
들어 집 안에 신선세계를 만든다든지, 〈몽유도원도〉 같은 그
림을 통해서 무릉도원을 체험하는 것이 바로 현실 속에 이상
향을 구현하는 구체적인 작업이었다. 이런 행위는 번잡한 속
세의 중핵(中核)이라 할 수 있는 궁궐 혹은 관직 생활에서 벗
어나려는 것이기도 했다. 세속적 권력을 버리지 못하지만 동
시에 거기에서 벗어나 자유롭고 고요한 생활을 하고 싶은 이
중적 태도가 자신의 사적 공간에 이상향을 만드는 행위로 드
러났던 것이다. 그리고 실제로 안평대군은 자신의 비해당 뜰
에 그것을 구현하고 48개에 이르는 풍경 감상 포인트를 만들
었다.

　　이상향은 늘 우리 마음속에 관념적으로 존재하기 마련
이지만, 동시에 우리 삶의 곳곳에 실현하고 있는 것이기도 하
다. 누구든 현실의 복잡함에서 벗어난 자신만의 안온한 공간
을 가지고 있다. 다른 사람의 눈으로 보면 그 공간이 하찮은 장
소일 수 있지만 자신에게는 다른 어떤 곳보다도 아름답고 평
화로운 이상향이 될 수 있다. 존재하지 않지만 어떤 사람에게
는 실제로 존재하는 곳, 그러한 곳을 찾는 일이 바로 조선 초기
지식인들의 이상향 찾기와 상통한다. 안평대군이 비해당 뜰에
구현하였던 무릉도원 혹은 이상향은 동시대의 가장 빛나는 문
화적 맥락 속에서 이루어졌다. 아쉽게도 지금은 사라져서 볼
수 없지만, 여러 문인들이 남긴 「비해당사십팔영」 연작시를 통
해서 안평대군이 구축해 낸 비해당 뜰에서 이상향의 완성태를
엿볼 수 있다.

석가산이 있는 풍경

— 조선 전기 관료문인들이 즐기던 뜰

석가산을 처음 보았을 때

석가산에 대한 기록을 처음 읽은 것은 서른 살 무렵이었다. 당시 나는 막 박사 과정을 시작한 풋내기 대학원생이었다. 석사 논문으로 쓰고 싶었던, 그러나 끝내 다루지 못했던 조선 전기 문인 서거정의 문집을 읽다가 석가산 기록을 발견했던 것이다. 그렇지만 당시에는 석가산이 이렇게 흥미로울 줄은 생각지도 못했다. 서거정의 문집은 워낙 방대해서 읽어야 할 시문이 많았을 뿐 아니라 결정적으로 석가산에 대한 이미지가 내 머릿속에 없었기 때문이다. 뜰에 돌을 쌓아서 산을 만들고 그 것을 즐겼다는 이야기인 건 알겠는데, 도대체 석가산이 무슨 연유로 사람들의 관심을 받았던 것인지, 어떤 모양이었는지,

어떤 목적을 가지고 있는지, 역할은 무엇인지 등에 대한 질문을 던질 생각조차 못한 동시에 그때까지 한 번도 석가산이라는 걸 본 적 없었기에 나는 아주 작은 개념도 잡지 못했다.

세월이 흘러 우리나라는 중국과 수교를 맺었다. 한때 '중공'(中共)이라면서 공산국가로만 치부하던 중국과 정식 국교를 맺게 되자 한문을 공부하는 사람에게는 굉장히 많은 것들이 우리의 경험 세계 속으로 들어오게 되었다. 두보의 시에 등장하는 악양루(岳陽樓)라든지 이백(李白)의 시에 나오는 여산(廬山), 장안(長安)이나 연경 등이 예전에는 그저 상상 속에서나 가 보던 곳이었는데 중국과 정식으로 수교되는 순간 언젠가는 내 발로 직접 밟아 볼 기회가 오리라는 것을 깨닫게 되었다.

처음 중국 대륙을 여행한 곳은 베이징이었다. 만리장성 북쪽에서 불어오는 찬 바람을 온몸으로 맞으며 호기심 가득한 마음으로 베이징의 이곳저곳을 둘러보았다. 자금성 후원을 구경하다가 우연히 거대한 돌산을 발견했는데, 곰곰이 생각해 보니 이것이야말로 내가 글에서만 읽던 석가산이었다. 책 속에 갇혀 있던 글이 내 눈앞에 현현한 것 같은 착각이 들 정도였다. 시간이 별로 없어서 찬찬히 살펴보지는 못했지만, 이제는 석가산 기록을 읽으면 머릿속에 그 모습을 떠올릴 수 있을 것만 같은 느낌이 들었다. 여행에서 돌아오자마자 나는 즉시 서거정의 석가산 기록을 찾아보았다. 규모의 차이는 있을지언정 어떤 모습으로 뜰앞에 구현했을지는 상상이 되었다.

　이렇게 자료를 읽다 보니 조선 전기 문인들의 글에서 석가산 관련 기록이 제법 많이 발견되었다. 서거정의 글만 하더라도 당시 친하게 지냈던 안재(安齋) 성임(成任, 1421~1484)의 뜰에 조성한 석가산을 보고 쓴 글이었는데, 성임의 석가산을 소재로 글을 쓴 사람은 당시 문집을 얼핏 들춰 보아도 김수온, 이승소(李承召, 1422~1484), 강희맹(姜希孟, 1424~1483) 등 당대 최고의 문인들이었다. 이들은 성임이 석가산을 만들자 그곳을 감상하고 나서 시문을 지어 찬탄했던 것이다. 또한 서거정의 글에서 성임의 석가산만 묘사한 것이 아니었다. 이름을 정확하게 표기하지는 않았지만 안평대군의 소유임에 분명한 석가산을 시로 읊은 작품이 수록되어 있었다. 뒤져 보니 그것은 우리에게 「비해당사십팔영」으로 알려진 연작시 중의 한 편이었다. 이들보다 조금 후배이긴 하지만 채수 역시 자신의 뜰에 석가산을 조성하였는데, 만든 수법이 아주 창의적이어서 주변의 여러 문인들이 그것을 감상하고 몇 편의 글을 남긴 바 있다.

　이렇게 보면 조선 전기 문인들 사이에서 제법 이름이 난 사람들 중 형편이 괜찮은 사람들은 자신의 뜰에 석가산과 같은 것을 조성해 놓고 즐기는 풍조가 있었음을 알 수 있었다.

아마도 많은 기록이 있었겠지만 여러 이유로 인해 일실(逸失)되고 지금은 그 일부만이 전해지고 있는 셈이다.

진짜와 가짜의 경계는 있는가

조선 초기 지식인들의 문화에서 특징적인 것들이 많겠지만, 그중에서도 시화일치(詩畵一致)에 대한 경도, 정원문화(庭園文化) 탐닉, 시은(市隱)에 대한 논의와 귀거래에 대한 소망 등을 꼽을 수 있을 것이다.

　　그림을 감상하면서 기록을 남기거나 화제(畵題)에 소용되는 시문을 짓는 것은 당시 지식인들에게 널리 유행하던 풍조였다. 제화시(題畵詩)가 본격적으로 모습을 드러내서 하나의 갈래가 된 것도 대체로 이 무렵이었다. 그것은 관학파(官學派)의 문학[관각문학館閣文學, 관인문학官人文學]이 안정기에 접어들면서 그들 나름의 문화적 안정을 누리면서 나타난 특징들이기도 했다. 그러나 관직을 떠날 수 없었던 이들에게도 과도한 현실적 부담감을 떨치기 위한 방책이 필요했다. '와유'에 대한 관심이나 귀거래를 소망하는 것은 바로 이와 연결이 된다. 와유의 중요한 방법은 기행문을 통해서 다른 세계를 추체험하거나, 혹은 좋은 산수화를 걸어 놓음으로써 자신이 거처하는 공

간을 자연의 일부로 만드는 것이었다. 가장 위대한 은거는 저
잣거리에 은거하는 것이라는 뜻을 담은 시은이라든지 고향의
자연으로 돌아가자고 하는 귀거래 의식도 모두 이와 같은 맥
락에서 논의될 수 있다.

　이보다 현실적이고 적극적인 방법이 바로 뜰을 꾸미는
것이었다. 15세기 후반의 관료 문인들에게는 석가산으로 뜰을
꾸미고 주변 문사들을 초청하여 시주(詩酒)를 즐기는 것이 유
행이었다. 석가산을 집 안에 꾸미는 풍조는 조선 초기에 본격
적으로 그 모습을 보인 이래 조선 시대 내내 꾸준히 보이는 일
종의 문화적 경향 중의 하나였다. 16세기의 문인 노수신(盧守
愼, 1515~1590)이 석가산을 만들고 그곳에 십청정(十淸亭)을 지
은 사례도 있고, 17세기 임탄(林坦)의 한한정(閑閑亭)에 부친 윤
선도(尹善道, 1587~1671)나 허목(許穆, 1595~1682)의 시문이라
든지, 오도일(吳道一, 1645~1703)의 「조씨석가산기」曹氏石假山記와
같은 기록에서 가산을 만들어 감상하는 풍습이 계속 전해져
왔음을 알 수 있다. 또한 조선 후기 다산(茶山) 정약용(丁若鏞,
1762~1836) 또한 가산을 만든 기록이 있다. 이들은 기괴한 돌
을 이용하여 뜰에 다양한 모습의 경관을 꾸미고, 그것을 즐기
면서 풍류를 즐겼다.

　그렇다면 조선 전기 관료문인들의 석가산은 어떤 모습
이었을까. 고위 관료를 지낸 성임의 경우를 살펴보자.

내 친구 창녕(昌寧) 성중경(成重卿) 씨가 자기 집 후원 빈터에 돌
을 포개 올려 산을 만들었다. 높이는 겨우 한 길쯤 되며 그 뒤에
다 항아리를 두어 맑은 샘물을 담고 항아리 중간에 구멍을 뚫어
산의 중허리로 통하게 하였다. 가는 물줄기가 좔좔 흘러 떨어지
는 곳은 요란한 폭포가 되고 물이 흐르는 곳은 평지가 되며 소나
무, 대나무와 화초를 심어 울창하게 숲을 이루었다. 아침저녁으
로 바라보면 뭇 봉우리가 삐죽삐죽하여 가운데 산을 옹위하고,
뭇 골짜기의 가파른 지형은 깊숙한 동부(洞府)가 되고, 옆의 봉
우리와 비스듬히 비껴 있는 고갯마루는 하나하나 형태가 달라
삼산(三山)과 오악(五岳)이 모여서 한 덩이가 된 것 같았다. 물이
부딪칠 때는 성난 물결이 바람을 머금고 뿜어 나오는 거품은 구
슬을 뛰어오르게 하니 마치 황하(黃河)가 용문산(龍門山)을 부딪
쳐 온 산골이 진동하는 것 같다가 고요히 흐르게 되면 맑고 깊고
넓어서 동정호(洞庭湖)나 팽려(彭蠡)가 해와 달을 삼키거나 뱉는
것 같아서 나의 생각하는 바에 따라 각기 참된 형상을 드러내니
참으로 신기하다. 중경 씨의 말이, "생전에 기이한 볼거리와 장
쾌한 유람을 좋아하여 일찍이 송도(松都)를 유람하고 오구산(五
寇山)에 올랐으며 천마산(天磨山)을 올라갔지요. 또 일찍이 금강
산 비로봉 꼭대기에 올라 동해를 내려다보니 한 사발 물과 같이
보이더군요." 하였다. 지금 중경 씨가 청리(淸羸)의 병을 안고 있

으니, 반드시 이를 대하면 더욱 와유하는 흥에 겨울 것이다.[1]

성임은 남대문 밖 남산 아래에 있는 집 뜰에 석가산을
짓고 주변의 문인학사들에게 글을 지어 달라는 부탁을 한다.
위의 글은 성임의 요청에 응하여 강희맹이 지은 글이다. 그의
요청으로 지어진 글로는 이승소의 장편고시 「석가산」石假山(『三
灘集』卷9), 서거정의 「가산기」假山記(『四佳文集』卷1), 성현의 「석
가산부」石假山賦(『虛白堂文集』卷1), 김수온의 「석가산기」石假山記(『拭
疣集』卷2) 등이 전하며, 여러 사람의 시문을 모아서 그 앞에 이
승소가 「석가산시서」石假山詩序(『三灘集』卷11)를 붙였다. 기록들
을 토대로 보건대 성임의 석가산은 화려하거나 광대한 것은
아니었다. 그저 후원에 항아리와 돌을 이용해서 나름의 볼거
리를 만들었는데 그 모습 하나하나가 자연을 사랑하는 성임의
마음이 담겨 있었다. 이들은 그의 석가산을 칭송하면서 남산

---

1 吾友昌寧成重卿氏, 於堂後隙地, 纍石爲山, 高僅一丈, 置甕其後, 貯以淸泉, 穴甕腹, 通山
腰, 細流淙淙然落爲亂瀑, 流爲平地, 植諸松竹花卉, 蔥鬱成林. 昕夕望之, 羣峯嵯峨, 拱揖中
岳衆壑嶙峋, 幽爲洞府, 側峯橫嶺, 面面異狀, 如三山五岳, 萃爲一塊, 水之激也, 怒浪涵風,
噴沫跳珠, 如河激龍門, 震蕩山谷, 及爲安流, 澄深淵廣, 如洞庭彭蠡吞吐日月, 隨吾所想而
各露眞形, 眞絶奇也. 重卿氏曰: "生好奇遊壯觀, 嘗遊松都, 登五冠, 陟天磨. 又嘗東登楓岳
毗盧頂上, 俯瞰滄海, 如視盃盂". 重卿氏今把淸贏, 必能對此, 而益酣臥遊之興矣(姜希孟,
「假山贊」, 『私淑齋集』卷5). 이에 대한 번역은 양주동의 『속동문선』(권11, 한국고전번
역원, 1969)을 이용하되 부분적으로 수정하였다.

과 같이 아름다운 자연이 옆에 있는데 굳이 집 안으로 자연을
가지고 들어온 이유를 여러 가지로 설명하려 하였다.

　후원이라는 좁은 공간에 몇 개의 사물을 활용하여 기
본 구조를 쌓은 뒤 물을 끌어들여서 자연의 다양한 모습을 구
현한 것은 석가산이 완결 구조를 가진 일종의 자연이라는 점
을 의미한다. 성임은 이곳에 삼산오악(三山五嶽)과 같은 중첩
된 명산의 이미지, 세차게 흘러가는 황하의 이미지, 동정호나
팽려호(彭蠡湖)와 같은 거대한 호수의 이미지, 깊은 골짜기, 울
창한 숲 등 자연이 보여 줄 수 있는 다양한 풍경을 담았다. 실
제로 그런 마음을 가지고 설계를 했는지 알 수는 없지만, 보는
사람들의 마음에는 그러한 이미지가 그려졌기 때문에 강희맹
의 표현에서 포착할 수 있는 의미가 생성된 것이다.

　강희맹은 성임의 석가산을 마무리하면서 '와유'(臥遊)
개념을 가지고 왔다. 명산을 오르고 바다를 보며 유서 깊은 고
적을 두루 돌아봄으로써 호연지기(浩然之氣)를 기르고자 하는
기행 열풍이 일어난 것은 바로 15세기 후반의 일이다. 그 중심
에 성임을 비롯하여 성현, 채수, 서거정 등과 같은 인물들이 있
거니와 이들의 기행은 천하의 대관(大觀)을 돌아보는 일종의
수양과 풍류가 공존하는 의미를 가지는 것이기도 했다. 이들
은 함께 송도(松都)를 여행하기도 했고 금강산을 구경하기도
했다. 어떻든 그들은 기행을 통해서 좀 더 좋은 시문을 창작할

수 있는 계기를 만들고자 했는데, 좋은 시문은 태평성대를 증언하는 여러 증거 중의 하나라고 생각했기 때문이다.

　그러나 관료 생활로 바쁜 나날을 보내는 사람들에게 먼 곳을 기행한다는 것은 현실적으로 어려운 일이었다. 그들이 생각해 낸 아이디어는 자신이 직접 가 보고 싶은 자연을 집 안으로 끌어들이는 것이었다. 가장 쉬운 방법은 그림으로 그려서 방에 걸어 두고 자신이 마치 그림 속 자연에서 소요하는 듯한 느낌을 즐기는 것이었다. 직접 명산을 여행한 사람들의 시문을 읽으면서 자신이 마치 여행하는 듯한 느낌을 가지는 것도 하나의 방법이었다. 이를 와유라고 이름할 수 있다. 관료로서의 바쁜 생활 속에서도 그들은 '와유'를 통해서 심신의 안정과 여유를 얻으려 했다.

　석가산을 만드는 것 역시 이와 같은 맥락이었다. 강희맹이 언급한 바 '와유지흥'(臥遊之興)이 바로 그것이다. 그는 성임의 석가산이 와유의 흥을 즐길 것이고, 그것은 노쇠함에 시달리는 성임의 심신을 건강하게 만들어 줄 것이라고 했다. 이승소는 「석가산시서」石假山詩序(『三灘集』卷11)에서 남산이 바로 옆에 있는데 왜 집 안에 석가산을 만드느냐고 물었고, 이에 대해 성임은 자신이 노쇠하여 직접 자연을 즐기지 못하기 때문이라고 대답한 내용을 쓴 바 있다. 와유의 맥락에서 석가산을 보는 것은 성임의 석가산을 소재로 글을 지은 문인들의 공통

된 생각이었다. 이들은 석가산이야말로 집 안으로 자연을 가지고 들어와서 자연의 정취를 그대로 즐길 수 있는 효과적인 방법으로 생각했던 것이다.

석가산은 그것을 조성하는 사람의 취향과 의도를 그대로 반영한다. 그들은 기묘한 돌과 항아리, 주변을 흐르는 물을 활용하여 자기만의 완벽한 자연을 구축하였다. 동시에 아름다운 화초와 나무들을 심어서 석가산이 자연의 축소판일 뿐 아니라 완벽한 원림으로서의 기능을 할 수 있도록 하였다. 이는 관료로서 가지는 현실적인 긴장을 풀어내는 한 방법으로 기능했다. 험난하고 바쁘고 긴장의 연속으로 이루어진 현실을 벗어나서 자신이 꿈꾸는 가장 이상적인 곳으로 들어간 공간이 뜰이었다. 강희맹의 형인 강희안(姜希顔, 1418~1465)이 쓴 『양화소록』養花小錄에서 볼 수 있듯이, 뜰을 아름답게 꾸미고 그 안에서 완전한 자유로움과 정신적 편안함을 맛보는 것은 당시의 관료 문인들에게는 충분히 몰두할 만한 일이었다.

성임이 어떤 마음으로 석가산을 조성했는지 그 의도를 정확하게 알 수는 없다. 성임의 문집이 전하지 않아서 이와 관련된 기록을 찾을 수 없기 때문이다. 그렇지만 주변의 문인들이 석가산을 소재로 쓴 시문에서 충분히 추정할 수는 있을 것이다. 앞서 언급한 강희맹의 '와유' 개념으로 설명한 것도 성임이 석가산을 조성한 의도와 그리 멀리 있지 않을 것이다.

　그런데 성임의 석가산을 통해서 김수온은 흥미로운 질문을 던진다. 바로 참과 거짓에 대한 이야기다.

　이조판서 성임 공(公)께서 편안히 지내는 침소 옆에 기이하면서도 오래된 돌을 모아 높이 쌓으니 그 장한 모습은 산과 같아서 봉우리와 골짜기의 그윽함은 의연히 숭산(嵩山)과 화산(華山)을 바라보는 듯하였다. 공은 그것을 '석가산'이라고 이름을 붙였다. 『시경』에 이르기를, "높은 저 남산이여, 바위가 높고도 높아라"(節彼南山 維石巖巖)라고 하였고, 또 이르기를, "다른 산의 돌이 옥을 잘 다듬을 수 있네"(他山之石 可以攻玉)라고 하였다. 자사(子思)께서 이르시기를, "지금 저 산은 주먹만 한 작은 돌이 많이 모인 것"(今夫山一拳石之多)이라 하셨으니 산은 본디 돌이 모인 곳이다. 돌을 말하는 사람도 또한 산의 뼈[山骨]라 말하니 돌은 진실로 산이 산일 수 있는 까닭이라 하겠다. 공께서 여기에 이름을 붙이고자 하실진대 진짜 산이라는 의미로 '진산'(眞山)이라 하셔도 될 터인데 어찌하여 가짜라는 의미의 '가산'(假山)이라 하셨을까? 어떤 사람은 이렇게 말하기도 한다. "산은 사실은 높고 높아서 하늘에 닿은 것인데, 뜰 안에 있으니 진산이 아니다. 그래서 가산이라 했다." 또 어떤 사람은 이렇게 말한다. "산에는 흙이 있는데, 이것은 모두 돌로 되어 있으니 가산이라 하였다." 또 이렇게도 말한다. "돌은 사실 산의 뼈인데 지금은 순전히 돌

로만 만들었으니, 피부가 없이 뼈로만 된 것이 어찌 있을 수 있
단 말인가? 그래서 가산이라 하였다."²

이 글은 뒷부분이 빠진 채로 전하기 때문에 김수온이
어떻게 결론을 맺었는지 알 수 없다. 그러나 그가 석가산을 통
해서 진짜와 가짜의 경계가 무엇인지를 묻는 질문은 중요하
다. 성임이 자신의 정원에 돌로 만든 산을 '가산'이라고 붙인
뜻이 무엇인가를 풀어내는 글인데, 김수온은 이 글의 첫머리
를 이렇게 말하고 있다. 참된 것을 참되게 여겨서 이름을 붙이
는 것보다는 거짓된 것을 참된 것으로 여겨서 어떤 사물에 이
름을 붙이는 것이야말로 그 의미가 더 깊다고. 모든 사물은 자
신만의 본성을 가지고 있어서 보기만 하면 누구나 아는 것인
데 거기에 이름을 붙여봐야 무슨 새로운 생각이 나오겠느냐는
의미일 것이다. 높은 것을 보면 산이라는 걸 알고 흘러가는 것
을 보면 물이라는 걸 누구나 안다. 거기에 산이라 이름 붙이고
물이라 이름 붙여봐야 사전적 의미만을 가지는 것일 뿐, 그 이

2 吏判成公, 於燕寢之旁, 聚石之奇古者, 積而高之, 其壯若山, 峯巒洞壑之幽, 依然如望嵩華,
名曰石假山. 詩曰: "節彼南山, 維石巖巖". 又曰: "他山之石, 可以攻玉". 子思曰: "今夫山一
拳石之多", 則山本石之所積也. 言石者又曰: '山骨', 則石實山之所以爲山也. 公欲號之, 則
直曰 '眞山', 可也, 而謂之 '假', 何也? 或曰: "山實峻極于天, 乃在於庭除之間者, 非眞山也,
故謂之假". 或曰: "山有土, 而皆石, 故謂之假". 或曰: "石實山骨, 而今純以石, 則安有無膚
而骨立者乎? 故謂之假"(金守溫, 「石假山記」, 『拭疣集』卷2).

름에 인간의 상상력이 틈입할 공간이 없어져 버린다. 동시에 산과 산 아닌 것 사이의 경계, 강물과 강물 아닌 것 사이의 경계는 과연 있는 것인가를 진지하게 묻는 질문이기도 하다.

김수온은 여러 사람들의 이야기를 인용하면서, 왜 성임이 많은 선택지 중에서 '석가산'이라는 이름을 붙였을까 하는 데 대한 다양한 의견을 거론하고 있다. 그가 석가산이라 이름을 붙인 의미를 푸는 논리는 이런 것이다. 우리의 일상은 이름[名]과 실상[實]으로 구성되어 있다. 언어학에서 말하듯이 시니피앙(signifiant, 記標)과 시니피에(signifié, 記意)로 호칭해도 되겠다. 사과라는 단어는 일상생활에서는 이름으로 호명되지만 실제로 존재하는 사물이 있다. 그러나 살다 보면 우리는 둘 중의 어느 한쪽으로 기울어서 생각을 하게 된다. 아무리 뛰어난 학자라도 이런 병폐를 가지고 있다. 중요한 것은 어느 한쪽으로 경도되어 생각하지 않는 것이 중요하다. 말하자면 성임이 석가산을 조성하였을 때 돌과 산의 관계 역시 이와 마찬가지다. 돌이 쌓여서 산이 되었다는 점은 분명하지만, 돌과 산은 상호 배제적 관계가 아니라는 것이다. 돌에만 집중해서도 안 되고 산에만 집중해서도 안 된다. 성임이 '석가산'이라고 이름을 붙였을 때에는 바로 이 점을 늘 생각하자는 뜻이었다고 풀었다.

천하의 명산을 집 안으로 끌어들인 노년의 뜰

석가산을 조성하는 것이 와유의 전통을 계승하였다는 점을 충실하게 드러낸 사례로 우리는 조선 전기 문신 나재(懶齋, 집안의 관행에 따라 '난재'로 읽기도 한다) 채수를 들 수 있다. 우리에게 「설공찬전」薛公瓚傳이라는 고전소설로 널리 알려진 채수는 세조 때 과거에 급제하여 벼슬길에 나선 이후 충청도 관찰사, 호조 참판 등을 역임한다. 연산군이 즉위한 이후에는 외직을 돌거나 벼슬을 거절하다가 중종반정에 가담하여 공신으로 책봉된다. 이후 경상도 함양에 쾌재정(快哉亭)을 짓고 은거하였다. 우스갯소리를 좋아하여 민간의 이야기를 모은 『촌중비어』村中鄙語를 짓기도 하였다. 고위 관직을 두루 역임하면서도 연산군의 폭정 아래에서는 몸을 낮추기도 했고, 중종반정에 참여하여 공신이 된 뒤 다시 관직에 진출했다가 끝내는 은거하여 여생을 마친 그의 일생은, 부분적으로 어려운 시절이 있었다 하더라도 전반적으로는 영화를 누렸다고 할 만하다.

채수는 그 자신이 글에서 쓴 것처럼 산수를 너무도 좋아하였다. 그는 「석가산폭포기」石假山瀑布記라는 글에서, 삼각산, 금강산, 지리산, 팔공산, 가야산, 비슬산, 황악산, 속리산 등 조선의 명산은 대부분 꼭대기까지 올라서 티끌세상을 벗어나는 즐거움을 누렸고 온 우주를 돌아봄으로써 천지가 높고 깊고

넓다는 것을 알게 되었다고 했다. 나무들과 구름과 바위와 계
곡 등을 밟아서 세상 근심을 씻어 내고 뜻과 기상을 드높이기
도 했다고 하였다. 산 이야기만 나오면 다른 사람이 비웃을 정
도로 즐겁게 담소했으니, 지금 보아도 그의 산수벽(山水癖)은
상상 초월이다. 그렇지만 노쇠함은 그 즐거움을 누리지 못하
게 하였다. "나이가 들자 다리가 약해져서 잘 걸어 다니지 못
하게 되었으니 어찌할 도리가 없다. 부득이 와유지계(臥遊之
計)를 행하여 고금 명사들이 그린 산수화를 모아서 벽에 걸어
놓고 감상하였다."³ 그렇지만 산수벽이 있는 채수로서는 그림
감상이 마음에 찰 리 없었다. 그래서 아이디어를 낸 것이 바로
석가산을 만드는 것이었다.

　　가산은 여러 종류가 있다. 나무뿌리를 이용한 목가산
(木假山), 옥을 이용하여 분재 형태로 만든 옥가산(玉假山) 등
이 있었지만, 역시 대종을 이루는 것은 돌로 만든 석가산이었
다.⁴ 또한 석가산의 기록을 살펴보면 대체로 지변첩석형(池邊
疊石型), 첩석형(疊石型), 지중형(池中型), 치석형(置石型), 분형
(盆型) 등으로 나뉜다.⁵ 이렇게 보면 앞서 언급한 성임의 석가

3　及年老脚軟, 不善行步, 則無如之何. 不得已爲臥遊之計, 乃聚古今名流所畫山水, 掛壁見之
　　(蔡壽, 「石假山瀑布記」, 『懶齋集』 卷1).

4　박경자, 『조선 시대 석가산 연구』(학연문화사, 2008).

5　윤영조·윤영활, 「한국 전통 석가산의 유형과 역사적 변천」, 『한국조경학회지』 제

산은 지변첩석형에 해당하고, 지금 언급할 채수의 석가산은 지중형에 해당한다. 그렇다면 채수는 어떤 모습으로 석가산을 만들었을까?

채수는 남산 기슭에 별서를 가지고 있었다. 담장 밖에서 지하로 흐르는 샘물이 있었는데, 차갑고 달았다. 그는 대청 앞쪽으로 땅을 파서 연못을 조성하고 물을 끌어들였다. 거기에 연꽃을 심고, 연못 한가운데에는 괴석을 모아서 석가산을 만들었다. 5척 높이에 둘레는 7척쯤 되는 석가산에는 늙고 작은 소나무며 삼나무, 황양목 같은 나무들을 심었다. 그리고 담장 밖에서 흘러들어 오는 샘물을 대나무로 만든 대롱으로 흘려보내서 석가산 위쪽에서 솟아나는 것처럼 보이게 만들었다. 앞쪽에서 보면 어디선가 갑자기 물이 흘러나와서 석가산 아래쪽으로 떨어지면서 폭포가 만들어지게 했다. 채수가 중점을 두었던 것은 바로 폭포였다. 떨어지는 물이 돌에 부딪쳐서 나는 소리며, 그것이 다시 연못으로 떨어지면서 나는 소리는 너무도 아름다웠다. 이것을 즐기는 마음을 채수는 이렇게 썼다.

괴석과 소나무와 회나무 사이를 흐르면서 몇 척을 곧바로 떨어지니, 한 줄기 선이 푸른 산봉우리를 가르는 것처럼 빛나는 것이

어서 아침저녁으로 마주해도 싫증이 나지 않으니 가히 눈에 딱
맞는다고 할 만하다. 고요한 밤잠을 이루지 못할 때 베개를 높이
베고 폭포수 떨어지는 소리를 들으면 옥구슬 떨어지는 듯, 마치
아름다운 악기 소리와 같으니 가히 귀에 딱 맞는다고 할 만하다.
나 청허자(淸虛子)는 집안이 한미하고 관직이 보잘것없어서, 보
석이나 화장품으로 어여쁘게 꾸민 여성이 없으니 눈을 기쁘게 할
만한 것이 없고, 기름지고 달콤한 좋은 음식으로 입을 기쁘게 할
만한 것도 없고, 여러 악기 소리로 귀를 기쁘게 할 만한 것이 없
다. 다만 이 샘물 하나에 의지하여 앞서 말한 세 가지 즐거움을 당
해 내니, 진실로 담박하면서도 맛이 있다. 세상의 호걸지사들은
모두 나를 싸늘하게 비웃지만 나는 스스로 그것을 즐기며 또한
그 세 가지 즐거움을 폭포 소리의 즐거움과 바꾸지 않으련다.[6]

연못 안에 연꽃을 심어 놓고 그사이에 만들어 놓은 가
산에서는 늘 폭포가 쏟아져 내린다. 채수는 나이가 들어 산수
의 즐거움을 직접 누리지 못하게 되자 이것을 통해서 자신의

6 流於怪石松檜之間, 直落數尺, 炯如一條界破靑嶂, 日夕相對而無厭, 則可謂適於目矣. 靜夜
不寐, 高枕而聽之, 瑲瑲琅琅, 如箎竽之聲, 則可謂適於耳矣. 淸虛子家寒官冷, 無珠翠粉戴
之色可以悅目, 無膏粱甘脆之味可以悅口, 無管絃絲竹之聲可以悅耳. 只賴此一泉, 適三者之
樂, 眞淡而有味. 世之豪士, 皆笑吾之冷, 而吾自樂之, 亦不以此易彼(蔡壽, 「石假山瀑布記」,
『懶齋集』卷1).

마음을 달랬던 것이다. 그는 아무리 예쁜 여자나 맛있는 음식, 멋진 음악도 그 즐거움만 못하다고 했다. 문득, 백색소음이 떠올랐다. 나이가 들면 불면증으로 고생할 때가 많은데, 그럴 때 물소리를 계속 들으면 심신이 안정되어 불면에 도움을 받을 수 있다고 한다. 채수가 폭포를 좋아하는 것은 당연히 젊었을 때 노닐던 산수의 즐거움을 대신하기 위한 것이다. 그런 맥락에서 보면 채수는 천하의 산수를 자신의 뜰 안으로 끌어들여서 하나의 축소판을 만드는 셈이다.

　　남산에 경영한 그의 별서는 화려한 집이 아니었다. 초가집 앞으로 연못이 있고, 연못 주변으로는 소나무가 일산(日傘)처럼 그늘을 만들고 있다. 연못에는 연꽃을 심었고, 연못 안에는 물고기들이 한가롭게 노닌다. 한쪽으로 조성한 텃밭에는 온갖 채소를 심어서 매일 물을 주니, 이 채소들이 밥상을 향기롭게 해 준다고 했다. 그 안에서 한가로이 거닐면서 아침저녁으로 석가산 폭포를 바라보는 마음이 얼마나 느긋했겠는가.

신선이 사는 석가산

가산을 만들어서 즐기는 문화가 아무리 멋지고 풍류롭다 해도 역시 경제적으로 넉넉해야 누릴 수 있는 문화다. 아무리 이런 문화를 좋아한다 해도 가난한 사람에게는 그림의 떡이다. 특히 조선 시대 일반 백성들의 간고한 생활 속에서는 싹트기 어려운 것은 분명해 보인다. 그런 탓인지 삼국시대 이래 근대 이전 기록에서 가산을 조성하는 사람은 모두 지배 계층에 속한 이들이다. 먹고 사는 데 큰 지장이 없다 해도 그들에게도 긴장과 스트레스는 상존했다. 특히 벼슬을 하는 사람들은 늘 공문서를 처리해야 하고 행정의 전반을 돌아보아야 하며 나아가 징계나 심한 처벌을 받을 수 있는지를 살펴야 했다. 해직은 물론이거니와 심하면 귀양을 가거나 드물게는 집안이 풍비박산 나는 일을 당하기도 했다. 이런 일이 닥치지 않도록 이들은 몸가짐을 조심하고 문서 처리를 꼼꼼하게 하며 윗사람들의 심기를 잘 살피는 일이 필수적이었다. 이렇게 살아가는 것도 하루 이틀이지, 노상 이렇게 살아간다면 어느 세월에 풍류를 즐길 것이며 어느 세월에 자연 속에서 한가함을 노래할 것인가.

　예나 지금이나 바쁜 일상을 살아가는 사람에게 자연을 즐기며 유유자적하는 생활은 그림의 떡에 불과하다. 그런 삶을 조금이나마 벗어나기 위해 요즘 사람들은 캠핑을 하거나 짧은 여행을 한다. 그것도 못하면 맛있는 식당을 순례하는 것으로 마음의 허기를 달래기도 하며 좋은 공연이나 전시회를 찾아다니기도 한다. 그러나 조선의 선비들에게 주어진 선택지는 그리 많지 않았다. 교통망이 발달하지 않았던 그 당시에는 명산을 돌아보기 위해서 상당한 시간을 빼야만 했고, 상업이 발달하지 않았으니 곳곳에 맛있는 식당이 있었을 리 만무하다. 예술에 대한 생각이 지금과 달랐으니 전시회나 콘서트도 없었을 것이다. 아침이면 이른 시간에 출근했다가 저녁이면 퇴근하는 일상이 벼슬아치들의 삶이었다. 어쩌다가 지인들이 모여서 시와 술을 즐기는 모임이 만들어지면 오랜만에 왁자지껄 노니는 것이 유희의 전부였을 것이다. 이 때문에 선비들은 관직에 진출하는 것을 마치 조롱에 갇혀 있는 새와 같은 신세로 비유하기도 했다.

산수화를 감상하는 전통을 와유와 연결시키는 것은 이러한 관직 생활 환경에서 기인한다. 내 발로 걸어가서 자연을 감상하지 못하니 그림을 벽에 걸어 놓고 감상하는 것으로 그 마음을 달랜다. 그것도 부족하다 여긴 사람들 중 경제적으로 조금 여유가 있는 사람들은 자연을 자신이 뜰 안으로 끌어들이는 작업을 한다. 그것 중의 하나가 바로 석가산을 만드는 일이다. 그래서 석가산은 뜰 안에 천하의 자연을 만들어 놓고 편안한 마음으로 감상하려는 목적으로 조성된다.

와유의 전통에서 한 걸음 더 나아가면 자신이 사는 집을 무릉도원과 같은 이상향적 공간으로 조성하는 것이다. 세상 번우한 일들이 많지만 그런 것을 모두 끊어 버리고 자신만의 아름답고 이상적인 공간을 뜰 안에 조성하는 것이다. 대체

로 도선적(道仙的) 경향을 가진 사람들에게서 보인다. 중국 진
(晉)나라의 명사 도연명의 「도화원기」桃花源記에서 비롯된 무릉
도원의 이미지는 근대 이전 동아시아의 중요한 문화 원형 중
의 하나다. 이 이미지는 한문의 전래와 함께 한반도에 들어왔
지만, 고려 후기에 우리 문화사에 그 모습을 분명하게 드러냈
으며 조선 초기에 오면 상당히 보편적으로 수용된다. 무릉도
원은 배를 타고 물길을 거슬러 올라가다가 기암괴석으로 가득
한 동굴을 지나서야 비로소 만날 수 있는 공간이었다. 기암괴
석의 이미지는 무릉도원과 떼려야 뗄 수 없는 관계에 있는데,
마침 석가산이 괴석문화와 관련을 가지고 있으니 자연히 무릉
도원과 같은 이상향의 축소판으로 충분히 해석될 수 있는 여
지를 가지고 있었다.

　　관료들에게 와유의 대상으로 석가산을 만든 것은 번
우한 속세를 벗어나서 청정한 세계로 들어가고 싶은 욕망을
반영하는 것이다. 그들은 단순히 아름다운 자연만을 원한 것
이 아니라 선계(仙界)와 같은 청정 공간을 원했다. 선계를 찾
아 떠나는 여행이야말로 흥미진진한 것이었으나, 세상에 매여
있는 관리들에게 그러한 여행은 요원한 일이었다. 따라서 집
안으로 끌어들인 석가산은 완벽한 자연의 모습이기도 했지만
그 안에는 신선들이 깃들일 만한 청정한 공간으로서의 의미를
동시에 부여하였다. 예컨대 김종직(金宗直, 1431~1492)은 권한

공(權漢功, ?~1349)이 만든 석가산의 세 봉우리를 보자 진토(塵
土)가 사라지고 가슴이 맑아진다고 하여 그 공간의 청정함이
도선적(道仙的)인 이미지가 느껴질 수 있도록 표현한 바 있다.

　　석가산을 구축해 놓은 뜰이 선계와 같은 이미지를 가
지도록 조성한 것으로는 안평대군의 비해당 앞뜰이 대표적이
다. 이미 다룬 바 있지만, 그는 비해당 주변 뜰에 48곳의 풍경
포인트를 만들고 이것을 소재로 당대 최고의 문인들에게 시를
받았다. 「비해당사십팔영」이 바로 그것이다. 그중의 하나가 바
로 석가산을 소재로 한 것이니, 안평대군의 뜰에도 석가산이
조성되어 있었음을 알 수 있다. 안평대군의 시는 남아 있지 않
지만, 다행히 여러 문인들의 시는 문집 등에 흩어져서 전하고
있다. 그중에서 '가산연람'(假山烟嵐)을 시제로 최항과 신숙주
가 쓴 작품 두 편을 보자.

起余遐想入林泉	먼 생각 일으켜 숲속에 들어가니
一點羅浮忽眼前	한 점 나부산(羅浮山)이 홀연 눈앞에 나타난다.
煙滋疊岫青排闥	안개는 첩첩한 봉우리에 자욱해 푸른 빛은 문을 열고 들어오고
風送浮嵐翠滴筵	바람은 떠다니는 남기를 보내니 비췻빛이 자리에 방울지는 듯.
絶寶也應流玉乳	끊어진 물길에는 응당 옥 같은 샘물 흐르겠고

危峯直欲捫珠躔	아스라한 봉우리는 구슬 같은 길에 곧바로 닿을 듯.
縮地眞成壺裏界	축소된 땅은 진실로 신선 세계 이루었으니
藍輿早晚恣盤旋	남여 타고 조만간 마음대로 노닐리라.

— 최항

聚土階前作小山	뜰 앞에 흙 모아 작은 산 만드니
峯巒林壑費機關	봉우리, 숲과 골짝, 온갖 계책 사용했다.
朝來咫尺煙嵐起	아침 되면 지척에서 안개 남기 일어나니
坐寄幽懷渺靄間	앉아서 아련한 노을 사이에 그윽한 마음 붙여 본다.

— 신숙주

가산을 만드는 것은 감상자의 다양한 상상을 불러일으키기 위해서다. 비록 뜰 앞의 '좁은 땅'[縮地]이지만 그곳을 감상하기 위해 앉는 순간 그는 '하상'(遐想) 즉 상상력을 발동하게 된다. 그것은 속(俗)과 비속(非俗), 욕망의 공간과 청정의 공간을 가르는 구체적인 방법이면서 가산의 아름다움을 즐기기 위한 마음가짐이기도 하다. 특히 관료문인으로서는 사물을 바라보는 시각이 달라지는 지점이기도 하다. 긴장과 번잡함 속에서 생활해야만 하는 관료로의 태도는 '하상'을 통한 상상력의 발동으로 인해 자연 속에서 살아가는 은거자의 태도로 바뀐다. 신숙주의 언급처럼 뜰 앞에 흙은 모아 작은 산을 만들고 그것을 감상하는 것은 물론이려니와, 최항의 시에서 언급한 것처럼 '하상'을 발동하여 들어간 숲 역시 집 안에 만든 가산이 제공하는 상상의 공간이라 할 수 있다.

　'하상'을 통해서 시적 자아의 눈앞에 펼쳐진 곳은 바로 나부산(羅浮山)이다. 이곳은 중국 동진 시대의 갈홍(葛洪)이 수도를 한 곳이어서 도교의 성지로 꼽히는 곳 중의 하나다. 또 수(隋)나라 때 조사웅(趙師雄)이 이곳에서 한 여자를 만나서 함께 술을 마시며 대화를 나누었는데 깨어나 보니 커다란 매화나무 아래였더라는 이야기가 전하는 곳이기도 하다. 자연이 만들어 낼 수 있는 온갖 아름다움이 집약되어 있는 이곳은 나부산의 축소판이어서 '호리계'(壺裏界)라고 칭할 만하다. 호리계는 동한(東漢)의 비장방(費長房)과 관련된 고사에서 나온 것으로, 신선이 사는 곳을 지칭한다.

　신숙주의 작품에서도 비록 작은 규모지만 그 안에 다양한 재료를 사용하여 자연의 아름다움을 모아 놓음으로써 속세와 구별되는 탈속의 공간을 만들었다는 점을 묘사하고 있다. 늘 연람(煙嵐)으로 자욱한 곳이며 아련한 노을 속에 묻혀 있는 이곳은 도교적 색채를 띠고 있다. 평범한 사람으로서는 도저히 도달할 수 없는 선계(仙界)를 이들은 자신의 집 안에

만들어 놓고, 마음만 먹으면 언제든지 그 안으로 들어가 신선
으로서의 삶을 구가하였던 것이다.

　이렇게 도선적인 색채 가득한 그의 뜰에 무려 48개나
풍경 감상 포인트를 만들었다는 것은 비해당 뜰을 조영(造營)
하기 위해 안평대군이 얼마나 심혈을 기울였는지 짐작할 수
있다. 자신의 글은 남아 있지 않지만, 다행히 주변 사람들의 글
덕분에 48개의 풍경 포인트가 정확하게 남아 있다. 이들을 살
펴보면 뜰을 만들고 감상하는 그의 수준 높은 심미안이 유감
없이 발휘되었음을 알 수 있다.

지금도 즐기는 석가산 문화

뜰을 가꾸는 사람들은 아무리 좁은 공간이라도 자기가 좋아하
는 지점이 있다. 나는 봄이면 뒤뜰 담장 옆에 서 있는 매화나무
를 좋아하고, 여름날 저녁에는 앞뜰에 서서 바람에 하늘거리
고 있는 라일락 향기를 맡으며 보랏빛 꽃들이 서서히 어둠 속
으로 스며드는 모습을 보는 걸 좋아한다. 아내는 작은 텃밭 옆
으로 자신이 애써 만든 정원석의 구불구불한 선을 바라보거
나 정원석 옆으로 한갓되게 서 있는 서부해당화라든지 하늘매
발톱을 즐겨 바라본다. 옛사람들도 뜰에 자신만의 풍경 포인

트를 가지고 있었을 것이다. 석가산이 얼핏 보면 화려하게 느껴지기도 하고 때로는 호사스러운 기괴 취미인 것처럼 보이지만, 뜰에 자신만의 풍경을 만들어 내고 즐긴다는 점에서는 그리 차이가 없을 것이다.

조선 초기에 가산을 만들어 즐기는 풍조가 생긴 이래 조선 시대 내내 이러한 경향이 끊이지 않았던 것은 자신의 뜰 안으로 천하의 명산을 끌고 들어와서 의미를 부여하고 그것을 즐기려는 당시 지식인들의 우아한 취미로 보아 줄 수 있지 않을까. 그것이 와유문화의 일환이었든 혹은 이상향의 현실적 구현이었든, 석가산이 환기하는 혹은 제공하는 바쁜 일상 속의 휴식은 분명 많은 사람들에게 긍정적으로 작용하였을 것이다. 세사(世事)에 휩쓸려서 내가 무엇을 하는지 알아차리지도 못하고 정신없이 살아갈 때, 문득 뜰에 있는 석가산을 보면서 한숨 돌리며 잠시라도 내가 걸어가는 길을 돌아볼 기회를 얻을 수도 있을 것이다. 만약 그런 때가 있다면, 그 순간만큼은 나도 세상을 벗어나 무릉도원 속으로 잠시 들어와 있는 것인지도 모르겠다.

연전에 내가 수십 년 알고 지내던 지인이 퇴직을 앞두고 도시 외곽에 집을 지었다며 초대를 했다. 반가운 마음에 가 보니 정말 좋은 터에 멋진 자연이 어우러진 곳이었다. 그런데 내 눈에 가장 먼저 들어오는 것은 바로 그이가 만들어 놓은 석

가산이었다. 주변이 온통 숲인데 어쩐 일로 석가산을 만들었
느냐고 물으니, 산이 있어 좋기는 하지만 돌을 쌓아 올린 틈새
로 좋아하는 꽃을 심어서 철 따라 피어나고 그 사이로 흐르는
물줄기를 보는 즐거움을 또 다른 자연의 신비가 아니겠느냐며
웃었다. 그러고 보니 우리 옆 동네에 들어선 아파트에도 중앙
광장에 큰 연못과 함께 석가산이 조성되어 있는 것이 생각났
다. 회색빛 도시 한가운데에 끌어들인 자연 덕분에 아이들은
조금이나마 자연의 아름다움을 바라볼 수 있겠다는 생각이 들
었다.

　　자연에서 나와 자연으로 돌아가는 것이 인간의 숙명
이라면, 인간 역시 자연의 일부인 것이 분명하다. 인간의 욕망
이 자연을 파괴하고 지구의 미래를 걱정하게 하지만, 또 한편
으로 보면 인간 역시 자연의 일부라는 것이다. 인간과 자연은
구별되는 존재지만 동시에 하나이기도 하다. 산업을 발달시켜
온 한 세기 동안 우리는 이 점을 잊고 살아왔다. 그러니 지구의
미래를 걱정하는 상황에 이른 것이 아니겠는가. 강희맹이 질
문했던 것처럼, 삼라만상 중에서 진짜와 거짓을 구별할 수 있
는지, 둘 사이의 경계는 어디인지, 깊이 따지고 들어가다 보면
이것과 저것을 명확하게 구분하는 선은 없는 게 아닌가 하는
생각이 들었다.

비우당 뜰에서 천하를 상상하다

— 지봉 이수광의 뜰

고려 말 조선 초기에 활동했던 관료 중에 하정(夏亭) 유관(柳寬, 1346~1433)이라는 분이 있었다. 가난하기 그지없었지만 자신의 권력을 개인적인 경제를 위해 전혀 사용하지 않았다. 물려받은 재산이 없으니 가난하게 살아갈 수밖에 없는 노릇이었다. 한번은 장맛비가 쏟아졌는데, 지붕으로 물이 새서 방이 난장판이 된다. 그는 태연히 방안에서 우산을 쓰고 앉아 있었다. 부인이 이런 사정에 대해 하소연을 하자 그는 이렇게 대답한다.

"우리는 그래도 우산이라도 있지, 우산도 없는 집은 어떻게 하겠소?"

제법 널리 알려진 이야기다. 요즘 같으면 저렇게 답답한 사람이 어디 있겠느냐며 그의 경제적 무능함과 사방이 꽉 막힌 듯 융통성 없는 성격을 비난했겠지만, 당시로서는 그가

보여 준 삶의 태도는 많은 사람들을 감동시켰다. 유관은 관료
였기 때문에 빗물이 새는 지붕을 여러 경로로 고칠 수가 있었
겠으나 그렇게 하지 않았다. 게다가 가난한 살림을 창피하게
여기지도 않았다. 청백리(淸白吏)로서의 빼어난 모습을 상징적
으로 보여 주는 유관의 모습에 조선 사대부들은 감탄했다. 그러
니 조선 시대 내내 청백리의 표상으로 유관은 늘 꼽혔다.

　　이렇게 살아온 사람의 후손이 부귀를 탐할 리 없었을
것이다. 그 말은 늘 가난하게 살았을 것이라는 의미다. 조상 중
에 청백리로 선정된 분이 있다면 후손은 큰 자랑거리로 여겼
다. 지봉(芝峯) 이수광(李睟光, 1563~1628)은 바로 유관의 외5세
손(外五世孫)이다. 그는 외5세조인 유관의 이 고사를 너무도 자
랑스럽게 여긴 나머지 자신의 당호(堂號)를 비우당(庇雨堂)이
라고 붙였다. '비우'는 비를 막는다는 뜻이니, 유관이 집에서
우산을 받치고 앉았던 고사를 가져와서 명명한 것이다.

가난 속에서도 해야만 하는 것이 공부

왜 우리는 무언가를 주도하고 싶어 하고 새로운 흐름을 빨리
배워야 한다고 생각하는 것일까. 오묘한 세상 이치를 가난한
서생이 어찌 알겠는가마는, 내 눈에는 그 안에 욕망이 가득 들

어 있는 것처럼 보인다. 인간의 욕망을 터부시할 것만은 아니다. 인간의 문명이 이만큼 쌓인 것은 욕망이 시킨 것이기도 하다. 그것은 때로 우리 삶을 풍요롭게 만들어 주는 원동력 역할을 하기도 한다, 그렇지만 무엇이든 넘치거나 부족하면 문제가 생기는 법이다.

욕망도 마찬가지여서, 부족한 것도 문제지만 넘쳐나는 것도 문제다. 넘치는 욕망 때문에 인간은 무리수를 둔다. 내가 지금 먹을 수 있는 음식만 구하는 것이 아니라 그보다 더 많은 것을 구해서 곳간에 쌓아 두고 싶어 한다. 훗날을 대비해서 그렇게 한다고 주장한다. 그렇지만 오지 않은 미래를 위해 현재를 온전히 희생하는 것은 패착으로 귀결되는 경우가 허다하지 않던가. 현재만을 위해서 살아가는 것이 정답은 아니겠지만 우리는 미래를 위해 너무도 많은 것들을 포기하며 살아가고 있다. 현재를 전당 잡혀서 미래를 보고 살아가는 것은, 영원히 오지 않을 미래를 위해 내 삶을 허비하는 것은 아닌지 돌아보아야 한다. 동서고금의 성현들이 자신의 욕망을 내려놓는 훈련을 꾸준히 하도록 가르친 것은 바로 이런 맥락에서 나왔으리라.

수십 년 전부터 인문학의 죽음을 선언하는 일이 많아졌고, 대학이 어려워지자 인문학 관련 학과가 가장 먼저 폐지되고 있다. 그것은 근대가 만들어 낸 자본이 우리의 등을 떠민 결과의 하나일 것이다. 자본은 끊임없이 우리 욕망을 들끓게 만들고, 그렇게 생성된 욕망은 다시 자본을 소비한다. 그 고리를 끊는 일, 그 방법을 연구하고 행동으로 옮김으로써 우리 사회를 새로운 지평으로 인도하게 하려는 일, 그것이 바로 인문학이다.

자본이 우리의 등을 떠밀고, 노골적으로 거기에 편승해서 자신의 욕망을 무한대로 넓혀 나가는 것이 미덕이 되어 버린 시대를 살고 있는 우리에게, 책을 읽으면서 욕망을 버리라고 우아하게 충고하는 일은 늘 고루하고 시대에 뒤떨어졌다는 비판을 받기 일쑤다. 그렇지만 오랜 옛날부터 인간의 마음을 잘 다스려서 좋은 세상을 만들려는 노력은 꾸준히 이어져 왔고, 우리는 옛 성현들의 말씀을 읽음으로써 좋은 세상으로 가려는 희망을 발견하고 공부하는 것이다. 좋은 책을 읽고 우리 삶을 돌아보는 것은 현대 문명의 거센 물결에 휩쓸리지 않고 자신을 지키면서 마음을 다잡으려는 노력의 일환이다.

남들이 가는 길을 가지 않고 새로운 물결에 휩쓸리지 않으니 현실에서는 가난하게 살아갈 가능성이 매우 높다. 자본을 비판적으로 받아들이니 가난하게 살아가는 것은 당연한 일이다. 인문학을 공부한다고 하면 애처로운 눈길을 던지면서 철없는 짓거리를 한다는 편견을 가지는 것, 그리고 종국에는 가난하게 살아가리라는 인식이 형성된 것은 어제오늘의 일이 아니다. 그렇지만 어려운 현실 속에서도 가난을 감내하면서 책을

열심히 읽고 선학들의 생각을 디딤돌로 삼아 내 발걸음을 조
금이라도 내딛으려는 것, 그것은 물질문명에 내 욕망을 던지지
않고 나 자신을 오롯이 지키며 살아가려는 삶의 의지다. 욕망
대로 살아간다면 인간과 짐승의 차이가 어디 있겠는가.

인간은 자기가 하고 싶은 것만 하면서 살아갈 수는 없
다. 좋아하는 일을 하면서 먹고 살 수 있다면 참으로 다행이지
만, 하기 싫거나 힘들어도 해야만 하는 일을 만나는 것이 인간
의 숙명이다. 이따금 창밖으로 거리를 지나다니는 사람들을
멍하니 바라보고 있을 때가 있다. 한심한 짓처럼 보이지만 제
법 쏠쏠한 재미가 있다. 그러다가 문득 사람처럼 신기한 동물
이 있을까 싶은 마음이 들었다. 아무짝에도 쓸모없는 짓을 하
면서 시간을 보내는 일이 많다. 그런 짓을 하지 않아도 살아가
는 데 전혀 지장이 없지만 이상하게 최선을 다해서 그것을 한
다. 그리고 그 짓이 얼마나 위대하고 의미가 있는지, 그런 짓의
의미를 인정하지 못하는 순간 인간도 아니라는 듯이, 엄청난
의미를 부여하곤 한다. 내가 하는 공부도 어쩌면 그런 범주에
속할지도 모르겠다.

가난한 삶을 자랑스러워하는 것은 조선 시대 사대부들
에게 널리 퍼져 있었던 일종의 공통 감각과도 같은 것이었다.
사회적으로 교육을 받은 탓이기도 하겠지만, 가난이 적당한
명분과 만나면 그렇게 명예로운 것이 아닐 수 없었다. 지금도

우리가 인용하곤 하는 '안빈낙도'야말로 현실적 어려움을 이겨 내는 신성한 주문이었다. 그러나 앞서 언급한 것처럼, 인간의 욕망은 한이 없어서 적절한 통제가 필요하다. '적절함'의 수준과 범위는 시대와 공간, 환경과 사회적 맥락에 따라 수시로 변하는 것이므로 늘 고민의 대상이 되어야만 한다. 그렇지 않으면 우리 사회가 야수의 세계로 변하는 것은 순식간이다. 그러한 고민의 축적과 계승을 가능케 하는 것이 바로 문자다. 우리는 책을 통해서 이전의 고민을 알게 되고, 그것을 딛고 우리 시대의 고민을 살피게 된다. 그런 까닭에 진지한 모색을 담은 책을 쓰는 일은 지식인의 최고 임무다.

숙명과도 같은 가난을 긍정하는 일

이수광이 외5세조인 하정 유관의 가난을 명예롭게 생각하면서 자기 거처의 이름을 비우당이라고 명명한 것은 의미심장한 일이 아닐 수 없다. 청백리로 이름을 떨친 선조의 뜻을 잇겠다는 의지를 분명하게 드러낸 것이지만, 그 이면에는 자신의 가난이 부끄럽기는커녕 자랑스럽다는 의미일 것이다. 이런 태도의 이면에 어떤 생각이 자리하고 있는 것일까? 단순히 안빈낙도를 지향하는 조선 사대부의 일반적 태도에서 크게 벗어나지 않는 것일까?

이를 이해하기 위해 우리는 이수광의 생애와 시대를 간단히 점검할 필요가 있다. 그는 경기도 장단(長湍)에서 태어나서 한양에서 자랐다. 그의 부친 이희검(李希儉, 1516~1579)이 당시 장단부사로 나가 있을 때 이수광이 태어난 것이다. 이수광은 16세에 이미 초시에 합격하였고 20세에 진사시, 23세에 문과에 급제하였으니 뛰어난 능력을 가진 인물이라 하겠다. 초시에 합격한 이듬해 부친상을 당해서 치상(治喪)한 시기를 감안한다면 초시에서 문과 급제까지 단박에 통과했다고 해도 과언이 아니다.

그의 생애에서 큰 영향을 끼친 사건 두 가지가 있다. 첫째는 명나라에 사신으로 다녀온 일이다. 그는 의주로 피신한 선조를 모시고 함께 임진왜란을 겪다가 1593년 10월 선조의 귀환과 함께 한양으로 돌아온다. 이때 그의 나이 31세, 젊은 관리로서 왕의 측근 역할을 충실히 하였으니 앞길은 탄탄대로나 다름없었다. 또 하나는 명나라에 사신으로 파견된 것이다. 그는 1590년 이산보(李山甫, 1539~1594)의 서장관 자격으로 명나라에 사신으로 다녀왔다. 이후 1597년 7월에 진위사(進慰使)로 명나라에 파견되었다가 1598년 1월에 돌아왔으며, 1611년 8월에 광해군 아들을 세자로 책봉하는 것을 알리러 명나라에 사신으로 또 파견되었다. 뿐만 아니라 중국에서 사신이 오면 접

반사(接伴使) 역할이나 영위사(迎慰使) 역할을 받아서 그들을
접대하는 임무를 수행하였다. 이는 이수광이 당시 명나라의
정치적 상황을 적절히 파악하고 있었을 뿐 아니라 중국 사신
들과 시문을 수답(酬答)할 수 있는 문학적 능력을 갖추고 있었
기에 가능한 일이었다. 또한 명나라에 사신으로 오가는 중에
안남국(安南國)의 사신을 만나 교유를 맺은 것을 필두로 당대
중국에서 읽히는 새로운 서적을 다량 구해서 조선으로 가지고
돌아왔나. 이 책이 그의 삶과 생각을 이떻게 바꾸었는지는 뒤
에 다시 이야기하도록 하자.

　　두 번째는 계축옥사(癸丑獄事)다. 임진왜란 이후 선조
가 세상을 떠나고 광해군이 왕위에 올랐다. 광해군을 어떻게
볼 것인가에 대해 학계의 의견이 엇갈리지만, 이수광에게 그
시대는 여전히 폭압의 시대였다. 이 시기 정권은 북인에게 있
었고 당색으로 보면 이수광은 북인에 가까웠지만(본인은 중
립의 위치를 지키려 했던 듯하다), 그가 자신의 생각을 펼칠 수
있는 기회는 쉽게 오지 않았다. 그러던 중 1613년 계축옥사가
일어난다. 널리 알려진 사건이기는 하지만, 간단하게 요약하
면 이렇다. 1608년 선조가 죽자 광해군이 왕위에 오르고 북
인이 정권의 파트너가 된다. 선조는 오랫동안 왕비에게 아들
을 얻지 못하다가 전쟁을 겪게 되었고, 사직이 위태롭자 광해
군을 세자로 책봉한다. 그런데 그 이후 인목왕후와의 사이에

서 아들이 태어나게 되니 그가 바로 영창대군(永昌大君)이다. 신하들 사이에서는 당연히 정비(正妃) 소생인 영창대군을 다시 세자로 책봉하자는 논의가 일어났다. 그러나 얼마 뒤 선조의 죽음과 동시에 광해군이 왕위에 오르자 이 문제는 잠잠해지는 듯했다. 하지만 영창대군이 살아 있는 한 같은 문제가 계속 제기될 것은 명약관화한 일이다. 이를 우려한 북인 정권의 담당자들, 즉 이이첨(李爾瞻, 1560~1623) 정권은 서양갑(徐羊甲, ?~1613) 등을 비롯한 그들 무리를 잡아서 인목대비와 그의 부친 김제남(金悌男, 1562~1613)이 영창대군을 추대하려는 역모를 꾀했다는 자백을 받아 낸다. 이 때문에 여러 사람이 사형당하고, 영창대군은 서인으로 강등된 뒤 강화도로 끌려가 투옥되었다가 1614년 강화부사 정항(鄭沆, 1080~1136)의 손에 죽는다.

이 사건이 진행되는 동안 이이첨처럼 영창대군에게 강경한 입장을 취한 사람들을 대북(大北), 그렇지 않은 사람들을 소북(小北)으로 분류한다. 이수광은 중립적인 입장을 취하려 애썼지만, 주변 환경이나 교유 인물 등을 통해서 추정컨대 소북으로 보아야 한다. 계축옥사가 얼마나 참혹하고 근거 없이 진행되는지를 옆에서 본 이수광은 1613년 관직을 버리고 동대문 밖에 있는 동원(東園)으로 은거한다. 이곳은 바로 앞서 언급한 바 있는 비우당의 앞뜰이다.

동원에 있는 비우당에 대한 기록을 이수광이 직접 남긴 바 있다. 그중에서 가장 명확하게 상황을 보여 주는 기록은 「동원비우당기」東園庇雨堂記(『지봉집』 권21)이다. 이 글에 의하면 이수광이 은거한 곳은 동대문 밖 낙산(駱山) 동쪽 기슭이다. 서울시는 흥인지문(興仁之門, 동대문) 옆 창신동에서 낙산을 향해 올라가는 기슭에 비우당을 복원해 놓았다. 복원해 놓은 비우당 뒤쪽 바위에는 '자지동천'(紫芝洞天)이라는 암각자가 남아 있다. 닉산의 한 줄기가 남쪽으로 구불구불 뻗어나가 공손히 읍을 한 모양을 하면서 봉우리를 형성하였는데, 이것을 '지봉'이라 부른다고 했다. 이수광의 호 '지봉'은 바로 이 봉우리 이름에서 온 것이다. 지봉 꼭대기에는 수십 명이 앉을 정도로 널찍한 반석이 있고, 그 주변으로 일산(日傘)처럼 생긴 큰 소나무가 십여 그루나 있었는데 이곳을 서봉정(棲鳳亭)이라고 하였다. 서봉정 아래쪽으로 제법 넓은 땅이 있었다. 약 1백여 묘(畝) 정도라고 했으니 혼자 농사를 짓기에는 벅찰 정도였을 것이다. 이수광은 이 땅을 구획하여 그중 일부를 자신의 원림으로 조성하고 '동원'이라 명명한다. 지금이야 서울 한가운데라서 번화한 곳이 되었지만 당시로서는 동대문 밖 낙산 속에 위치해 있었으므로 한가롭게 지내며 은거 생활을 즐기기에 적당한 곳이었으리라.

이 땅은 원래 유관의 집이 있던 곳이었다. 앞서 언급했던 청백리였으며, 빗물이 새자 우산을 쓰고 방안에 앉아 있던 바로 그 유관의 집이 있던 곳이었다. 몇 칸 안 되는 초가집이었던 이 집은 후손에게 대를 이어 계승되다가 이수광의 부친 이희검이 물려받게 된 것이다. 언젠가 손님이 방문해서 이 집이 너무 소박하다고 하자 이희검은 "우산으로 새는 빗물을 받쳤던 시절에 비하면 너무 사치스럽다"고 대답해서 감탄을 자아냈다고 한다. 이 집을 이수광이 물려받은 것이다.

이희검이 이곳에서 살았기 때문에 이수광 역시 한양에서 살 때에는 이 집에서 살았을 것이다. 유관으로부터 전승되던 이 집을 이희검이 기본적인 구조는 유지한 상태에서 조금 넓혔는데, 임진왜란을 맞아 완전히 폐허가 된다. 이수광의 기록에 나온 표현을 빌리면 '이 집의 짧은 주춧돌과 교목(喬木)조차도 남아 있지 않은 상태'가 되었다. 그 옛터에 이수광이 작은 집을 짓고 '비우당'이라는 이름을 붙여서 유관의 청백지덕(淸白之德)을 기리게 된다. 물론 '비우'라는 말은 '근비풍우'(僅庇風雨) 즉 겨우 바람과 비를 가린다는 뜻에서 붙인 이름이지만, 그 이면에는 유관의 청백리로서의 면모를 함축하는 것이다.

비우당을 짓고 나서 이수광은 거기에 시를 한 편 지었다.

夏亭遺址洛東隅   하정 선생의 옛터는 한양 동문 귀퉁이에 있는데

清白家傳也到吾   청백이 집안에 전해져서 내게까지 이르렀다.
安得傘周千萬里   어쩌면 둘레가 천만 리나 되는 우산을 얻어
盡遮天下不沾濡   천하를 모두 가려 비에 젖지 않게 할 수 있을까.

— 이수광, 「비우당」, 『지봉집』 권20

　　외5세조 유관이 방 안에서 쓰고 있던 우산은 천하로 확
대되어 선정(善政)에 대한 포부를 펼치는 것으로 전환된다. 지
붕 틈으로 새던 빗물이 유관 가족들의 개인적인 근심이었다
면, 백성에게 내리는 빗물은 천하를 위한 사대부 관료의 근심
거리다. 비우당을 지은 이수광은 그 우산의 넓이를 무한대로
확장하여 모든 인민들이 빗물에 젖지 않도록 하겠다는 것인
데, 여기 등장하는 그의 우산은 천하의 모든 근심을 해결함으
로써 태평성대를 이루는 데 힘을 보태고 싶은 조선 사대부의
이상을 드러내는 객관적 상관물이 된다. 그야말로 수기치인(修
己治人)이라는 유교적 이상의 끝판왕을 보여 준다. 이 작품을 통
해서 우리는 이수광이 비우당에 담은 뜻을 추정해 볼 수 있다.

비우당 뜰의 풍경

명확한 연대를 확정할 수 없지만, 임진왜란으로 폐허가 되어

터만 남아 있던 곳에 작으나마 비우당을 짓고 그 앞에 텃밭을
조성함으로써 동원이 낙산과 연결되면서 원림 역할을 겸하게
한 것은 1610년 무렵이었을 것으로 추정된다. 『지봉집』의 주석
에 의하면 「감회용전운」感懷用前韻(『지봉집』 권15)는 1609년에서
1610년 사이에 지은 것으로 되어 있는데, 여기서 이수광은 자
신의 집이 동대문 밖에 있다고 한 바 있다. 지방관을 끝내고 잠
시 한양에서 관직 생활을 하던 이수광이 계축옥사로 벼슬을
그만두고 물러나면서 택한 은거지는 바로 비우당이었다.

　　은거라고는 했지만, 앞서 언급한 것처럼 비우당은 동
대문을 나서자마자 만날 수 있는 곳이었다. 한양을 떠나 은거
하는 것이 아니니 그냥 관직을 그만두고 집에 들어앉은 것이
나 다를 바 없었다. 그는 늘 도연명과 같은 삶을 꿈꾸었다. 조
선 사대부들이라면 누구나 도연명과 같은 탈속적이고 고고한
삶을 꿈꾸었겠지만, 실제로 실천한 사람은 흔치 않다. 문집에
도연명의 귀거래를 언급했다고 해서 그런 삶을 살았다는 보
장이 없다. 이수광은 귀거래를 자신의 삶 속에서 실천했다. 그
러나 한양으로 대표되는 세속의 중심에서 완전히 벗어난 것이
아니라 한양이나 다름없는 낙산 동쪽 기슭으로 낙향한 것이
다. 물론 이수광의 근거지가 한양이기 때문에 그럴 수밖에 없
기는 했다.

　　귀거래의 조건으로 속세를 벗어나 강호자연 속으로 들

어가는 것은 누구나 떠올릴 수 있는 것이었다. 그렇지만 이 조
건을 만족시키기 위해서는 지방에 자신의 전장(田莊)을 가지
고 있어야 한다. 예나 지금이나 경제적 토대가 없는 지역으로
이주할 수는 없는 노릇이다. 이수광 역시 자신의 유일한 경제
적 토대가 있는 곳으로 은거할 수밖에 없었는데, 그곳이 바로
비우정이다. 한양의 범주 안에 들어간다고 해도 과히 틀리지
않을 정도의 거리에 은거한 이수광은 자신의 은거를 어떻게
실천했는가. 바로 사립문을 닫고 살아가는 것이었다. 속세의
소식에 귀를 기울이지 않고, 속세에서 찾아오는 손님을 받지
않고, 사립문을 닫고 그 안에서 우주와 자연의 질서를 탐구하
고 시간의 흐름에 온몸을 맡기면서 살아가는 것이 은거를 실
천하는 실질적인 내용이었다.

　　다행히 비우당 앞으로는 그가 '동원'이라고 이름 붙인
땅이 있었다. 이수광은 이곳을 구획하여 일부분을 뜰로 만들
었다. 이 뜰은 지봉을 거쳐 상산(商山)으로, 다시 낙산으로 이
어지면서 숲과 연결되었다. 따라서 그가 말한 '동원'은 비우당
동쪽에 위치한 원림이라는 의미로 읽을 수 있다. 스스로가 속
세의 소식에 귀를 기울이지 않으니 찾아오는 손님이 없는 것
은 당연한 일, 열흘에 한 번 사립문을 열 정도로 그의 은거 공
간은 오직 비우당 주변으로 한정되었다. 좁은 비우당 뜰이었
지만 그의 시선과 생각은 천하를 향해 활짝 열려 있었다.

비우당 뜰 주변은 어떤 모습이었을까. 그가 쓴 시문 안에는 비우당 주변 풍경이 간간이 나타난다. 『지봉집』은 연대별 편찬이 아니라 문체별 편찬이기 때문에, 작품 안에 창작 연대가 표기되어 있지 않으면 언제 지어진 것인지 확정하기 쉽지 않다. 이러한 점을 감안해서 보더라도 비우당 주변 풍경의 흔적을 간취(看取)할 수 있다. 특히 비우당 주변의 좋은 경관 여덟 곳을 정해서 비우당팔경(庇雨堂八景)이라 할 만한 것을 정하였다. 팔경을 이수광이 지은 「비우당팔영」庇雨堂八詠(『지봉집』 권1)에 수록된 순서대로 들면 다음과 같다.

동지세류(東池細柳): 동쪽 연못의 가는 버드나무

북령소송(北嶺疏松): 북쪽 고개의 성긴 소나무

타락청운(駝駱晴雲): 낙산의 맑게 갠 하늘의 구름

아차모우(峨嵯暮雨): 아차산의 저녁 비

전계세족(前溪洗足): 앞 시내에서 발 씻기

후포채지(後圃採芝): 뒷밭에서 지초 캐기

암동심화(巖洞尋花): 바위 골짜기에서 꽃 찾기

산정대월(山亭待月): 산속 정자에서 달 기다리기

이 정도만 해도 비우당 뜰의 모습을 개략적으로 그려볼 수 있겠다. 우선 비우당을 중심으로 동쪽으로는 작은 연못

이 있고, 그 주변으로는 가느다란 가지를 하늘거리는 버드나무가 있다. 지금이야 버드나무가 날려 보내는 솜털이 문제가 되지만, 봄을 가장 신선하게 알려 주는 나무로 버드나무만 한 것이 없다. 겨울의 흔적이 가시지도 않았을 이른 봄, 버드나무에 물이 오르면 황금빛 눈이 나무를 뒤덮는 것은 순식간이다. 조금이라도 햇살이 따스해지는 기미가 보이면 무어라 표현하기 어려운 연녹색 잎이 신선한 봄을 장식한다.

마당 주변에 오래된 매화나무가 있었고 그 너머로는 대숲이 있었던 것 같다(「詠梅」, 『지봉집』 권2). 근대 이전 지식인들의 글에서 매화는 늘 봄을 알리는 꽃이었고 거기에 더해 어려움을 이겨 내고 꽃을 피우는 절의의 상징으로 널리 사용되었다. 그렇지만 모든 매화가 한겨울에 꽃을 피우는 것은 아니다. 납매(臘梅)와 같이 추운 겨울에 꽃을 피우는 품종은 일부고, 대부분의 품종은 봄이 되어야 다른 꽃과 함께 발화(發花)한다. 그런 점에서 버드나무야말로 봄이 왔음을 감각적으로 느끼게 하는 중요한 나무였다. 비우당 팔경에서 첫손으로 꼽을 만하다.

북쪽 언덕 위의 성긴 소나무는 비우당 뒤쪽 지봉(芝峯) 꼭대기의 소나무를 말한다. 앞서 언급한 것처럼 이곳에는 수십 명이 앉을 수 있는 넓은 바위가 있었고 그 주변으로 일산(日傘)처럼 생긴 큰 소나무가 십여 그루 자라고 있었다. 소나무의 세

한지절(歲寒之節)을 느끼면서 겨울의 풍치를 한껏 드높이기도
하지만, 여름이면 깊은 그늘과 서늘한 바람을 보내 주는 곳이다.

　　지봉을 지나 낙산 위로 올라가면 맑게 갠 하늘의 구름
을 보는 재미가 쏠쏠했다. 구름이 가지는 한가로움, 지향 없이
흘러 다니는 모습 등에서 이수광은 자신의 삶을 비추었다. 심
지어 구름이 아무리 한가하다고 한들 자신의 게으른 천성보다
는 못할 것이라면서 자기가 살아가는 생활을 슬며시 드러낸
다. 실제로 낙산 기슭에서 그가 한가로운 삶을 꾸려 갔으리라
생각하지만, 그 이면에는 속세의 정치 현실에 어떤 관심도 보
이지 않고 무위(無爲)의 삶을 살아간다는 점을 드러내려는 의
도가 스며 있다.

　　낙산 꼭대기에서 동쪽으로 보면 아차산이 보였을 것이
다. 비가 내리는 날 저물녘 날빛을 등지고 서서 우연(雨煙)에
싸여 있는 아차산의 풍광은 신비로웠을 것 같다.

　　비우당 옆으로는 작은 시내가 흘렀다. 더운 여름이면
발을 담그고 세족(洗足) 혹은 탁족(濯足)을 하며 여름의 풍치를
충분히 즐길 만했으니, 비우당 팔경에 들어가도 손색이 없었다.

　　비우당 뒤뜰에는 지초(芝草)를 심어서 길렀다. 지초는
자줏빛을 띠는 여러해살이 식물이다. 약재로도 쓰고 천연염료
로도 사용한다. 뒤뜰에 지초를 심었다는 것은 실제 상황일 수
도 있지만, 당연히 이수광의 이념적 지향이 스며 있다. 아름다

운 교유를 뜻하는 말로 '지란지교'(芝蘭之交)라는 말을 기억할
것이다. 지초와 난초처럼 은은한 향기를 뿜내는 사귐이라는
의미다. 이는 『공자가어』孔子家語에서의 고사 때문에 널리 알려
진 단어다. 공자는 자신의 제자 자하(子夏)와 자공(子貢)을 두
고 평가하면서, 군자는 반드시 함께 살아가는 사람을 삼가야
한다는 말을 한다. 착한 사람과 함께 지내면 마치 지초와 난초
가 있는 방에 들어간 것과 같아서 자기도 모르게 그 향기가 몸
에 배기 마련이지만, 착하지 못한 사람과 지내면 마치 생선 가
게에 들어간 것과 같아서 자기도 모르게 몸에 비린내가 배게
된다고 했다. 따라서 지초는 덕이 있는 사람을 뜻한다. 지초를
기르는 것은 공부와 수양을 통해 덕을 쌓는다는 의미다.
    게다가 이 단어는 비우당의 주변 지형과 연관된다. 지
봉에서 낙산 꼭대기를 잇는 산줄기를 상산(商山)이라고 했다.
상산은 당연히 상산사호(商山四皓)을 연상시킨다. 동원공(東園
公)을 비롯한 네 명의 노인을 지칭하는 상산사호는 진(秦)나라
말기에 난세를 피해 상산으로 들어간 이후 한고조(漢高祖)의
초빙에도 응하지 않았던 인물들이다. 그들은 상산에 은거하면
서 자지(紫芝)를 캐 먹으면서 자지가(紫芝歌)을 불렀다고 하는
데, 요순시대와 같이 태평성대가 지나갔으니 어디로 가야 하
느냐 하는 내용이 들어 있는 노래다. 이러한 고사를 품고 있는
것이 지초이기 때문에(심지어 그는 비우당 앞뜰을 '동원'이라고

불렀다!), 이수광이 기른 지초는 단순한 풀이 아니라 난세를 피해 은거를 택했던 옛사람의 의지가 함축되어 있는 사물이다.

　　바위 골짜기에서 철 따라 피어나는 꽃을 찾아 감상하고, 뜰 한쪽에 마련해 놓은 정자에서는 달이 뜨기를 기다려 달맞이를 한다. 어느 하나 풍류스럽지 않은 것이 없다.

　　이수광의 비우당 팔경은 자신이 경영하는 뜰의 모습을 원근법으로 묘사하면서 한해의 풍치를 아름답게 드러낸다. 그가 딱히 화단을 조성하거나 뜰에 가산과 같은 놀거리를 만들었다는 기록은 없지만, 낙산 기슭 작은 공간에서 자신의 청빈을 자랑스럽게 여기며 공부에 몰두했던 것이다.

좁은 뜰에서 세계를 상상하는 일

작은 공간에 있다고 해서 인간의 생각이 작은 공간으로 한정되는 것은 아니다. 우리 마음은 신비롭기 그지없어서, 내 마음이 지금 무엇을 하고 싶은지 혹은 무엇을 하고 있는지 알지 못하는 경우가 허다하다. 다행스럽게 우리에게는 인류의 위대한 유산인 서책이 있었고, 문자를 통해 내가 여행한 옛 성현들의 정신세계를 정리하거나 새롭게 펼쳐 낼 수가 있었다. 들뢰즈는 이러한 행위를 '앉아서 유목하기'로 규정한 바 있거니와 어느 시대든 뛰어난 사람들은 자신의 정신이 한곳에 머무르지 않고 부단히 새로운 영역을 탐색하도록 했다.

이수광 역시 마찬가지다. 은거를 핑계로 벼슬을 그만두고 낙산 기슭으로 물러났지만, 그의 정신적 유목은 여기서 그치지 않았다. 그동안의 경험과 독서를 통해서 얻은 지식을 바탕으로 저술을 했다. 이렇게 탄생한 책이 바로 우리나라 최초의 백과사전으로 알려진 『지봉유설』芝峯類說이다.

낙산 비우당에서 은거할 때 『지봉유설』의 초고를 탈고하였고, 이후 그는 김현성(金玄成, 1542~1621)이나 이식(李植, 1584~1647) 등에게 원고를 읽히고 교정을 받은 뒤 원고를 확정한다. 책은 이수광의 아들 이성구(李聖求, 1584~1644), 이민구(李敏求, 1589~1670) 때에 와서 간행되었다. 이후 당색을 막론하고 이 책은 자주 인용되었는데, 지금 보아도 방대한 인용 서적과 세부적인 내용 분류, 경험과 자료를 적절히 활용하여 다양하게 기록한 내용 등은 놀랍기만 하다.

이수광이 이런 책을 편찬할 수 있었던 것은 그의 이력에서 추정할 수 있다. 앞서 언급한 것처럼 그는 명나라에 세 차례나 다녀왔다. 많은 사신들이 명나라를 다녀왔지만 이수광처럼 다양한 경험을 글로 남긴 사람이 흔치 않다. 물론 18세기 초반에 나온 김창업(金昌業, 1658~1721)의 『노가재연행록』老稼齋燕行錄이나 18세기 후반에 나온 홍대용(洪大容, 1731~1783)의 『연기』

燕記, 박지원(朴趾源, 1737~1805)의 『열하일기』熱河日記가 등장하
여 흥미로운 경험을 보여 주었지만, 명나라 사행(使行)에서 이
수광과 같은 경험을 보여 준 사람은 거의 없다. 이수광은 명나
라에서 안남국, 섬라(暹羅) 등 조선 사람으로는 만나기 어려운
먼 나라의 사신을 만나서 필담을 나누며 교유를 맺었고, 이를
기록으로 남겼다.

　『지봉유설』이 다루는 방대한 분야의 지식이 놀라운 것
도 사실이지만, 내가 주목하는 부분은 제2권에 수록되어 있
는 제국부(諸國部)다. 여기에는 본국(本國), 외국(外國), 북로(北
虜)로 구분하여 본국인 조선과 함께 해외의 여러 나라에 대한
기록을 남겼다. 특히 외국조에 기록된 나라들, 안남국, 유구국
(琉球國), 삼불제(三佛齊), 점성(占城), 섬라국(暹羅國), 일본(日
本), 모인국(毛人國), 진랍국(眞臘國), 조와(爪哇), 고리대국(古俚
大國), 만라가(滿剌加), 방갈라(榜葛剌), 석란산(錫蘭山), 유산(溜
山), 살마아한(撒馬兒罕), 갈석(渴石), 토로번(土魯番), 흑루(黑
婁), 합렬(哈烈), 우전대국(于闐大國), 화주(火州), 노진(魯陳), 홀
로모사(忽魯謨斯), 역사파한(亦思把罕), 서번(西番), 팽형국(彭
亨國), 여송국(呂宋國), 아로국(阿魯國), 감파리국(甘巴里國), 서
역(西域), 숙신씨(肅愼氏), 비리국(裨離國), 양운국(養雲國), 구
막한국(寇莫汗國), 일군국(一群國), 철전(鐵甸), 우제돌궐(牛蹄突
厥), 구국(狗國), 북황(北荒), 회회국(回回國), 나양국(裸壤國), 불

랑기국(佛浪機國), 남번국(南番國), 영길리국(永結利國), 구라파
국(歐羅巴國), 호인국(互人國) 등이 기록되어 있다. 이들이 지금
의 어느 나라에 속하는지 알려진 곳도 있고 여전히 알 수 없는
곳도 있지만,[1] 분명한 것은 그때까지 조선의 사대부들이 알지
못했던 수많은 나라들이 기록되어 있다는 점이다. 사람들은
『지봉유설』에 등장하는 나라 이름을 보면서 새로운 지리적 공
간에 눈을 뜨기 시작했다.

　　이수광은 놀라울 정도로 최신 자료를 활용하여 이 책의
내용을 정리하였다. 그가 정리한 내용을 보면 자료를 한두 해
모아서는 불가능할 정도로 방대하다. 기록에는 없지만, 그가 명
나라를 오가는 과정에서 상당량의 명나라 서적을 구해서 돌아
왔으리라 추정된다. 마테오 리치의 사학 관련 기록도 이 책에서
처음 등장하고, 이수광 당대에 출간된 명나라 책도 여러 권 보
인다. 이러한 점으로 미루어 추정컨대 그는 독서량이 엄청나게
많았던 독서인이자 장서가였을 가능성이 높다. 자신의 동서였
던 허균 역시 엄청난 장서가였다는 점, 허균이 역모로 몰려 죽
은 뒤에 그의 장서가 이수광에게 전해졌다는 점을 감안하면[2] 애

---

1   『지봉유설』에 나오는 외국 명칭을 현대 지역으로 비정하는 일이 진행되었지만 여
　　전히 완벽하게 해결하지는 못한 상태다. 다음 자료가 참고할 만하다. 정수일, 「지
　　봉유설 속 외국명 고증 문제」(『문명교류연구』 제2호, 한국문명교류연구소, 2011).
2   이러한 내용은 다음 책을 참고할 것. 김풍기, 『독서광 허균』(그물, 2013).

서가(愛書家)로서의 이수광은 매력적인 인물이다.

임병 양란이 끝나면서 지식인들의 생각이 달라지는 징후가 여러 군데서 나타난다. 세계의 중심에 중화 문명이 있다는 세계관에 균열이 생기기 시작했다. 중화 문명을 구성하는 요소가 여러 가지지만 핵심은 한자 문명과 성리학적 이념이다. 이를 토대로 건국된 조선은 양반을 위한 나라였다. 그러나 오랜 전란을 겪고 나자 이러한 세계관에 의문을 제기하는 사람이 나타났다. 우리말이 소중하다는 생각이 나타나기 시작했고, 성리학과 다른 지점을 생각하기 시작했고, 모든 사람과 생명이 중요하다고 생각하기 시작했다. 이러한 생각 덕분에 주류 세계관의 강고함은 조금씩 허물어지는 징후를 보이기 시작한다.

이수광은 어린 나이에 과거에 급제하여 30년 이상 관료로서 살았다. 과거시험을 치르기 위해서는 한문 사용 능력과 성리학 공부가 탄탄하게 기초로 자리 잡고 있어야 한다. 이수광은 그에 대한 강고한 기초를 가지고 있었으며, 그 위에서 세계를 바라보는 시선을 형성하였다. 그런데 명나라에 사신으로 다녀오는 동안 다른 나라 사신을 만나 교유하였고 명나라에서 출판된 새로운 서적을 접하면서 조선 사대부들이 그동안 알지 못했던 새로운 지식을 습득하였다. 새로운 지식은 기존 지식에 의문을 던지면서 균열을 일으켰다.

중화 문명 중심의 세계관 즉 화이론(華夷論)에 입각한

세계관에 가장 크게 균열을 일으키는 것은 바로 지리 공간의
새로운 발견이었을 것이다. 중화주의가 이념적이고 상징적인
중국 중심의 문명권을 형성했다고는 하지만, 거기에는 중국을
가운데에 놓고 지리 공간을 구성하는 패러다임을 전제하는 생
각이 들어 있다. 지도를 그릴 때 중국을 한가운데에 크게 그리
는 것은 중세 중화주의적 지리 공간 개념의 표출이라 할 수 있
다. 1402년 조선이 정성을 들여 만든 세계 지도인 〈혼일강리역
대국도지노〉混一疆理歷代國都之圖에 유럽 및 아프리카 일부 지역이
등장하지만, 중국을 세계의 2/3 정도로 표시함으로써 화이론
적 태도를 명확하게 드러냈다. 중국을 중심으로 그 주변의 모
든 나라들을 오랑캐로 분류하는 것이 지도에 드러난 것인데,
이수광의 『지봉유설』에는 이들 나라를 오랑캐로 분류하기보
다는 '외국'(外國)이라는 비교적 객관적 용어를 사용함으로써
화이론적 시각에서 벗어나려는 태도가 엿보인다.[3] 그가 오랑
캐로 분류한 나라는 한반도 북쪽을 차지하고 있던 북방 민족
에 한정된다. 『지봉유설』에서는 '북로'(北虜)로 분류되어 있는
데, 이들은 우리와 역사적 공간과 시간을 일부 공유하면서 한
반도를 침략한 이력이 있어서 이렇게 따로 분류한 것으로 보
인다.

---

3   정수일, 위의 논문, 198쪽 참조.

중국 중심의 세계관에 의한 공간이 지도에서 상징적으로 드러나는 것은 당연한 일이다. 16세기까지 조선이 가지고 있던 공간 감각에서 중국은 세계에서 가장 거대한 국가이면서 문명의 중심을 차지하고 있었다. 그런데 이러한 공간 개념에서는 볼 수 없었던 국가나 지명이 불쑥 들어오면 그러한 공간 구성에 균열이 생긴다. 이수광은 조선의 공간 감각에서 중국 이외에도 얼마나 많은 나라들이 존재하는지를 보여 줌으로써 중국 중심의 공간 구성에 의문 혹은 균열을 만들어 낸다. 그중에 이런 소개도 있다.

영결리국(永結利國)은 서쪽 끝 너머의 바다에 있다. 낮은 매우 길어서 밤 시간이 겨우 2경(2更, 4시간)이 지나면 즉시 날이 밝는다. 그 풍속은 보릿가루를 먹으며 가죽옷을 입으며 배를 집으로 삼는다. 배는 4중으로 만들고 쇳조각으로 밖을 감쌌으며, 배 위에 수십 개의 돛대를 세우고 선미(船尾)에는 바람을 만들어 내는 기계를 설치했다. 닻줄은 쇠사슬 수백 개를 하나로 모아서 만들었기 때문에 바람과 파도를 만나도 파선되지 않는다. 전쟁에서는 대포를 사용하며, 수시로 출몰하면서 약탈을 감행하지만, 바다 가운데 여러 나라들이 감시 서로 대항하지 못한다.[4]

---

4   永結利國, 在極西外洋, 晝則極長, 夜纔二更, 旋卽天明. 其俗惟喫麥屑衣皮裘, 以舟爲家. 四

영결리국은 지금의 영국을 지칭한다. 주식이 빵이라
는 점, 짐승 가죽옷을 입는다는 점, 배로 세계를 횡행한다는
점, 대포를 사용하여 전쟁을 하는 강국이라는 점 등이 간략하
게 소개되어 있다. 이 문장 뒤쪽에는 일본에 표류했던 영국의
배를 거론하고, 『원사』元史를 인용하여 거기에 나오는 골리한국
(骨利幹國)과 같은 나라가 아닐까 하는 생각을 첨부해 놓았다.
조선의 사대부들 입장에서는 처음 듣는 나라였을 것이고, 중
국에서 서쪽으로 2만5천 리 밖에 있는 나라를 떠올리면서 자
신의 공간 감각을 확장하였을 것이다.

앞서 언급한 『지봉유설』 외국조에 나오는 국가들을 보
면 동으로는 일본부터 서쪽으로는 영국에 이르기까지, 현재 우
리가 알고 있는 북반구에 있는 나라 대부분이 등장한다. 이수
광은 자신이 사신으로 명나라에 갔을 때 만났던 안남국이나 섬
라 같은 나라의 사신을 통해서 먼 나라가 존재한다는 사실을 알
게 되었다. 물론 이들 나라가 중화 문명과 동떨어진 삶을 산다
는 점을 확인하고 그들이 얼마나 야만적인지를 첨언하고 있기
는 하다. 그렇지만 이러한 경험을 바탕으로 중국에서 만나는 서
양 서적, 지도 등을 통해서 전혀 새로운 방식의 지리적 구성을

重造船, 以鐵片周裏內外, 船上建數十檣竹, 船尾設生風之機, 碇索用鐵鎖數百湊合以成, 故雖
遇風濤不敗. 戰用大砲, 出沒行劫, 海中諸國, 莫敢相抗(이수광, 『지봉유설』 권2).

만나자 그의 생각 역시 달라졌을 것이다. 그리고 이러한 생각의
단초가 이후 지식인들에게 계승되면서 중국 중심의 지리적 공
간 구성을 벗어나는 계기를 마련하였고, 나아가 화이론적 이념
에서 벗어나는 계기의 하나로 작용하였다.

뜰은 좁지만 질문하는 인간은 위대한 법

험난한 세월을 직감한 이수광은 낙산 기슭 비우당에 은거하
면서 '구름보다 게으른' 생활을 하였다.[5] 계축옥사가 만들어 낸
정치 현실은 이수광이 견디기에 너무도 아슬아슬했다. 허균
과는 동서지간이었으므로 협력할 만도 했지만, 허균이 이이
첨 권력에 협력하면서 승승장구할 때 이수광은 은거를 택했
다. 낙산에 올라 소나무 그늘에서 구름을 보며 산책하기도 하
고 앞 시내에 발을 담그고 앉아서 세월을 보내기도 했다. 딱히
뜰에 화단을 조성하거나 가꾸지는 않았지만 화훼와 풀과 나무
에 관한 정보를 모아서 정리하기도 했다. 그렇게 살아가면서
도 그의 지적 열망은 엄청나게 불타올랐다.

　그동안 자신이 모아 놓은 책, 다양한 경험을 바탕으로

5　我性懶於雲, 雲閑不如我(이수광, 「庇雨堂八詠」 중에서 '駝駱晴雲', 『지봉집』 권1).

방대한 책『지봉유설』을 편찬했다. 천지만물(天地萬物)부터 성리학의 여러 학설에 이르기까지, 거대한 것에서부터 사소한 것에 이르기까지, 관념적인 논쟁부터 하찮은 일상의 사물에 이르기까지, 그의 생각과 눈길이 미치지 않은 곳은 없었다.

이수광은 좁은 비우당 뜰에서 은거하고 있었지만, 그의 눈과 정신은 세계를 유영(遊泳)하고 있었던 것이다. 그야말로 이수광은 좁은 방 안에 앉아서 온 천하를 유목하던, 위대한 노마드였다. 성리학이 조선 사회에 깊이 파 놓은 홈 파인 공간을 거침없이 가로지르면서 자신의 생각을 펼쳐 갔던 곳이 바로 그의 작은 뜰이었다. 중화 문명의 공간을 넘어서 누구도 상상하지 못했던 새로운 지역을 기록하고 상상하면서 자신의 생각을 만들어 갔던 것이다. 그런 점에서 비우당 뜰에서 다양한 책을 읽고 정리하며 질문을 던지고, 그 경험을 바탕으로『지봉유설』을 써 나갔던 이수광의 삶이야말로 얼마나 자유롭고 새로운 것이었던가. 문을 닫고 세속의 발길을 끊었지만, 오히려 그의 뜰이 천하를 상상하게 만드는 무한대의 공간이었던 셈이다.

진리를 향한 곧은 마음으로 가꾸는 뜰
— 미수 허목의 십청원

저물녘 강 건너 검은 산을 바라보며

강 가까운 동네로 이사를 하면서 좋았던 점은 저물녘 강가를 산책하는 길에 건너편 산을 바라보는 즐거움을 새롭게 발견한 일이다. 산 너머로 해가 져도 단박에 깜깜해지지 않는다. 희미한 빛이 오래도록 남아서 어두워진 산의 윤곽에 다양한 색깔을 부여한다. 그것은 마치 후광(後光)과 같아서, 이 시간 산책길에서 만난 산을 부처님이나 되는 양 경건한 마음으로 바라보곤 했다. 밤을 향해 시간이 흐르면서 산색(山色)은 점점 어두워지고 마침내 뒤쪽 하늘에 작은 달이 떠오를 때면 물결은 고요해지고 인적은 끊긴다. 길이 호젓하게 굽은 곳에 서서 주변을 둘러보면 고요한 가운데 수많은 소리들이 숨어 있는 느

낌이 든다. 바람 소리 같기도 하고 물소리 같기도 하고, 풀잎
흔들리는 소리 같기도 하고 둥지 안에서 새가 뒤척이면서 날
개가 스치는 소리 같기도 한, 설명하기 어려운 오묘한 소리들
이 뒤섞여서 밤으로 가는 시간을 더욱 깊게 만든다.

밤이 깊어진다고 해서 산색이 한결같은 것은 아니다.
소리 없이 흐르는 깊은 강 너머로 첩첩한 산은 그 나름의 산색
을 가지고 농담을 달리 드러낸다. 낮과 밤의 경계, 강과 산의
경계, 동(動)과 정(靜)의 경계에서 천변만화(千變萬化)히는 빛
깔을 보노라면 시공의 경계를 넘어 무한한 우주로 마음의 확
장되어 간다는 걸 느끼곤 한다. 숨을 깊이 들이쉬면 온 우주의
숨결이 내 몸 안으로 함께 들어오는 듯하다. 머리를 들어 어둑
해진 하늘을 보면 어느새 나타났는지 개밥바라기가 반짝인다.

내가 좋아하는 이 시간이 꼭 강가에서 맞이해서 좋은
것은 아니다. 물론 강가에서 맞으면 더욱 좋겠지만, 시원한 여
름날 저녁 뜰에 앉아 맞이하는 저녁빛도 참으로 좋다. 환한 햇
빛으로 빛나던 작은 뜰이 서서히 물러가고 어둠이 슬그머니
몰려올 때면 처마 밑 의자에 앉아서 불어오는 미풍에 온몸을
맡긴다. 무성한 벗나무라든지 짙푸른 소나무가 자기 색깔을
어둠에 맡기기 시작하고, 뜰에 있는 다른 나무들이 하나둘 어
둠 속으로 스며든다. 배롱나무라든지 키 작은 백일홍의 붉은
빛 꽃들마저 어둑한 빛 속으로 스러지면 여름밤이 본격적으로

시작된다. 개밥바라기만 보이던 하늘은 수많은 별들로 가득하고, 멀리 가로등이 줄지어 서서 외로운 밤길을 지킨다. 좀 늦은 시간이지만, 이렇게 밤이 천지를 감싸 안기 시작하면 그제야 약간의 허기와 함께 저녁밥을 먹는다.

생각해 보면 우리의 일생은 이런 순간들의 연속이다. 찰나의 시간이 모여서 영겁의 시간이 되고, 작은 공간이 모여서 무한한 우주가 되는 법이다. 지금 지나치는 찰나의 시간을 살피지 아니한다면, 지금 있는 작은 공간을 돌아보지 아니한다면, 내가 무엇을 하고 있는지 알지 못한 채 내게 주어진 삶을 허비하고 있는 것 같은 생각이 든다. 저녁 강변을 산책하거나 뜰에 앉아 저녁이 오는 시간을 묵묵히 바라보는 일은 어쩌면 나 자신을 마주하는 경건하고 솔직한 일이 아닐까.

조선 중기 유학자인 미수(眉叟) 허목의 글을 읽는 동안 그가 거닐었던 뜰에서의 순간순간이 떠오르곤 했다. 꼬장꼬장하고 근엄하기 그지없었던 한 유학자의 삶에서 이렇게 아름다운 순간을 기록한 글을 발견한 것은 뜻밖이었다.

허목을 처음 만났을 때

미수 허목이 내게 들어온 것은 1984년 11월의 일이었다. 대학

을 졸업하고 잠시 국어 교사 생활을 했던 내가 처음으로 발령
받은 곳이 바로 강원도 삼척이었다. 시(市)로 승격한 지 얼마
되지 않았던 탓에 삼척은 여전히 작고 어수선한 느낌이 드는
도시였다. 겨울이 코앞으로 다가온 도시에는 바닷바람이 무시
로 불어왔고, 바람결에 갯내가 은은하게 실려 왔다. 날이 어두
워지면 나는 도시의 이곳저곳을 돌아다니면서 이십 대의 허허
로움을 달랬다.

　한번은 바닷가 식당에서 모임을 하게 되었다. 정라진
항구 앞에 있는, 바다가 바라보이는 횟집이었다. 당시는 자동
차가 흔치 않던 시절이었으므로, 이곳으로 가려면 일찌감치
나가서 버스나 택시 같은 대중교통을 이용해야만 했다. 어린
신임 교사였던 나로서는 이런 모임에 늦을 수 없었다. 조금 일
찍 학교를 나서서 택시를 탔다. 요금은 제법 나왔지만 그래도
일찍 도착하는 것이 마음 편했다. 택시 기사는 항구 앞이라고
하면서 좁은 골목 부근에 나를 내려 주었는데, 지리를 잘 몰랐
던 나는 여러 곳을 기웃거리면서 항구를 향해 걸어갔다.

　빠르게 어두워지고 있었다. 바다는 보이지 않았지만
바람결에 풍겨 오는 갯내는 내가 바닷가를 걷고 있다는 걸 확
인시켜 주고 있었다. 오른쪽으로는 작은 동산이 동그랗게 웅
크리고 있었다. 육향산(六香山)이라는 건 나중에야 알았다. 어
둑어둑 검은 빛을 뿌리는 그늘 쪽을 쳐다보는데 문득 비각(碑

閣) 같은 것이 보였다. 더듬어 올라가 보니 무언지 모를 두 기 (基)의 비석이 마주 서 있었다. 한참을 둘러보다가 식당을 찾아갔다.

　그 비석의 정체를 안 것은 며칠 뒤의 일이었다. 삼척 출신 선생님에게 여쭈어보니 그 비석은 허목이 짓고 쓴 〈척주동해비〉陟州東海碑와 〈대한평수토찬비〉大韓平水土讚碑라고 했다. 때마침 대학 시절 은사님께서 이 비석을 탁본하러 삼척을 방문하신 김에 도와드릴 겸해서 주말에 다시 이곳을 찾았다. 겨울이 오는 길목이라 그런지 바닷바람은 제법 차가웠지만, 시청의 허락을 받아 비각을 열고 탁본을 했다. 〈척주동해비〉는 글자를 얕게 음각했기 때문에 탁본하기가 쉽지 않았다. 손이 시린 것도 문제였지만, 날이 춥고 바람이 불어서 탁본은 더 어려웠다. 하루 종일 애를 써서 2부를 얻었다. 그중 좋은 것은 선생님께서 가지고 가셨고, 다른 한 부는 내가 소장하면서 이따금 꺼내서 글씨를 감상하곤 했다(이 탁본은 약 20여 년 전에 강원대학교 박물관에 기증하였다). 〈대한평수토찬비〉 역시 허목이 중국 형산비(衡山碑)의 글자를 집자(集字)해서 목판으로 새겨 삼척부에 보관하고 있던 것을 1904년 고종황제의 명으로 세운 비석이니, 이 역시 허목 덕분에 만들어진 비석이라고 해도 과언이 아니다. 나에게 허목이라는 인물이 구체적인 이미지로 뇌리에 들어온 것은 바로 이 사건이었다.

허목은 17세기를 온전히 살았던 인물이다. 그는 임진
왜란이 한창이던 시절에 태어나서 중년에 병자호란을 겪었다.
조선 전기의 문화와 제도가 마련해 놓았던 인프라는 전쟁 통
에 무너졌고, 시대를 바라보는 시선 역시 급변하고 있었던 시
기를 살았다. 민심은 어수선했고 양반층의 사회적 지위 역시
흔들리고 있었으며 정치적 상황도 심상치 않았다. 병자호란
때문에 피난을 가야만 했던 허목은 이후 약 10년에 가까운 세
월 동안 길 위의 인생을 살아갔다. 오랑캐로 시목한 청나라 군
대가 한양을 향해 지나가는 길목에 허목이 살아가던 터전이
있었으므로, 그로서는 피난을 살 수밖에 없었다. 강원도 영동
지역으로 다니면서 피난 생활을 하던 중에 쓴 시문을 보면 그
의 심사가 어지러웠으리라는 점을 충분히 읽어 낼 수 있다. 사
정이 이러했으므로 허목이 과거시험에 응시하지 않았던 것도
이해가 된다. 그는 관직에 뜻이 없는 사람처럼 살았다.

십청원, 공부와 시 읊기와 산책으로 만들어진 뜰

허목이 경기도 연천(漣川)에 자리를 잡고 살게 된 시기는 아마
도 부친이 돌아가셔서 복상(服喪)하게 된 때로 보인다. 1633년
2월 장례를 치른 뒤 삼년상을 충실히 바쳤으니 연천에서 지낸

것은 분명하다. 복상이 끝난 이듬해인 1636년 청나라가 침략
하여 병자호란이 발발하자 12월에 강원도 영동을 기착지로 해
서 피난하게 된다. 「연보」에 의하면 이 시기에 허목은 연천에
있었다고 기록한다. 이때로부터 약 10여 년을 떠돌이로 살아
가면서 한반도 여러 지역에서 우거(寓居)하다가 1646년 12월에
연천을 돌아왔다는 기록을 남긴다. 그의 나이 52세였다.

그의 선영이 연천에 있었다 해도 그가 예전부터 경영
했던 집이 있었는지는 분명치 않다. 다만 삼년상을 치렀다는
것으로 보아 규모가 크지는 않더라도 연고가 있었던 것은 충
분히 추정 가능하다. 긴 객지 생활에서 돌아오자마자 모친께
서 돌아가셨으므로 허목의 연천 생활은 여유가 없었을 것이
다. 복상하는 동안 그는 『거우록』居憂錄, 『경례유찬』經禮類纂 「상례
편」喪禮篇을 저술하였다. 이후 내시교관(內侍教官)을 비롯하여
용궁현감(龍宮縣監), 지평(持平), 장령(掌令), 삼척부사(三陟府
使) 등을 역임하면서 잠깐씩 떠나 있기는 했지만 그의 주요 터
전은 연천이었다.

지금은 민간인 통제구역 안에 있어서 쉽게 접근하기
어렵지만, 허목이 있는 묘역 인근에 그가 살았던 집터가 남아
있다. 허목이 삼척부사를 사직하고 연천으로 돌아온 때가 그
의 나이 68세인 1662년, 이듬해에 그는 「십청원기」十靑園記라는
글을 한 편 짓는다. 연천으로 돌아와 살기 시작했을 오십 대 초

반부터 가꾸었을 그의 뜰을 '십청원'(十靑園)이라 명명하고 그
곳에서 책을 읽고 시를 쓰며 예송논쟁의 중심에서 치열한 논
쟁을 벌였다. 그는 이 글에서 열 그루의 푸른 나무가 있어서 십
청원이라고 이름을 붙였다는 말을 하면서 자신이 뜰에서 지내
는 모습을 아름답고 간결한 언어로 표현하였다.

내 늙고 게을러 인사(人事)는 다스리지 않고 오직 꽃을 심고 뜰
을 가꾸는 일만 좋아하였다. 그러나 시절의 변화에 따라 꽃은 피
었다가 시드는 모습이 마음속으로 한탄스러워 즐겁지 않아서,
가지가 길고 잎이 푸른 것들을 많이 심었다. 전나무, 측백나무,
박달나무, 비자, 노송, 만송(蔓松), 황죽(篁竹), 두충(杜冲) 같은 나
무들이 그것이다. 나는 평소에 산수를 유람하는 것을 좋아했지
만 이제는 늙어서 그저 아련히 그리워하기만 한다. 뜰 안에 돌을
쌓아 기이한 봉우리와 우뚝한 고개를 만들고 돌 사이로는 가늘
고 길게 늘어지는 풀을 심으니 겨울이나 여름이나 늘 푸르렀는
데, 비가 지나가고 나면 돌 빛은 더욱 푸르렀다. 이렇게 해서 뜰
안에 아름다운 놀거리를 얻었는데, 열 그루의 늘 푸른 나무들이
있어서 나의 뜰을 십청원이라 이름 붙였다. 나는 늙어 일이 없으
니 늘 책을 읽는다. 그러다가 싫증이 나면 시를 읊조려서 내 스
스로 기분을 풀기도 하고, 어떤 때는 지팡이를 끌고 거닐기도 하
는데 때마침 비가 막 개면 숲 그림자는 더욱 푸릇푸릇하다. 해마

다 날씨가 추워져 눈과 서리가 번갈아 내리기라도 하면 모든 나무가 시들지만 오직 나의 뜰만은 푸른빛이 짙어 사랑스럽다.[1]

만년에 쓴 글이기도 하지만 자신의 뜰을 사랑하는 마음이 듬뿍 담겨 있어서 포근한 느낌이 든다. 과거시험에 응시하지 않았던 허목이 만년에 천거되어 몇 가지 관직을 지내는데, 알려진 명성에 비해 고위직을 지내지는 않았다. 외직으로는 삼척부사가 그래도 큰 자리라고 하겠다. 게다가 처음으로 천거되어 받은 관직이 종9품 정릉참봉(靖陵參奉)이었으니 말 그대로 미관말직이었다. 물론 임금과의 의리를 따져서 한 달 정도 근무하다가 그만두기는 했지만, 그의 첫 관직이 56세가 되던 해였다는 점을 감안하면 매우 늦은 나이에 상징적으로 관직을 받았다 하겠다. 그 이후 여러 관직에 제수되어 사양하거나 나아가면서 몇 군데에서 근무하였음은 앞서 언급한 바와 같다.

관계 진출에 뜻이 없었으나 오랜 전란을 겪으면서 세

1 吾衰懶, 不治人事, 於蒔花灌園, 有獨好也. 然竊嘆其榮枯隨變, 快然不樂, 多植柯葉長青者, 若檜·柏·檀·橿·老松·蔓松·篁竹·杜沖. 吾平生好山澤之遊, 今老矣, 徒懷想渺然. 園中積石, 爲奇峯秀嶺, 間植石草之毿毿者, 冬夏長青, 石色雨過益蒼然. 得此爲園中佳玩, 爲十長青, 名吾園曰十青園. 吾老無事, 常讀書, 倦則吟哦自暢, 或拽杖逍遙, 適雨新晴, 林影蒼蒼. 每歲寒雪霜交墜, 萬木凋枯, 獨吾園深翠可愛(허목許穆, 「십청원기」十靑園記, 『기언』記言 권14).

월을 보낸 한 사대부에게 뜰을 만들어 경영하는 것은 어떤 의
미가 있었을까. '인사는 다스리지 않았다'고 한 것에서 알 수
있듯이, 그는 세상일에 큰 관심을 두지 않았다. 덕이 있는 산림
으로 천거되어 잠시 경험했던 관직 생활이 그의 성향에 맞았
을 리 없었다. 그에게 꽃을 심고 뜰을 가꾸는 일이야말로 만년
의 즐거움이었다. 병자호란이 발발했을 때 청나라 군사가 지
나가는 길목 인근에 살고 있었던 탓에 피난길에 오를 수밖에
없었으니, 그 이후 10년이 넘는 세월 동안 어디에도 정착하지
못하고 살아야 했던 허목으로서는 연천으로 돌아와 터를 잡고
뜰을 가꾸는 삶은 참으로 안온한 느낌이 들었을 것이다.

　「십청원기」를 지어서 자신의 뜰을 이야기하기 몇 해
전, 허목은 '1차 예송논쟁(禮訟論爭)' 혹은 '기해예송'(己亥禮訟)
으로 불리는 사건의 중심에서 치열한 논변을 펼치고 있었다.
효종이 승하한 뒤 그의 계모였던 자의대비(慈懿大妃, 趙大妃라
고도 함)가 어떤 상례에 의거해서 복상할 것인가가 쟁점이었
다. 즉 아들이 부모보다 먼저 죽었을 때 그 아들이 적장자(嫡長
子)일 경우에는 삼년상을 치러야 했고 둘째 아들 이하일 경우
에는 일년상을 치러야 했다. 그런데 인조의 첫째 아들인 소현
세자는 왕이 되기 전에 세상을 떠났고, 둘째 아들인 봉림대군
이 뒤를 이어 왕위에 올랐으니 바로 효종이었다. 말하자면 효
종은 형제의 순서로 보면 둘째 아들이지만 왕통을 이었으니

적장자로서의 지위를 가진다고 할 수 있다. 이 사이에서 어느
쪽을 중시하느냐 하는 문제가 핵심이었던 셈이다. 이에 대해
송시열을 중심으로 하는 서인 측에서는 일년상을 주장한 데
반해 윤휴와 허목 등을 중심으로 하는 남인 측에서는 삼년상
을 주장하였다.

　이 과정에는 복잡한 예론 문제가 개재해 있기도 하고
논쟁의 과정이 복잡하기는 하지만, 결과적으로 서인 측의 의
견이 수용되면서 남인 측은 이론적으로나 정치적으로 세력을
잃게 된다. 논쟁 과정에서 서인은 대체로 주자학의 의견을 절
대적으로 신봉하는 모습을 보였고, 남인은 육경(六經)을 중시
하면서 고학(古學)으로 회귀하고자 하는 모습을 보였다. 육경
과 고학을 중시하는 태도는 특히 허목의 학문적 경향을 논의
할 때 가장 중요하게 거론되는 지점이다.

　흔히들 말한다. 진리는 구성되는 것이고, 시대에 따라
모습과 역할을 달리하기도 한다고. 그렇지만 내가 주장하는
도(道)가 세상의 외면을 받거나 정치권력이나 기타 요인에 의
해 수용되지 못하게 되었을 때 자신이 취할 수 있는 삶의 방식
은 한정적이다. 격렬하게 투쟁의 길로 나서거나 자신의 노선
을 바꾸지 않는 한 은거의 길을 선택하는 것 외에는 특별한 방
법이 보이지 않는 시대였다. 허목은 자신의 뜰을 가꾸면서 학
문과 소요(逍遙)의 삶을 만들어 가는 것을 선택했다. 그런 점

에서 뜰을 가꾸면서 이름을 '십청원'이라 붙이고, 거기에「십
청원기」를 썼다는 것은 예송논쟁 무렵 허목이 가지고 있었던
마음속 풍경을 보여 주는 것이다. 동시에 그의 주장이 수용되
지 못한 현실이 던진 마음의 상처를 치유하는 방식이기도 했
을 것이다. 1차 예송논쟁이 약간은 어정쩡하게 마무리가 되었
지만 자신의 의견이 수용되지 않은 것 역시 현실이었으니, 세
상을 향해 열려 있던 허목의 마음은 다시 자신의 내부를 향하
게 되었다.

　　십청원에서 허목이 하는 일은 크게 두 가지였다. 하나
는 책을 읽는 것이고, 또 하나는 시를 읊조리거나 산책을 즐기
는 것이다. 그가 책을 읽는다고 표현한 것은 성현의 글을 읽는
다는 뜻으로 보아야 한다. 즉 학문 세계에 침잠해 있는 시간을
'책을 읽는다'고 표현했다. 그에게 성현의 말씀을 읽고 실천하
는 것은 사대부로서 필생의 업(業)이었으니 자신의 생활을 '常
讀書'[늘 책을 읽는다]라고 표현한 것은 당연한 일이다. 그것은
진중하면서도 긴장된 학문 연찬의 시간을 표현하는 방식이라
면, 한가하면서도 여유로운 시간을 드러내는 방식은 시를 읊
조리거나 주변을 산책하는 것이었다. 물론 허목의 방대한 문
집에서 시의 분량은 아주 적다. 시를 짓는 것을 사대부의 중요
한 일로 생각하지 않았던 것은 분명해 보인다. 작시(作詩)는
마음을 여유롭게 다스리는 방법 정도로 생각했다.

　한편, 허목이 뜰의 이름을 '십청원'이라고 붙인 이유 역시 흥미롭다. 위의 글에서 자신은 산수 유람을 좋아하지만 이제는 늙어서 그것을 할 수 없기 때문에 돌을 쌓아서 봉우리와 고개를 만들고 사이사이에 풀과 나무를 심었다고 했다. 석가산을 만들었다는 뜻이다. 천하의 산수를 축소해서 뜰 안으로 가져오는 대표적인 수법이 석가산을 조성하는 것이었으니, 노구를 이끌고 유람을 다닐 수 없는 허목 입장에서는 이렇게 뜰을 조성하는 것이야말로 자연을 즐기는 효과적인 방법이었다. 그러는 와중에도 세계를 바라보는 철학적 입장을 이 안에 투영시키고 있다.

　뜰에 심어 놓은 많은 꽃이 있지만 이들은 계절의 변화를 따라 아름답게 피어나고 끝내는 시들어서 스러진다. 꽃이 활짝 피어 있는 기간도 짧다. 꽃이 피고 지는 것을 통해서 허목은 세상의 흥망성쇠를 읽어 내며, 세태에 따라 수시로 바뀌는 부박(浮薄)한 인심을 읽어 낸다. 특히 예송논쟁 과정에서 보았던 세태를 떠올리면 어려운 현실에 처했어도 자신의 신념을 꿋꿋하게 지키면서 살아가기가 얼마나 어려운지, 그런 사람이 흔치 않다는 점을 보면서 많은 생각을 했을 것이다. 세상만사가 복잡다단해서 어떤 어려움과 돌발상황에 처할지 모르는 것이 인생이라면, 그런 인생길을 걸어가면서도 묵묵하게 진리를 향해서 자신의 신념을 지켜 나가는 인간형이 그리웠을 것이다. 그런 사람으로 살아가고 싶은 마음은 현실을 이겨 나가는 데에 큰 힘이 되었다. 그런 점에서 계절의 변화는 고사하고 그날의 날씨에 따라 피었다가 진다든지 꽃잎을 오므리거나 편다든지 하는 모습은 허목의 눈에 거슬렸다. 염량세태(炎涼世態)라더니, 사람들은 모두 자기 이익을 향해 어제의 생각을 쉽게 바꾸고 있었다. 허목은 세상 인심을 자신의 뜰에서 읽어 냈다.

천하의 산수를 모아 놓은 석가산이 있는 뜰에서 꽃의 영고(榮枯)를 보면서, 차라리 늘 푸른 나무가 마음에 와닿았다고 했다. '겨울에도 푸르고 오래 사는 나무'[冬靑多壽木]를 골라서 심었다고 했다. 전나무, 측백나무, 박달나무, 비자, 노송, 만송(蔓松), 황죽(篁竹), 두충(杜冲) 등과 같은 상록수 계열의 나무들이 그것이다. 여름날 무성한 잎보다는 한겨울에도 푸른빛을 잃지 않는 나무들을 보면서 마음속 결의를 단단하게 다졌음에 분명하다.

그의 뜰에는 이런 나무들만 있는 것은 아니었다. 그는 「심청원기」에서 뜰의 이름을 명명한 이유에 대해 쓴 뒤, 뜰에 있는 것들 중에서 특별히 언급할 만한 것들을 항목별로 정리를 해서 서술하였다. 소나무, 측백나무, 전나무, 오엽송(五葉松), 만년송(萬年松), 대나무, 자죽(紫竹), 비자나무, 권백(卷柏), 맥문동, 괴석(怪石). 모두 11종에 이르는 사물을 나열하고 이에 대한 백과사전적 지식을 바탕으로 서술을 하였다. 해당 사물에 대한 여러 기록 중에서 필요한 것을 다른 책에서 인용하고 나서 그것의 효능을 함께 곁들였다. 대부분은 나무지만 맥문동은 풀이고 괴석은 바위다.

이들 사물을 「십청원기」에 서술한 이유는 무엇일까. 그에 대한 설명은 없지만, 전체적으로 살펴보면 이들은 계절이나 날씨의 변화에 영향을 덜 받을 뿐 아니라 겨울에도 늘 푸르거나 한결같은 모습을 보인다는 공통점이 있다. 이 같은 자연의 모습에서 허목은 변치 않는 신념을 지켜 나가는 자기 삶의 태도의 정당성을 발견해 냈고, 그동안 살아왔고 앞으로 살아갈 인생길을 확인하였다.

섬돌의 돌거울과 자기 수양 공간으로서의 뜰

허목의 뜰에는 나무와 풀만 있었던 것은 아니다. 문집 기록을 살펴보면 참으로 다양한 식물들이 있었다. 「석록초목지」石鹿草木誌(『기언』권14)에 기록된 것만 해도 여러 종이 있다. 「십청원기」에 나오는 것을 제외하고도 운은행(雲銀杏), 녹나무, 풍향(楓香), 오동나무, 매화, 정향(丁香), 모란, 작약, 사간(射干), 파초, 석창포, 국화가 여러 문헌 자료를 인용해서 서술되어 있다.

이들 중에는 특별한 기억을 안고 있는 품종도 있었다.

허목은 매화를 좋아해서, 이웃 마을 정생(鄭生) 초당 앞에 핀 매화를 감상하기도 하고(「鄭生草堂題名記」, 『기언 별집』 권9), 어몽룡(魚夢龍, 1566~?)이 그린 매화 그림을 감상하기도 했으며 (「朗善公子畫貼序」, 『기언』 권29), 강회백(姜淮伯, 1357~1402)의 정당매(政堂梅)를 통해서 강회백의 절의에 감탄하기도 했다(「姜政堂遺事」, 『기언』 권45).

허목은 자기 마당 앞에 매화를 심어서 꽃과 향기를 감상했다. 1664년 11월 중순 큰 눈이 내렸을 때에는 매화가 꽃망울을 터뜨렸는데, 너무 기뻐하여 물을 주고 먼지를 씻어 내자 향기가 더욱 짙어졌다는 기록을 남기기도 했다(「妖祥」, 『기언』 권25). 물론 이 해에 날씨가 정상적이지 않았는데 매화가 피었다고 좋아했으니 그것은 사사로운 생각으로 비정상적인 자연현상을 도운 결과가 되었다고 하면서 스스로를 반성하는 내용을 덧붙였다. 그렇지만 그가 매화를 매우 좋아했다는 것은 분명하다.

그가 좋아했던 마당의 매화는 푸른 꽃받침으로 피어나는 청악매(靑蕚梅)였다. 청악매 가지들이 얽혀 있고 밑둥이 오래 묵은 매화를 '대년매화'(大年梅花)라고 부르고, 노란 꽃술에 붉은 꽃이 피는 것을 '대년누자'(大年樓子)라고 한다. 허목이 평소 존경하는 마음으로 종유(從遊)했던 용주(龍洲) 조경(趙絅, 1586~1669)의 집에는 대년누자가 자라고 있었고, 한산옹(寒山

翁) 송석호(宋錫祜)의 뜰에는 대년매화가 자라고 있었다. 이들 품종을 받아서 허목은 자신의 뜰에 심었던 것이다.

　　많은 화초와 나무들이 자라는 뜰에서 허목은 조경(趙絅)이 보내 준 학을 기르기도 했고, 조선에는 없는 대명홍(大明紅)을 기르면서 하늘의 이치를 생각하기도 했다. 그 외에 특별한 것을 꼽자면 그가 즐겨 산책하던 동산에 돌거울[石鏡]을 하나 주워서 뜰에 가져다 놓은 일이다. 이 돌에 대한 기록을 「석경기」石鏡記라는 제목으로 짧게 남겼는데, 다음과 같다.

　　내가 일찍이 동산 정원[林園]을 거닐다가 돌 하나를 얻었다. 모나지도 않고 둥글지도 않았으며 기이한 모양을 가진 것도 아니었다. 우거진 풀 속에서 푸르스름한 돌이 있었는데, 크기는 한 말[斗]들이쯤 되었다. 얼핏 스치는 듯 보니 이끼 사이로 마치 맑고 투명한 물빛 같은 것이 어려 있었는데, 햇빛이나 달빛을 받으면 털끝까지 환히 비출 정도여서 똑바로 쳐다볼 수가 없었다. 산수 간에 사람을 해치는 악귀와 괴물이 있다면 어떤 것도 제 모습을 감출 수 없어서 사람을 깜짝 놀라게 하니 귀신인가 의심하게 한다. 이 돌을 일월석(日月石)이라 이름 붙이고 섬돌 위로 옮겨 두었다. 이는 자신을 비추어 보는 사람들로 하여금 세속적 욕망 가득한 마음을 먹는 것을 경계하고 두려워하도록 하려는 까닭이다.

빛이 비치면 하얗게 빛나는 돌, 그리하여 삼라만상을 모두 비치는 돌을 발견하고 섬돌에 가져다 놓은 뜻은 무엇일까. 사실 거울의 이미지는 불경에서 자주 등장한다. 무언가 사물이 앞에 나타나면 그것을 변형시키지 않고 그대로 비추어 주고, 그것이 사라지면 다시 텅 빈 거울의 모습으로 돌아가는 것, 거기에서 불교 수행자들은 마음의 작용을 읽어 내고자 했다. 외물에 흔들리지 않는 마음, 무언가 마음에 들어오면 그것을 그대로 비추어 주되 들어왔던 외물(外物)이 나가면 다시 고요하고 텅 빈 마음으로 돌아가는 것. 이것이 불교 수행자가 도달하고자 했던 경지였다. 그래서 거울을 통해 마음을 설명하는 관행이 생겨났다.

그렇다면 유학자 허목에게 거울은 어떤 의미였을까. 그는 부친이 임진왜란 당시 명나라 장수들을 3년간 따라다니다가 얻은 거울을 소재로 「경명」鏡銘(『기언』 권67)을 쓴 바 있는데, 다음과 같다.

皇皇唯鏡	거룩한 거울이여
可以整其容	그 얼굴을 가지런히 할 수 있고
可以省其躬	그 몸을 살필 수 있구나.

그의 나이 80세가 되던 해에 쓴 이 짧은 글은 선친이

남긴 거울을 읊은 것이지만 거울에 대한 생각을 명확하게 보여 준다. 얼굴을 가지런히 하고 몸을 살피면서 돌아보는 것은 몸가짐과 의관을 단정히 한다는 표면적 의미 외에 늘 자신의 모습을 돌아봄으로써 사람의 도리에 어긋나지 않으려는 성리학적 수양의 의미를 담고 있다. 『예기』禮記에 군자가 수양하면서 세상에 응할 때 갖추어야 하는 아홉 가지 모습을 의미하는 구용(九容)이 중요하게 취급되었으며, 『논어』論語에도 군자가 생각해야 하는 아홉 가지를 의미하는 구사(九思) 중에 얼굴빛을 온화하게 한다든지[色思溫] 모습을 공손하게 해야 한다[貌思恭]는 덕목이 들어 있다. 사대부가 거울을 통해서 자신의 몸과 의관을 단정히 하는 것은 단순히 외양을 꾸미자는 것이 아니라 그 사람의 마음을 단정하게 하는 것이 목적이었다. 눈에 보이지 않는 마음이지만 그것이 표출되어 외양으로 표현된다는 논리를 대변하는 것이다. 그러니 거울이야말로 사대부의 마음 수양에 큰 도움이 되는 사물이다.

　　이런 맥락을 감안한다면 동산 정원을 산책하다가 발견한 돌거울을 뜰의 섬돌에 가져다 놓았다는 것은 전적으로 수양의 태도와 관련이 있다. 동시에 사람을 해치는 악귀나 귀신조차 돌거울 앞에 서면 자신의 모습을 숨김없이 드러낼 수밖에 없다고 하였는데, 이를 통해서 하늘과 땅에 부끄러움이 없는 자신의 당당함을 지키고자 하는 의지를 표현하였다. 허목의 뜰은 단순히 꽃이나 나무를 감상하는 공간이 아니라 자연의 순환과 변화를 통해서 자신을 수양할 수 있는 공간으로 거듭났다고 하겠다.

자연 속에서 사는 즐거움

공부에 재미를 붙인 젊은이에게, 혹은 앞날의 희망을 향해 열심히 나아가는 젊은이에게 도시의 불빛처럼 매혹적인 것은 흔치 않다. 나 역시 그러했다. 시골 생활에서 벗어나 대도시 불빛 속에서 가난하게 생활하지만, 다른 한편 내게 닥쳐올 알 수 없는 미래를 그리면서 살아가는 일은 즐겁기 그지없었다. 책 속에서 읽는 옛 선현들의 글에서는 자연 속에서 사는 즐거움과 안빈낙도를 담고 있었지만, 정작 그 글을 읽는 나는 도시의 화려한 불빛이 주는 매혹에 빠져서 헤어나질 못하고 있었다. 어쩌면 그런 생활이 안빈낙도의 현대적 버전이라고 착각하고 있었을지도 모른다. 그 불빛에서 허우적거리면서 매혹의 무지개를 좇고 있었다면 아마도 나는 도시에서 길을 잃은 촌놈으로 여전히 살아가고 있을 것이다.

　물론 도시의 삶이 무의미하다거나 벗어나야만 한다고 말하려는 것은 아니다. 그 삶이 어디에서 지속되든 그것을 선택한 주체는 나 자신이다. 사회적 환경 때문에 어쩔 수 없이 살아가는 경우도 많지만, 그래도 내가 선택할 수밖에 없는 삶이 아니던가. 그러다가 다시 강과 숲으로 둘러싸인 소도시로 왔을 때, 나는 '돌아왔다'는 느낌이 들었다. 내가 태어나 자란 고향은 아니었지만 고향만큼 좋았다. 지금도 동네 여기저기를 걸어 다니다 보면 근원을 알 수 없는 행복감 같은 것이 마음을 가득 채우곤 한다.

어쩌면 허목이 자연 속에서 그런 행복감을 느끼면서 공부를 하고 시를 읊조리고 산책을 하지 않았을까 싶다. 허목 집안 외에 사대부라고는 누구도 살지 않았던 시골, 순박한 인심을 가진 사람들과 함께 무한한 자연을 누리면서 살아가는 행복은 말로 표현하기 어려웠을 것이다. 그가 숲에서 살며 마음으로부터 일어나는 흥을 느끼는 순간을 표현한 글이 있다. 「임거견흥」林居遣興(『기언』권14)이 바로 그것이다. 그는 연천에서 20년간 살면서 자신이 느끼는 숲속 생활의 흥취를 열 가지로 이야기했다.

1. 3월에 산꽃이 만발하면 바위 모퉁이에서 산새들이 서로 지저귀는 것.

2. 숲이 깊어 해가 늦게 떠서 그늘진 벼랑으로 간밤 안개가 아직 걷히지 않는 것.

3. 새벽녘 해가 뜰 때 첩첩한 산 쪽으로 맑은 노을이 드리운 것.

4. 비가 그친 뒤, 숲 너머에서 들려오는 시냇물 소리.

5. 비가 개고 앞 개울에 물이 불어나면 낚시터로 걸어 나가 낚싯줄을 손질하는 것.

6. 시내 바람이 비를 불어오거나 혹은 떨어지는 저녁 햇살이 산을 감싸는 것.

7. 저물녘 산 기운이 더욱 아름답고, 숲 너머 마을에서 연기가 피어오르면서 만들어 내는 어슴푸레한 빛.

8. 달밤에 움직이는 뭇 것들이 모두 고요해지면 홀로 앉아 숲 그림자가 춤추는 것을 감상하는 것.

9. 가을날 해 저문 골짜기에 안개가 피어오르고 단풍 든 붉은 나무는 천 겹으로 서 있는 것.

10. 쌓인 눈이 온 산에 가득한데 시냇가 울창한 소나무는 푸른빛으로 사랑스러운 것.

봄부터 겨울까지 1년을 주기로 해서 자연 속에서의 흥취를 일으키는 아름다운 순간을 아름답고 짧은 문장으로 포착하였다. 글만 읽으면 근엄하고 예론(禮論)에 조예가 깊은 성리학자라는 사실을 떠올리지 못할 것이다. 이러한 순간들은 자연 속에서의 삶을 즐기면서 섬세한 관찰을 하지 않으면 결코 포착할 수 없다.

　　허목의 이 글을 읽을 때면 나는 조선 후기에 유행하게
되는 소품문(小品文)을 떠올린다. 허균이 길을 열었고 18세기
빼어난 젊은 문인들이 반짝이는 생각과 수사(修辭)를 쏟아 내
며 유행시켰던 소품문이 17세기 후반을 살아가는 노년의 성리
학자 손에서 나왔다니, 쉽게 믿기지 않는다. 물론 이 글을 소품
문 혹은 청언소품(淸言小品)으로 분류할 수 있을지는 좀 더 논
의해 보아야 할 문제이기는 하다. 그러나 삶의 한순간을 절묘
하게 포착해서 멋진 문장으로 묘사하는 수법은 당대 성리학자
의 보편적 성향과는 일정한 거리를 지니는 문학적 요소라고
하겠다. 그렇지만 흥취를 일으키는 순간이 대체로 자연 속에
서 마음의 고요한 경지와 연결된다는 점, 한겨울 푸르름을 잃
지 않은 소나무를 언급하는 것에서 우리는 절의와 도를 지키
고 그 길로 나아가려는 의지를 엿볼 수 있다는 점 등에서 소품
문의 감각적인 지점과 차이를 드러낸다.

상처를 딛고 진리를 향해 나아가리

병자호란의 충격, 전란 때문에 피난살이를 오랫동안 하면서
객지로 떠돌았던 삶, 진리에 어긋난다고 생각하면 거침없이
비판하고 자신이 생각을 펼치는 자세 때문에 과거시험 정지

처분을 받았던 일, 과거시험 응시를 그만두고 부친을 따라 여러 고을을 전전했던 세월, 노년에 들어서야 몇몇 관직을 지냈지만 고위직으로는 가지 못했던 일, 예송논쟁의 소용돌이 속에서 적극적으로 논의에 참여하여 현실정치에 참여했던 일 등, 허목의 일생은 자신이 신념을 지키기 위해 수많은 장애물과 싸워 왔던 시간으로 점철되어 있다. 강직하고 정의로운 삶을 만들어 가기 위해 불의에 굽히지 않는 모습으로 살았지만 그도 성인이 아닌 한 마음속에 어찌 상처 하나 없었겠는가. 앞서 언급한 굵직굵직한 사건들이 모두 현실 속에서는 그에게 상처를 준 것이었다.

　　세상이 허목의 마음에 낸 많은 상처들을 치유하는 방법 중의 하나가 바로 뜰을 가꾸는 것이었다. 오십 대부터 본격적인 은거지로 선택한 경기도 연천은 집안의 선영이 있는 곳이기도 했다. 사대부라고는 자신 외에는 찾아보기 어려운 깊은 시골에서, 그렇지 않아도 주변은 온통 산으로 둘러싸인 곳에서, 그는 집 안에 석가산을 만들고 꽃과 나무를 심어 기르며 멋진 뜰을 조성하였다. 아침 안개가 고요히 산을 뒤덮고 저녁 기운이 아름답게 퍼질 때, 봄꽃이 만발하고 겨울 소나무의 푸름이 더욱 가까이 다가올 때, 허목의 마음에는 깊은 흥이 슬며시 솟구치곤 했다. 이런 시간을 보내는 동안 자신도 모르게 세상의 폭력과 권력에 의해 받았던 상처들이 아물어 갔다.

그렇게 마음의 상처는 아물었을지 몰라도, 그리하여 자신에게 상처를 주었던 사람들을 용서했을지 몰라도 평생 공부하면서 진리를 향해 나아가려는 신념, 세상이 뭐라고 하든 자신이 생각하는 절의를 지키는 일은 결코 포기하지 않았다. 계절과 날씨에 따라 피었다 지는 화려한 꽃보다는 추운 겨울에도 자신의 푸름을 잃지 않는 나무에서 동질성을 느끼곤 했다. 뜰을 가꾸면서 허목은 자연의 순환 속에서 이법(理法)과 인간이 따라야 할 질서를 발견했던 것이다. 성현의 공부를 자연의 흐름에 맡기면서 자기를 완성해 가는 일을 필생의 목표로 삼았던 허목은 천하의 산수를 집 안으로 가지고 들어와서 조영한 뜰을 거닐면서 몸소 실천하고 있었던 것이다. 그에게 뜰이야말로 온 우주의 축소판이요, 상징이었다.

하찮고 조그만 사물에 대한 애정으로 만든 무릉도원

─ 문무자 이옥의 뜰

소품문이 유행하던 시절

조선 후기에 활동한 이옥(李鈺, 1760~1815)이라는 문인이 있다. 흩어져 전하는 그의 문집 필사본을 모아서 근래 학계에서 번역 작업을 방대하게 한 바 있다. 근대 이전 문인들의 문집을 읽으면서 나는 자신의 뜰과 채마밭, 주변의 논밭과 산에 어떤 꽃과 나무와 작물을 심고 가꾸었는지를 이렇게 자세히 기록한 사람을 보지 못했다. 언젠가는 그의 글을 꼼꼼하게 더듬어서 그의 뜰과 집 주변의 자연환경을 재구해 보고 싶었다. 사실 그의 기록은 조선 후기 우리나라의 전통 조경사라든지 농업사 연구에 매우 중요한 의의를 지니고 있다. 그 전에 이옥의 문장은 한국 문학사에서 독특한 위치를 점하고 있으므로, 문학 분야에서는 상당히 오랫동안 연구가 진행되어 왔다. 그렇지만 그의 문집이 수습되지 않은 채 필사본의 형태로 여기저기 흩어져 있었을 뿐 아니라 작자 표시도 제대로 되지 않은 문헌들이 있어서 정본을 확정하는 데에 많은 시간이 소요되었다. 지금도 충분하지 않은 상황이지만, 그래도 글의 전모를 짐작할 만큼 상당량이 수습되고 번역되어 일반인들에게 공개되어 있으므로 이옥을 조심스럽게 다룰 정도는 된다.

근대 이전의 기록에서 자신의 뜰을 자세하게 묘사한 글을 찾기란 매우 어렵다. 꽃과 나무를 좋아해서 재배법과 화목(花木)의 특징을 모아 놓은 책을 편찬한 사람조차 정작 자기 뜰은 어떤 모습이었는지 기록해 놓은 경우는 거의 없을 정도다. 『양화소록』養花小錄을 지은 강희안이나 『화암수록』花庵隨錄을 지은 유박(柳璞, 1730~1787)조차도 자신의 뜰을 자세하게 묘사한 글은 한두 편에 불과할 정도로 적다. 이들의 문집이 제대로 전하지 않는다는 점을 감안하더라도 확실히 근대 이전 문인의 글에서 자기가 살아가는 집 안의 뜰을 상세하게 묘사하는 글은 찾아보기 어렵다. 왜 이런 경향이 있었는지 해석하기가 쉽지 않지만, 범박한 수준에서 생각하자면 생활 주변의 사소하고 일상적인 것을 자세하게 묘사하는 것은 글쓰기의 본령이 아니라는 사대부들의 생각 때문이 아닐까 싶다.

요즘이야 자신의 신변잡기를 소재로 온갖 사소한 이야

기들이 쏟아져 나오고, 심지어 학교에서는 그러한 글쓰기를
권장하기까지 한다. 그렇지만 근대 이전 동아시아에서 글쓰기
는 자신의 삶과 정신세계를 드러내는 가장 중요한 수단이었으
므로 늘 조심스럽게 대했다. 글자 하나를 쓰더라도 신중하게
선택했고 문장을 구성할 때도 늘 오해의 여지가 없도록 애썼
다. 특히 유학자들은 다양한 형식에도 불구하고 내용은 늘 성
현들의 말씀을 담는 글을 중요하게 여겼기 때문에 그 외의 모
든 글은 사소한 것으로 치부했다. 일상생활을 묘사하는 글이
나 개인의 감각을 드러내는 방식의 글쓰기는 당연히 선호하지
않았으며, 그러한 글에 전념하는 것은 사대부의 도리가 아니
라고 여겼다.

　일상에서의 작은 경험과 개인의 감정을 섬세하게 표현
하는 글쓰기는 때때로 한 인간의 삶을 구렁으로 몰기도 한다.
이런 글은 명청(明淸)시대에 유행했으며 통칭 소품문이라 불
렀다. 성현의 말씀을 담을 글에 비해서 사소하고 하찮은 글이
라는 의미였다. 허균을 필두로 조선에 모습을 드러낸 소품문
은 18~19세기에 매우 유행했다. 특히 젊은 선비들은 소품문의
감각적 표현에 열광하면서 중국 작가들의 글을 앞다투어 읽었
으며 글솜씨가 있는 사람들은 자신만의 소품문을 쓰려고 노력
했다.

　문제는 소품문이 유행하는 풍조에 대해 정통 사대부들

은 비판적이었다는 것이다. 정조가 주도했던 문체반정(文體反正)은 그 이면에 여러 정치적 의미가 숨어 있기는 하지만, 적어도 소품문을 비롯한 감각적인 글과 참신한 표현에 빠져 있던 당시 젊은 선비들의 글쓰기를 비판적으로 보면서 성리학적 사유를 담은 정통 고문(古文)을 쓰도록 하려는 시도로 평가받는다. 그 과정에서 정조는 왕명에도 불구하고 소품문을 쓰는 사람을 적발하여 처벌했는데, 문무자(文無子) 이옥이 바로 그 일에 연루되어 처벌받았던 인물이다.

　이옥의 문집이 정리되어 있기는 하지만 워낙 흩어진 채로 전승되었던 터라 지금 남아 있는 것이 그의 글 전부인지 알 수 없다. 그의 절친한 벗 담정(蕈庭) 김려(金鑢, 1766~1822)가 원고를 모아서 수습해 놓은 덕분에 이옥의 빼어난 글을 우리가 볼 수 있게 되었지만 그의 전모를 밝히기에는 부족한 형편이다.[1] 지금까지 연구에 의하면 이옥은 태종의 둘째 아들인 효령대군(孝寧大君)의 후손이지만 조상이 대부분 무관으로 관직 생활을 했으며, 이옥 자신은 서출(庶出)의 후손이었으므로 집안의 성세는 한미했다. 한미한 집안이라고 해서 경제적으로도 어려웠다는 의미는 아니다. 족보에 의하면 4대조인 이기축

1　지금까지 알려진 이옥의 글은 『이옥전집』(휴머니스트)이라는 이름으로 실시학사 고전문학연구회에서 번역하여 출간되었다. 이 글에서도 이 책을 이용하였다.

(李起築, 1589~1645)의 기록에 '승적'(承嫡)이라고 표시되어 있는 것으로 보아 서출이었을 것이고, 이옥에 이르기까지 서출로 인식되었다.[2] 게다가 당색으로 보면 이옥이 살던 18세기 후반에서 19세기 전반에는 이미 몰락했거나 혹은 사회적으로 행세하기가 어려웠던 북인에 속했다. 또 하나, 이옥의 선조인 이광윤(李光胤, 1564~?) 때부터 이옥에 이르기까지 무과 급제자는 13명이나 되지만 생원 및 진사 급제자는 4명에 그쳤다는 점이다. 이를 통해 보면 북인계-서출-무반 출신 집안이었음을 충분히 알 수 있다.

　　최근 연구에 의하면 이옥의 고향은 경기도 남양도호부, 지금의 화성시 송산면이지만 한양에서 자란 것으로 파악된다. 집안에서 몇 안 되는 생원 진사 합격자 중 한 사람이었던 이옥은 어쩌면 가문의 자랑이자 희망이었을 것이다. 무반 가문에서, 그것도 승적을 통해 대를 이어온 집안에서 생원 진사시에 합격하여 대과에 급제한다는 것은 얼마나 놀랍고 가슴 벅찬 일이었을까. 늘 꽃길만 걸을 것만 같았던 이옥의 인생에서 처음으로 문제가 생긴 것은 성균관에서 공부할 때였다.

2　이옥의 가계, 학맥 등에 대해서는 다음 논문을 참고하였다. 김영진, 「이옥 연구(1)」, 『한문교육연구』 제18호, 350~359쪽 참조. 이옥의 몰년에 대해서도 연구자들 사이에 몇 가지 주장이 있지만, 이 논문에서 언급된 것처럼 족보에 나온 1815를 따랐다.

이옥의 불행한 삶

30세 무렵인 1792년(정조16), 이옥은 성균관에서 학업을 닦게 된다. 이 무렵 정조는 조선의 사대부들 특히 젊은 유생들을 중심으로 선풍적인 인기를 끌고 있던 소품문에 대한 강력한 제재를 취한다. 문체반정에 대해서는 널리 알려진 바가 있기는 하지만, 간단히 말하면 사소하고 감각적인 일상을 자세하게 묘사하는 글을 버리고 성현의 말씀을 주요 내용으로 하여 전아(典雅)하고 정중한 정통 고문(古文)을 쓰도록 하자는 것이 핵심이다. 인간의 정신을 가장 잘 보여 주는 것이 문장이라고 한다면, 문장이 성현의 말씀에서 멀어지는 순간 그 글을 읽고 쓰는 유생들의 정신 역시 타락하는 것이라고 정조는 생각했다. 따라서 특히 젊은 유생들의 글쓰기에서 소품문적 행태를 없애면 그들의 정신세계도 성리학적 범주 안으로 들어가리라 믿었다. 그러나 한 인간의 글쓰기를 고치는 것도 어려운데 아무리 왕명이라 한들 조선의 수많은 유생들이 선호하는 글쓰기 경향을 어떻게 고칠 수 있단 말인가. 결국 정조는 왕명에도 불구하고 소품문적 글쓰기를 하는 유생 몇 사람을 적발해서 시범 케이스로 삼아 강력하게 처벌하기로 한다.

　개인에게는 참으로 재수 없는 일이지만 이옥이 그 시범 케이스에 걸린 것이다. 1792년 10월 19일 자 『정조실록』 기사에 의하면 성균관 유생 이옥과 조정의 대신 남공철(南公轍, 1760~1840)이 소품문의 대표적인 갈래인 소설체 문장을 썼다는 이유로 문제가 된다. 이에 대한 처벌로 이옥에게는 매일 제출해야 하는 숙제라 할 수 있는 일과(日課)로 사륙문(四六文) 50수를 지어서 제출하도록 하는 한편 정거(停擧) 조치를 내린다. '정거'란 과거시험에 응시하는 자격을 한시적으로 박탈하는 조치다. 이옥이 성균관에서 공부하는 동안 승보시(陞補試)에 응시하였는데, 그가 작성한 답안지에 소설체를 사용한 곳이 있으니 매일 사륙문을 지어서 제출함으로써 그의 소품문적 문체를 완전히 없앤 다음에 과거에 응시하도록 하였던 것이다.

  이 사건이 있기 3년 전인 1789년 2월 29일 자 기사에는 정조가 성균관 유생들을 대상으로 과거시험을 치렀는데, 거기서 이옥은 안정선에 이어 2등이라는 우수한 성적을 거두어서 회시(會試)에 바로 응시할 수 있는 자격을 얻은 바 있었다고 돼 있다(이 시험에서 추사 김정희의 부친 김노경이 그다음 등급을 받았다). 이옥은 이어서 1790년 8월 경시(慶試)에서 높은 등급으로 합격하였으며, 1792년 7월에는 희정당(熙政堂)에서 치러진 전시(殿試)에서 수석으로 합격하여 그해 9월에 회시에 곧바로 응시할 수 있는 자격을 받은 바 있다. 이처럼 연이어서 정조의 높은 평가를 받았던 이옥은 누가 봐도 탄탄대로를 걸

을 것이 분명해 보였다. 그런데 불과 한 달 뒤인 10월, 과거 응
시 자격을 박탈당했으니 주변 사람들의 놀라움은 대단했으려
니와 당사자인 이옥의 실망과 경악은 당연한 일이었다.

정조의 『일성록』日省錄에 의하면 이후 이옥이 제출한 과
제를 다양한 방식으로 점검한 기록이 꾸준히 나오는데, 이를
통해 정조가 이옥이라는 유생을 범상치 않게 생각하고 있었음
은 분명해 보인다. 어떻든 꾸준히 이옥이 제출하는 글을 살펴
보았지만 여전히 문체가 고쳐지지 않고 있다고 판단한 정조
는 1795년 8월 10일, 이옥을 정산현(定山縣, 지금의 충남 청양군
정산면 지역)에 충군(充軍)하도록 지시했다가 한 달 뒤인 9월
11일 삼가현(三嘉縣, 지금의 경남 합천군 삼가면 지역)으로 옮겨
서 충군하도록 한다. '충군'은 죄인을 군역(軍役)에 복무하도록
한다는 말이다. 아무리 서계(庶系)라 해도 과거에 합격한 유생
을 군대에 보낸다는 것은 조선 사회에서는 대단한 처벌이다.
이옥은 왕의 총애를 받는 빼어난 유생에서 하루아침에 군인
신분으로 떨어졌다. 그리고 이듬해인 1976년 2월 별시(別試)
초시(初試)에 응시하여 높은 등수로 합격했지만 답안으로 제
출한 책문(策文)이 격식에 어긋난다는 이유로 등수가 꼴찌로
강등된다.

일련의 사건을 겪으면서도 이옥은 희망의 끈을 놓지
않았던 것으로 보인다. 아무리 자신에게 가혹한 처벌을 한 임

금일지라도 정조는 자신의 능력을 가장 잘 알아주는 존재였
다. 그러나 정조가 승하하자 그는 세상에 자신의 뜻을 펼치려
던 희망을 잃고 말았다. 세상에 대한 깊은 실망을 경험했을 뿐
아니라 어떻게 인생길을 걸어야 할지 막막한 사태에 직면한
이옥은 결국 고향인 경기도 남양 땅으로 낙향해서 여생을 보
내기로 마음을 먹는다. 정조가 세상을 떠난 1800년 이후 그는
과거시험에 응시하지 않고 남양에서 글을 읽고 쓰면서 은거
한다. 공식적인 기록으로는 1800년(정조24) 2월 24일 자 『일성
록』 기사에서 정조는 삼가현으로 충군 조치를 내렸던 이옥을
일단 풀어 주라고 하였다. 왕명으로 용서를 받는가 싶었던 것
도 잠시, 정조는 그해 6월 세상을 떠난다. 이옥 입장에서는 어
떤 희망도 발견하기 어려웠다.

　남양에서의 삶은 어떤 정치적 권력이나 사상으로부
터도 공격받지 않는, 행복하면서도 즐거운 글쓰기 환경을 제
공했다. 관직 진출에 대한 욕망을 간헐적으로 드러내기는 하
지만, 이옥 만년의 글에서는 자기가 살아가는 집 주변의 자연
과 삼라만상을 꼼꼼하게 살피고 그것을 백과사전식으로 정리
하는 태도가 완연하게 나타난다. 이옥은 뜰과 채마밭, 집 주변
의 산과 논밭 등으로 범위를 넓혀 가면서 섬세한 관찰자로서
의 면모를 여실히 보였다. 거기에 걸맞게 정밀한 묘사는 동시
대 작가들과 비교할 때 자신만의 독특한 문학적 특징을 형성

하였다. 그에 더해 엄청난 독서량과 기억력, 메모 등은 그의 글
에 타의 추종을 불허할 정도로 많은 정보를 담아서 후대에 뛰
어난 글을 전달하는 데 결정적인 기여를 한다.

와룡산 기슭에 만든 무릉도원

이옥이 만년에 터를 잡고 여생을 마치려 했던 곳은 와룡산 기
슭이었다. 현재는 경기도 화성시 송산면에 위치한 와룡산은
서쪽으로 대부도를 바라보면서 나지막하게 앉아 있어 부드러
운 느낌을 주는 곳이다. 물론 여기서 바다가 보이지는 않는다.
와룡산 주변으로는 넓은 땅이 펼쳐져 있어서, 옛날에는 농사
가 제법 큰 규모로 지어졌으리라는 느낌이 든다. 앞에서 말한
것처럼, 뛰어난 능력에도 불구하고 몇 차례 실패를 겪으면서
더 이상 관직에 진출하는 것이 어렵다고 판단한 이옥은 와룡
산 기슭으로 와서 자신만의 이상향을 만들고자 했다.
    그의 집이 정확하게 어디에 있었는지는 연구되어 있
지 않지만, 나는 와룡산 서남쪽 기슭이라고 생각한다. 그의 글
에 '산은 와룡이라는 이름을 전하고, 땅은 도화원에 가깝다'(山
傳臥龍之號, 地近桃花之源: 「효반안인한거부운」)라는 구절이 있는
데 바로 이곳에 집을 지었다고 기록했기 때문이다.

당대 최고의 소품문 작가답게 이옥은 자신의 글 안에
집 주변 풍경을 자세하게 묘사하였다. 그의 뜰은 그러한 그의
글을 토대로 충분히 재구성할 수 있다. 여기서는 그가 지은 글
중에서 「반안인의 한거부를 본받아 짓다」效潘安仁閑居賦韻라는 제
목의 상당히 긴 분량의 부(賦)와 함께 비교적 나중에 발견된
그의 저작인 『백운필』白雲筆에 들어 있는 글을 통해서 그가 가꾸
었던 집 주변의 풍경을 살펴볼 것이다. 이들 글에서 이옥은 와
룡산 기슭에 조성했던 집과 뜰, 채마밭, 거기에 심었던 꽃과 나
무와 채소를 자세하게 묘사하고 있을 뿐만 아니라 집 앞쪽으
로 펼쳐진 농토와 거기에 심어서 수확했던 곡식, 뒷산의 수목
과 풍경에 이르기까지 꼼꼼하게 그려 낸다. 이 작품만 가지고
도 이옥의 집을 재구성할 수 있을 만큼 그의 묘사력은 높은 수
준을 자랑한다. 그는 이곳을 지어 놓고 그 속에서 유유자적하
면서 여유롭게 생애를 마치려는 뜻을 드러낸다. 이 글을 바탕
으로 이옥의 뜰과 주변의 모습을 재구성해 보도록 하자.

와룡산이 위치한 남양도호부의 송산은 이옥의 고향이
며 본가가 있는 곳이었다. 물론 여러 글을 통해서 그가 어렸을
때는 한양에서 자랐다는 점을 감안하더라도 남양은 자신의 농
토를 비롯하여 정신적 터전이었다. 만년에 그가 와룡산 기슭
에서 여생을 보내기로 마음먹고 은거를 하게 된 것은 1800년
이후일 것이다. 앞서 언급한 것처럼, 이때 정조에 의해 처벌받

왔던 충군 처분을 용서받기는 했지만 그와 동시에 정조가 승하하면서 사대부로서의 이옥은 세상을 향해 뜻을 펼치려던 꿈을 접어야 했기 때문이다. 인생길에서 여러 차례 실패를 거듭한 끝에 결국 백발이 되자 꿈같은 젊은 시절을 뒤로하고 자신의 인생을 돌아보면서 삶을 정리하기 위한 터전으로 이곳을 선택하였다고 자신의 글에서 밝힌 바 있다.

우리나라 전통 가옥에서 뜰은 대체로 마당 가장자리에 배치된다. 즉 마당에 사시사철 농사와 관련된 다양한 일을 할 수 있도록 빈 공간으로 남겨 둔 상태에서, 그 주변으로 작은 땅을 활용하여 화초와 약간의 채소를 심어서 화단으로 활용하는 방식이다. 그러나 경제력이 제법 있는 집안에서는 마당의 빈 공간을 축소하면서 화초와 수목을 많이 심어서 보기 좋은 뜰을 조영하는 경우가 많다. 그런 점을 감안하면 이옥의 뜰은 호사스럽다고 해도 과언이 아닐 정도로 멋지다.

이옥은 와룡산 산자락에 기대어 집을 짓고 주위로 담장을 두른다. 바다로 향하는 쪽으로 사립문을 냈지만 찾아오는 사람이 없으니 늘 닫혀 있다. 다만 바다가 있는 남쪽으로는 화량진(花梁鎭)이 있어서 백여 척이나 되는 전선(戰船)이 정박해 있었고, 새벽이면 늘 화각(畫角)을 불어서 아침을 깨우는 소리가 들렸다. 북쪽으로는 물을 따라 목도(木道)가 둘러 있었고 군데군데 섬들이 보였다. 지금은 대규모 공사를 통해 시화

호라는 이름으로 불리고 있지만, 이옥이 살았던 조선 후기에
그곳은 와룡산 북쪽에서 시작하여 서쪽과 남쪽에 이르기까지
작은 섬들이 흩어져 있는 아름다운 곳이었으리라. 워낙 지형
이 달라져서 조선 후기의 모습을 찾아보기 어렵지만, 19세기
이 지역의 지도를 살펴보면 이옥의 집은 멀리 아름다운 서해
바다의 해안선을 바라보고 있었다. 거기서 더 서쪽으로 눈을
돌리면 대부도가 펼쳐져 있었다. 이곳뿐 아니라 인근에 있는
해문(海門), 즉 지금의 화성시 마도면 해문리 지역에 그는 자
신의 장원을 따로 두고 있었다. 지금은 간척공사로 인해 화성
호가 방대하게 조성되어 있지만 이전에는 해문에 있던 이옥의
장원 인근으로 서해에서 들어오는 배들이 오갔다. 『백운필』에
전장(田莊)의 곡식을 운반하는 사람이 배를 끌고 옹포(甕浦)에
가서 정박했다는 기록을 남긴 것을 보면 이옥의 경제적 토대
는 상당히 두터웠음을 짐작할 수 있다.

　와룡산 기슭의 집을 중심으로 아래쪽 들판으로는 민가
가 두세 집이 있어서 작은 마을을 이루고 있었다. 산 이름에 제
갈공명을 의미하는 '와룡'(臥龍)이 들어 있고 고을 이름도 제갈
공명이 은거하던 남양과 같으니 이옥으로서는 자신의 마음을
의탁하기에 적합했다. 집이 위치한 골짜기는 제법 넓은 농토
와 함께 세상의 소란을 막아 주기라도 하는 듯 신비스럽게 숨
어 있으니 이옥은 마음으로 이곳이야말로 무릉도원이라고 여

겼을 법하다. 그의 호 중 '도화유수관'(桃花流水館)은 아마도 이러한 환경 때문에 사용했던 것은 아닐까 싶다.

　우선 그의 집이 어떤 모습이었는지 이옥이 남긴 글을 통해 대략적인 구획을 해 보자. 우선 와룡산 기슭에 집을 짓고 담장을 두른다. 집 북쪽으로는 네모난 못을 파고, 주변으로 뜰을 조성했다. 집 뒤쪽으로는 대나무 숲을 조성하고 뜰 한쪽에는 소나무, 서쪽으로는 오동나무를 심고 그 나무 아래로는 무궁화를 한 그루 심는다. 담장을 둘렀다고는 했지만 나뭇가지로 얼기설기 엮은 수준이었으므로 그 옆쪽으로 앵두나무를 여러 그루 심어서 담장 역할을 할 수 있게 했다. 대문 앞쪽에는 버드나무를 몇 그루 심어서 밖에서 집 안쪽이 보이지 않도록 했다. 울타리를 따라 조홍감을 심었으며, 복숭아나무, 오얏나무, 살구나무, 석류나무, 대추나무, 밤나무 등을 두루 심었다. 울타리 아래쪽 뜰에는 국화, 모란, 자미화, 해당화, 범부채 등을 심어서 다양한 색깔을 즐기면서 계절에 따라 계속 꽃이 피어날 수 있도록 배려했다. 이 마을에는 모란이 많아서 집집마다 네댓 뿌리씩 기르는데, 이옥은 이웃집에서 몇 뿌리를 얻어서 자신이 거처하는 백운사(白雲舍) 앞에 심고, 그 옆으로 작약을 심었다. 거기에 자귀나무도 있었으니, 여름날 저녁이면 부드러운 분홍빛 꽃과 함께 향기가 설핏 풍겼으리라. 북쪽에 조성한 못은 수백 보(步)쯤 되었는데, 1781년 여름 연밥을 한 되

심었으나 제대로 싹을 틔우지는 못한 것을 아쉬워했다.

　집 뒤로 펼쳐진 야산으로 봄이면 진달래가 붉게 피어났다. 매년 음력 3월이 되어 봄이 저물어 갈 때쯤이면 석양이 산에 비칠 때 온 산을 붉게 물들이는 모습이 장관이라고 했다. 다만 아쉬운 것은 진달래가 갈수록 사라질 수밖에 없는 환경이었다. 이곳에는 소금을 만드는 염호(鹽戶)가 많아서 겨울이 지나 봄이 올 때쯤이면 늘 땔감이 부족했다. 바닷물을 끓여 소금을 만드는 집에서는 많은 양의 땔감이 필요했다. 겨우 내내 쟁여 놓았던 땔감을 때고 나면 산으로 가서 나무를 해 와야 한다. 이런 형편이 이옥의 집이라고 해서 더 나을 것이 없다. 당장 쓸 땔감을 해 오는 사람은 대체로 계집종인데, 깊은 산에서 나무를 베어 올 수 없으니 봄이면 늘 야산에 올라가 진달래 뿌리를 캐 오는 수밖에 도리가 없다. 그러니 해가 갈수록 산중의 꽃은 망가지고 진달래는 듬성듬성 피어나게 되었다. 이런 것이 안타까워서 자신이 사는 집 뒤의 야산에서는 봄에 땔감을 하지 못하게 엄히 단속을 했더니 몇 년이 지나 다시 진달래가 무성해졌다고 한다. 이옥에게는 야산의 꽃도 자신의 뜰에 조성한 화단의 꽃과 같은 마음으로 돌보는 품종이었다.

　이렇게 아름다운 꽃과 나무가 무성한 곳에서 세상 번우한 일을 끊고 살아가는 삶은 평온하고 한가로운 느낌으로 가득했다. 그야말로 자신이 말한 것처럼 무릉도원이 따로 없

었다. 이옥에게 와룡산 아래에 조성한 집과 뜰은 신선 같은 삶
을 보장하는 이상향이었고 무릉도원의 현현 태였다.

무릉도원이라는 이상향을 글로 남겨서 동아시아 문화
사에 지대한 영향을 끼친 인물은 중국 동진 시대의 도연명이
다. 이옥은 도연명에 깊이 경도되었다. 그 흔적이 그의 글 곳곳
에 남아 있다. 직접 쓴 적은 없지만, 대문 앞에 버드나무를 심
었다는 기록을 보는 순간 나는 중국의 이름난 은사(隱士) 도연
명을 떠올렸다. 그는 문 앞에 다섯 그루의 버드나무를 심고 스
스로를 오류선생(五柳先生)이라 자칭한 바 있다. 이옥은 도연
명을 좋아해서 「도정절의 한정부에 차운하다」次陶靖節閑情賦라는
작품을 지은 바 있다. 여성 화자를 내세워서 떠난 임을 그리워
하는 내용으로 된 이 작품을 보면 이옥이 도연명의 삶과 글을
매우 좋아했다는 점을 알 수 있다. 울 밑에 국화를 심은 것 역
시 도연명을 연상케 하는 행위다. 근대 이전의 한시문에서 중
양절(重陽節)에 국화주를 마신다든지 뜰에 국화를 심어서 완
상하는 것은 도연명의 정신을 드러내는 방식 중의 하나였다.
특히 조선의 사대부들이 좋아했던 도연명의 시구절, "동쪽 울
타리 아래서 국화를 꺾어 느긋하게 남산을 바라본다"(採菊東
籬下, 悠然見南山)라는 표현에 많은 선비들은 감동했다. 그러니
속세를 등지고 은거의 길을 택하는 사람들에게 자신의 본보기
였던 도연명의 국화는 속세에서 벗어나 고결하고 아름다운 강

호에서 숨어 사는 은거자의 정신을 상징하는 객관적 상관물이 었던 셈이다.

이옥 역시 도연명의 시문을 읽고 자신의 뜰에 도연명의 문학적 풍경을 재현함으로써 자신의 고결한 정신세계를 드러내려 했던 것 같다. 이처럼 세상을 등지고 은거를 택하는 것만으로도 시대를 비판하려는 의도를 표현하는 시대였으니, 이옥은 자신의 행위를 통해서 시대에 대한 비판의식을 보였다고 할 수 있다. 동시에 상상 속의 세계인 무릉도원을 실제로 구현 했으니, 이것이야말로 도연명 시문의 절대적 영향 속에 있었음을 보여 주는 것이다.

꽃과 나무를 이야기하는 뜻

이옥의 글에는 수많은 꽃과 나무들이 소재로 등장한다. 그가 워낙 놀라운 독서광이기도 했고, 많은 방면에 관심을 가지고 있었기 때문에 소재로 쓰인 꽃과 나무들이 실제 경험에 근거한 것인지도 의문이다. 그렇지만 그가 화초와 나무를 기르는 것에 큰 관심을 가지고 있었던 것은 분명하다. 그는 관련 도서를 사 모으고 읽으면서 꽃과 나무의 식생을 연구하고 실천했다. 그의 글을 읽노라면 처음 읽거나 보는 꽃에 깊은 관심을 가

지고 실체를 확인하고 싶어 하는 사례를 종종 발견한다. 그중
에 어떤 종은 적극적으로 구해서 자기 뜰에 심기도 했다.

이옥이 문 앞에 버드나무를 심었다는 이야기를 앞서
언급한 바 있다. 원래 그곳에는 버드나무가 없었다. 그가 다른
곳에서 채찍같이 가느다란 버드나무 가지를 꺾어서 뜰 가에
꽂아 놓았더니 여러 해가 지나자 실가지를 드리우면서 무성하
게 그늘을 이룰 정도로 컸다는 것이다. 그렇게 무성한 가지를
자랑할 때부터 해마다 몇 개씩 나뭇가지를 꺾어서 주변에 꽂
은 덕분에 이삼십 그루나 되는 버드나무가 무성한 숲을 이루
게 되었다고 했다. 『백운필』에 나오는 이야기다.

남양 땅으로 돌아오기 전, 그가 살던 한양의 집은 상당
한 규모를 갖춘 뜰이 있는 곳이었다. 그의 글에 따르면 원래 남
태제(南泰齊, 1699~1776)가 살던 집을 구매한 것이었다. 서대문
부근에 있던 이곳에는 담용정(淡容亭)이라는 정자가 있었고,
그 주변으로 남태제가 늘그막에 심어서 경영했던 아름다운 뜰
이 있었다. 남태제가 이 집을 판 이후 주인이 몇 번 바뀌는 사
이에 귀한 품종들은 사라졌지만 이옥이 구매해서 살 때까지만
해도 정향화(丁香花), 산수유, 옥매화, 흰철쭉, 영춘화(迎春花)
등이 남아 있었다. 또한 배꽃, 살구꽃, 복사꽃, 벚꽃, 오얏꽃, 내
금화(來禽花), 영춘화, 진달래 같은 나무는 이미 고목이 된 상
태였지만, 봄이 되면 흐드러지게 피어나곤 했다. 게다가 석가

산 형식으로 꾸며진 것으로 보이는 이 뜰에는 바위 사이로 황
양(黃楊), 단풍, 설록(雪綠), 상홍(霜紅) 등 계절에 따라 집을 아
름답게 꾸며 주는 나무들로 가득했다. 이런 환경 속에서 살았
으니 꽃과 나무를 보는 이옥의 안목은 상당히 높은 수준이었
을 것이다. 1797년 이옥이 이 집을 팔면서 집은 다른 사람 소유
가 되었는데 집을 산 사람이 집 안에 수목이 너무 무성하다면
서 모조리 베어 버리는 바람에 뜰은 민둥산처럼 황량해졌다고
한다.

　　한양 도성 안에서 경영하던 숲속을 벗어나 경기도 남
양에 조성한 무릉도원 같은 곳으로 옮긴 이옥은 자신의 뜰
을 아름답게 만드는 일에 진심으로 몰두했다. 그렇게 뜰을 가
꾸면서 자연 속에서 꽃을 심고 나무를 가꾸는 일을 그는 '화
정'(花政)이라고 지칭한 바 있는데, 화정이야말로 이옥 만년의
가장 큰 즐거움이었다. 임금의 총애를 받는 선비에서 군역을
치러야 하는 충군 처분을 받은 죄인으로 순식간에 신분이 변
화하면서 수많은 우여곡절을 겪은 이옥이 결국 세상에 대한
관심을 거두고 은거한 곳이 자신의 고향 남양이었다. 이런 상
황이 되자 이옥은 평소 사회적 제약 때문에 쓰지 못했던 글을
마음 놓고 쓰는 처지가 되었다. 세상의 훼예(毁譽)에서 벗어
나자 자신에게 솔직한 글을 쓸 수 있는 자유를 얻은 셈이었다.
『백운필』로 대표되는 그의 만년의 글은 세상의 기준과는 다른

자신만의 생각을 독특한 필치로 펼쳐 내고 있다. 남양에서 그는 꽃과 나무뿐만 아니라 새, 물고기, 짐승, 벌레, 곡식, 과일, 채소, 풀 등에 대한 다양한 기록을 모아서 『백운필』을 썼을 뿐 아니라 담배에 대한 방대한 기록과 자신의 농사 경험을 모아서 『연경』烟經이라는 책을 쓰기도 했다.

엄청난 독서와 빼어난 글솜씨를 자랑하던 이옥이 남양으로 은거한 이후 사소하기 그지없는 사물에 관심을 가지고 많은 글을 쓰게 된 이유는 과연 무엇이었을까. 만년을 보내기 위해 마련한 집은 궁벽한 골짜기에 자리하고 있었다. 이런저런 사정에도 불구하고 여러 문인들과 어울려 시문을 주고받기도 하고 다른 지역을 여행하기도 하던 생활을 버리고 궁벽한 산골로 은거하게 되자 일상이 평온하기는 했지만 너무도 무료하고 지루했다. 밖에 나가서 산책이라도 할라치면 뜨거운 태양이 내리쬐니 그것도 쉽지 않았고, 낮잠이라도 잘라치면 불어오는 바람에 주렴이 흔들리기도 하고 그 사이로 풍겨 오는 풀 냄새에 입이 비뚤어질까 두렵기도 했다. 심지어 그렇게 좋아하는 책을 펼쳐도 몇 장 넘기지도 못하고 졸음이 밀려온다. 정말 무료한 일상이다. 그렇다고 해서 바둑이나 장기, 쌍륙, 골패 같은 놀이를 즐기는 성품도 아니니 할 수 있는 결국 자신이 할 수 있는 유일한 일은 글을 쓰는 것이었다.

그런데 글을 쓰는 것도 쉽지 않았다. 자신이 쓸 수 있는 글에도 일정한 구속이 있었던 것이다. 그런 사정을 이옥은 이렇게 설명한다.

나는 하늘을 이야기하고 싶지만 사람들은 반드시 내가 천문(天文)을 공부한다고 생각할 것이니, 천문을 공부하는 자는 재앙을 입게 마련이다. 그것을 할 수 없다. 나는 땅을 이야기하고 싶지만 사람들은 반드시 내가 지리(地理)를 안다고 여길 것이니, 지리를 아는 자는 남에게 부림을 당한다. 그것도 할 수 없다. 나는 사람에 대해 이야기하고 싶지만 남에 대해 이야기하는 자는 남들 역시 그 사람에 대해 이야기하게 될 것이니 그것도 할 수 없다. 나는 귀신을 이야기하고 싶지만 사람들은 반드시 헛소리라고 치부할 것이니 그것도 할 수 없다. 나는 성리(性理)에 대해 이야기하고 싶지만 나는 그것에 대해 평생토록 들은 것이 없다. 나는 문장을 이야기하고 싶지만 문장은 우리가 추켜올리거나 폄하할 수 있는 것이 아니다. 나는 석가(釋迦), 노자 및 방술(方術)을 이야기하고 싶지만 내가 배운 것이 아니며, 또한 내가 진실로 이야기하고 싶은 것도 아니다. 조정의 이해관계, 지방관의 잘잘못, 재물과 이익, 여색(女色), 술과 음식 등에 대해서는 범익겸(范益謙)이 경계한바 말하지 말아야 할 일곱 가지 조항에 걸리니 나는 평소에 이것을 나의 좌우명으로 삼았다. 그러니 그것도 이야기할 수 없다(이옥, 「소서」小敍, 『백운필』; 『완역 이옥전집3』, 휴머니스트, 2009, 54~55쪽).

천문과 지리, 인간, 성리학을 섣불리 공부하면 자칫 정치적인 문제를 건드려서 죄인이 되기 일쑤일 뿐 아니라 집안이 풍비박산이 나기도 한다. 그렇다고 귀신이라든지 불교, 노자, 방술 같은 것을 말하면 실없는 사람이 되고 만다. 조정의 여러 문제점을 이야기하면 법에 저촉되어 처벌을 받기도 하거니와 그런 위치에 있지 않은 사람이 말하는 것은 공부하는 사람의 도리가 아니다. 아무리 생각해도 자신이 쓸 수 있는 주제가 없다는 것이다.

결국 이옥이 눈을 돌린 것은 집 주변을 아름답게 장식하고 있는 자연 속 삼라만상이었다. 무언가를 이야기해야만 무료한 세상을 지낼 수 있겠는데, 글로 쓸 수 있는 것이라고는 주변의 작은 사물들이었다. 물론 이런 식의 표현은 그가 평생 관심을 가지고 써 왔던 소품문에 대한 애정을 드러내는 방식이었다. 어떻든 이옥은 '어쩔 수 없이(!)' 새, 물고기, 짐승, 벌레, 꽃, 나무, 곡식, 과일, 채소, 풀과 같은 것을 다룰 수밖에 없었다.

누구도 눈길을 주지 않는 사소한 사물은 아무리 이야기해도 시비를 거는 사람이 없다. 새와 벌레, 꽃같이 작고 사소한 것에 무슨 세상의 권력이 담겨 있겠는가. 이렇게 해서 이옥

은 세상에 하찮고 조그맣기 그지없는, 어떤 권력도 없고 세속
적 욕망에 관심도 없는 존재에 깊은 애정을 가지고 관찰하였
고, 그것을 글로 옮겼던 것이다.

우주 안에 만든 채마밭에 오롯이 서서
— 텃밭의 공간적 확장과 그 의미

몸을 움직여서 땅을 가꾼다는 것

채마밭에 어떤 작물을 심는가 하는 것은 전적으로 농사일을
하는 사람에게 달려 있다. 기본적으로 심는 작물은 해마다 같
겠지만 그해의 사정에 따라 조금씩 달라지는 것은 어쩔 수 없
다. 게다가 요즘 같은 시절에는 채마밭을 가꾸기가 쉽지 않다.
모든 땅에는 촘촘하게 소유권이 설정되어 있기 때문에 채마밭
을 만들고 싶으면 내가 소유한 땅에 조성해야 한다. 뒤집어 생
각하면, 내 소유의 땅이 없으면 채마밭을 만들고 싶어도 만들
방법이 없다는 뜻이다. 게다가 자본의 욕망은 채마밭을 만들
생각조차 하지 못하게 만든다. 무엇 하러 시간과 노동력을 허
비하면서 텃밭을 만들고 작물을 기르겠는가. 그저 주변 마트

에서 싼값에 많은 채소를 구할 수 있으니, 바쁜 생활을 하는 사람에게는 쓸데없는 짓이기도 하고 경제적으로도 그리 도움이 되지 않는다는 생각을 하게 한다.

내 땅의 경계가 명확하지 않았던 근대 이전에는 채마밭을 조그맣게라도 만들고 싶으면 주변에서 쉽게 구할 수 있었을 것이다. 양반이나 사회적으로 지체가 높은 사람들은 채마밭을 실제로 가꾸는 일이 쉽지 않았다. 체면 문제도 있었겠지만, 자신의 신체로 노동을 하는 것은 근대 이후에 새롭게 발견된 의제였다. 누구나 내 몸을 움직여 내가 먹을 것을 만들어야 한다는 명제가 사회를 지배하기까지 사회적 계층에 따라 노동하는 신체와 그렇지 않은 신체가 구분되어 있었다. 조선시대 양반들은 기본적으로 자신의 몸을 직접 움직여서 일하는 것을 조심스러워했다. 맹자는 사람을 마음을 수고롭게 하는 사람과 몸을 수고롭게 하는 사람으로 구분하면서, 마음을 수고롭게 하는 사람은 남을 다스리고 몸을 수고롭게 하는 사람은 남에게 다스림을 받는 것(勞心者治人, 勞力者治於人)이 천하의 도리라고 이야기한 바 있다. 어렸을 때부터 이런 글을 읽으면서 그러한 생각을 내면화한 양반들에게 육체노동은 사회 문화적으로나 심리적으로 상당한 거부감이 있었을 것이다.

이런 사정에도 불구하고 조선 후기가 되면 농사에 종사하는 양반층이 급격하게 늘어난다. 관직으로 진출할 가능성은 없는데 먹고는 살아야 하는 처지가 되자 양반이라는 사회적 지위와 체면만 차릴 수는 없는 노릇이었다. 주경야독(晝耕夜讀)을 실천하는 양반들이 늘어났다. 강호자연은 더 이상 수행의 공간이 될 수 없었다. 오히려 수시로 엄혹하기 그지없는 생활의 공간이었다. 엄밀히 따지면 조선 시대에 농사일을 직접 하는 것이 양반에게 흠이 되는 건 아니었지만, 그렇다고 해서 적극적으로 권장할 만한 일도 아니었다. 그런데 이옥은 흥미롭게도 농사일에 많은 관심을 가졌을 뿐 아니라 직접 농사를 짓기도 했다. 또한 만년에 경기도 화성으로 은거를 한 뒤에는 주변의 작물에 대한 섬세한 관찰을 토대로 많은 글을 남겼다. 그의 『백운필』이 대표적인 저작이다.

채마밭의 세 벗: 가지, 오이, 상추

손바닥만 한 땅뙈기일망정 텃밭에서 농사를 지어 본 사람은 알 것이다. 여름이 우리에게 얼마나 풍성한 자연을 선물해 주는가를. 한가로운 뻐꾸기 소리와 함께 봄이 가면 쏟아질 듯 짙푸른 녹음을 자랑하는 여름이 온다. 여름으로 한발 들여놓기만 해도 텃밭에 심은 푸성귀는 한 가족이 소화해 내기 어려울 정도로 많은 소출을 낸다. 소꿉장난처럼 하는 텃밭 농사도 이

럴진데 제대로 농사를 짓는 사람들의 밭에서는 얼마나 많은
것들이 쏟아져 나올까.

이즈음이 되면 나는 아침 일과를 마당 한켠에 일구어
놓은 텃밭 구경을 하는 일로 시작하곤 했다. 서늘한 여름 아침
공기를 온몸으로 맞으며 아내는 바구니에 푸성귀를 뜯었고,
나는 그 옆에서 한 손 거들며 새로 피어난 여린 잎들을 구경하
곤 했다. 꽃밭에는 봄부터 여러 꽃들이 갈마들며 피었다 지고,
송홧가루 날리는 시절이 지나면서 소나무는 하늘을 향해 제법
단단해지기 시작한 순을 피워 올리느라 애를 썼다. 여름이 우
리 삶에 새로운 힘을 불어넣는 동안 우리의 생(生)도 한껏 물
이 올라서, 이따금 우주와 내가 한 몸이라는 사실을 절감하는
순간을 맞기도 했다.

이옥의 뜰에는 온갖 꽃들이 피었다 지는 꽃밭이 있었
지만, 작은 채마밭도 있었다. 그가 남긴 『백운필』에는 그곳이
얼마나 풍성하고 흐뭇한 텃밭이었는지가 아주 자세하게 묘사
되어 있다.

그가 경영했던 채마밭은 마루 바로 아래에 있어서, 이
옥이 대청마루로 나오면 아래쪽으로 한눈에 들어오는 위치였
다. 이곳에 이옥은 여러 종류의 푸성귀를 심었다. 파, 마늘, 부
추, 무, 배추, 겨자, 아욱, 방아, 해바라기, 상추, 시금치, 오이 등
그가 골고루 심은 푸성귀들은 요즘 눈으로 봐도 그리 차이가

없을 정도로 일상적인 품종들이다. 물론 이들 중에서 겨자라든지 방아 같은 품종은 이제는 텃밭에서 키우는 경우가 별로 없기는 하지만, 이옥의 품종 선택에는 제한이 없었다. 특히 겨자 같은 품종은 평범한 가정에서는 쉽게 구하지도 못하고 먹는 방법도 몰랐기 때문에 이옥은 상당히 자랑스럽게 길렀으리라 생각된다. 대부분의 품종은 일상생활에서 요긴하게 소용되는 것이어서 종류가 제법 많기도 했거니와 이옥 혼자서 돌보기에는 시간적으로나 육체적으로 부담이 갔던 모양이다. 그래서 아이종 한 명을 채마밭 전담으로 배치해서 물을 주고 김을 매면서 잘 가꾸도록 시켰다.

채마밭 옆 가까운 곳에는 우물이 있었다. 옛날 집 중에서 규모가 제법 되는 곳은 마당에 우물이 있는 경우가 많다. 이옥의 집 역시 제법 규모가 컸던 모양이다. 이곳 우물물을 길어서 식수로 활용했을 것이며, 나아가 꽃밭과 채마밭에 물을 주었을 것이다. 우물 주변은 늘 물기가 있었던 탓에 이옥은 그 옆에 미나리를 심어서 재미를 쏠쏠하게 보았다. 우물 옆쪽으로는 담장을 둘렀고, 담장 아래로는 호박과 박을 줄지어 심었다.

꽃밭과 마당 사이 뜰 주변으로는 가지를 심었다. 가지 역시 소출이 많았을 것이다. 일단 줄기만 굵어진다 싶으면 가지는 특별한 병충해도 없이 잘 자랄 뿐만 아니라 한번 열리기 시작하면 반나절이 멀다 하고 쏟아내듯이 열매를 마구 키워

낸다. 요즘처럼 거름이 좋은 시절에는 모종을 두세 포기만 심어 놓으면 여름 내내 4인 가족이 충분히 먹고도 남을 정도다. 가지는 이른 시기부터 우리나라 기록에 등장하는 친근한 식물이다. 고려 후기의 문인 이규보(李奎報, 1168~1241)는 집 안에 마련해 놓은 채마밭에 가지를 심어 놓고는 "꽃도 보고 열매도 먹는 것으로는 가지만 한 것이 없다"(看花食實莫如茄, 「집 안 채마밭에서」家圃六詠, 『동국이상국집』 권4)라고 노래한 적이 있다. 싹이 올라올 때도 어여쁘지만 보라색 꽃이 피어날 때면 채마밭의 분위기를 우아하게 만들어 주는 듯하다. 이옥 역시 가지를 좋아했다. 그가 서울에서 생활할 당시 집 뒤쪽 서너 척(尺)쯤 되는 조그만 땅이 있어서 그곳에 인분을 뿌리고 가지를 심었다고 한다. 그랬더니 서리가 내릴 때까지 얼마나 많은 가지가 열렸는지 이웃집에 나누어 줘도 충분할 정도였다는 것이다. 그는 가지를 절여 먹기도 하고 데쳐 먹기도 했으며, 국을 끓이기도 하고 구워 먹기도 했고 굴젓에 무쳐서 생으로 먹기도 했다. 그러고도 남은 것이 있으면 술을 깨기 위한 용도로도 썼다고 했다. 이 정도면 가지의 즐거움을 깊이 느낀 사람이라 해도 과언이 아닐 것이다.

그가 정말 좋아했던 품종이 또 하나 있다. 바로 오이다. 앞서 언급한 것처럼 그는 해마다 자신의 채마밭에 오이를 60~70뿌리를 심었다. 오이를 심어 본 사람들은 알겠지만, 싹을 틔워서 거름을 주고 적절히 순을 쳐 주면서 관리만 잘 해 주면 상당히 많은 양의 오이를 수확할 수 있다. 덩굴이 뻗어 가기 시작할 때면 타고 올라갈 막대를 길게 해서 옆에 세워 주어야 하고, 그 덩굴들이 서로 엉기지 않도록 주의해서 관리해야 한다. 꽃이 필 때에도 무조건 모든 꽃을 남겨 두는 것이 아니라 일부만 남기고 나머지는 따 주어야 오이가 실하게 큰다. 이옥은 이렇게 많은 양의 오이를 심은 뒤 종을 시켜 잘 가꾸게 했다. 그 자신이 직접 농사를 짓기도 했지만, 워낙 많은 양의 품종을 심었을 뿐 아니라 돌아보아야 할 토지가 많았기 때문에 오이에만 집중해서 관리할 수 없었기 때문일 것이다.

오이는 다양하게 먹을 수 있는 품종이다. 날것으로 먹어도 맛있지만, 이옥은 국이나 절임을 만들기도 하고, 나물로 무쳐 먹기도 하고, 장에 넣어서 오이장을 만들어 먹기도 했다. 이렇게 오이를 다양한 방식으로 요리를 해 먹으면서 여름내내 지냈다. 주변 사람들은 가난해서 그렇게 산다며 비웃었지만 이옥은 이렇게 말한다. "옛날 중국의 남조(南朝) 시대 제(齊)나라에서 상서령(尚書令)을 지낸 이숭(李崇)은 세 가지 부추로 27가지 반찬을 만들어 먹었다고 하는데, 나는 팔(八)이 두 개인 오이를 가지고 64종을 만들어 먹고 있으니 얼마나 부유한가!" 오이를 뜻하는 글자인 과(瓜)를 살펴보면 팔(八)을 두 개 겹쳐 놓은 모양을 하고 있다. 8과 8을 곱하면 64가 되기 때문에 이렇게 말한 것이기도 하지만, 동시에 『주역』의 괘가 바로 64괘라는 점을 연상하면 이옥이 이 말은 오이야말로 천지의 조화를 함축하고 있는 완벽한 음식이 아니겠느냐고 대꾸를 한 셈이다.

이옥이 좋아했던 것으로 상추를 빼놓을 수 없다. 지금도 텃밭을 가꾸는 사람들이 반드시 심는 품종으로 상추만 한 것이 없다. 일단 심어 놓기만 하면 이렇게 잘 자라는 것도 없으려니와 하루가 다르게 새잎이 나오는 모습을 보는 즐거움도 쏠쏠하다. 거기에 더해 미처 다 먹기도 전에 무성해지는 걸 볼 때면 참으로 키우는 맛이 있다. 이옥 역시 상추 키우는 즐거움과 그것을 먹는 기쁨을 너무도 생생하게 묘사해 놓았다. 『백운필』에서 묘사한 상추가 주는 즐거움을 묘사한 대목을 읽어 보자.

　　매년 한여름 단비가 처음 지나가면 상춧잎이 매우 실해져 마치 푸른 비단 치마처럼 된다. 큰 동이의 물에 오랫동안 담갔다 정갈하게 씻어 내고, 이어 대야의 물로 두 손을 깨끗이 씻는다. 왼손을 크게 벌려 승로반(承露盤)처럼 만들고, 오른손으로 두텁고 큰 상추를 골라 두 장을 뒤집어 손바닥에 펴 놓는다. 이제 흰밥을 취해 큰 숟가락으로 퍼서 거위알처럼 둥글게 만들어 상추 위에 올려놓되, 그 윗부분을 조금 평평하게 만든 다음, 다시 젓가락으로 얇게 뜬 송어회를 집어 황개장(黃芥醬)에 담갔다가 밥 위에 얹

는다. 여기에 미나리와 시금치를 많지도 적지도 않게 더하여 송
어회와 어울리게 한다. 또 가는 파와 향이 나는 갓[芥] 서너 줄
기를 집어 회와 나물에 눌러 얹고, 곧 새로 볶아 낸 붉은 고추장
을 조금 바른다. 그러고는 오른손으로 상춧잎 양쪽을 말아 단단
히 오므리는데 마치 연밥처럼 둥글게 한다. 이제 입을 크게 벌려
잇몸을 드러내고 입술은 활처럼 되게 하고, 오른손으로 쌈을 입
으로 밀어 넣으며 왼손으로는 오른손을 바친다. 마치 성이 난 큰
소가 섶과 꼴을 지고 사립문으로 돌진하다 문지도리에 걸려 멈
추는 것과 같다. 눈은 부릅뜬 것이 화가 난 듯하고, 뺨은 볼록한
것이 종기가 생긴 듯하고, 입술은 꼭 다문 것이 꿰맨 듯하고, 이
[齒]는 신이 난 것이 무언가를 쪼개는 듯하다. 이런 모양으로 느
긋하게 씹다가 천천히 삼키면 달고 상큼하고 진실로 맛이 있어
더 바랄 것이 없다. 처음 쌈을 씹을 때에는 옆 사람이 우스운 이
야기를 주고받는 것을 허락하지 않아야 된다. 만일 조심하지 않
고 한 번 크게 웃게 되면 흰 밥알이 튀고 푸른 상춧잎이 주위에
흩뿌려져, 반드시 다 뱉어 내고 나서야 그치게 될 것이다(이옥,
「담채」談菜,『백운필』; 실시학사 고전문학연구회 역편,『이옥전집3』,
휴머니스트, 2009).

더운 여름 점심상에 상추가 올라오면 그것처럼 즐거
운 일이 없다. 요즘 이삼십 대라면 텃밭에 자라고 있는 상추와

풋고추를 뜯어서 장에 찍어 먹은 즐거움을 경험할 기회가 별로 없으니 상에 올라온 상추를 대하는 마음이 다를 수 있으리라. 어쩌면 고깃집에서 쌈을 싸 먹을 때 상추를 많이 먹으니 예전 부모 세대와 같은 느낌을 가지고 있지 않을 가능성이 훨씬 높다. 그렇지만 나처럼 시골에서 자란 사람들에게는 상추쌈과 풋고추를 와그작거리면서 씹어 먹는 여름날 점심상은 생각만 해도 즐거워진다. 그런 즐거움을 떠올릴 줄 아는 사람에게 위에서 인용한 이옥의 글은 나도 모르게 상추쌈을 먹고 싶어지게 만든다.

조선 후기 이옥이 살았던 시절에 이미 상추는 전국 농가에 널리 재배되는 채소였을 것이다. 게다가 상추의 성장 속도는 상상을 초월할 정도기 때문에 가난한 농가의 여름 밥상을 넉넉하게 책임지는 역할을 했으리라 생각한다. 상춧잎을 수북하게 뜯어 놓고 종지에 맛있는 장만 퍼 놓으면 그것으로 반찬은 준비되는 셈이다. 보리밥이든 쌀밥이든 어디에나 어울리는 것이 상추다.

우리가 일반적으로 생각하는 상추쌈은 이런 모습일 터인데, 이옥의 글에서 보이는 상추쌈은 제법 호사스럽다. 큼지막한 상춧잎이 준비되면 이옥은 흰쌀밥을 큼직하게 올린다. 가늘게 썰어 놓은 송어회를 집어서 황개장에 담근 뒤 밥 위에 얹는다. 황개장이란 겨자장을 말한다. 이 당시 겨자는 민가에

널리 보급되지 않았으므로, 이옥이 황개장에 상추쌈을 싸 먹
는 것은 그의 미식가적 면모를 드러내는 일일 뿐 아니라 겨자
를 텃밭에 심어서 수확을 쏠쏠하게 했음을 짐작하게 한다(실
제로 이옥이 성균관에서 공부할 때 황개장이 상에 올라왔는데
고기를 찍어 먹을 줄 아는 사람이 없더라는 기록을 남긴 적도 있
다). 거기에 미나리와 시금치를 적당히 함께 넣고, 파와 갓 서
너 줄기를 놓는다. 새로 볶아 낸 고추장을 마지막으로 바른 뒤
상추를 잘 오무려서 한입에 넣는다. 글을 읽기만 해도 내 입안
이 가득 차는 듯한 느낌이 든다.

　　이옥이 좋아했던 여름 밥상의 벗이 어찌 이들 셋뿐이
었으랴. 채소류에 대한 그의 깊은 사랑은 글 곳곳에서 표출된
다. 채마밭에 채소를 심는다고는 하지만, 요즘과는 다른 자연
환경을 고려하면 마당 안의 채마밭뿐 아니라 주변의 공터에
이것저것 많이 심어서 채소를 키웠을 것이다. 실제로 이옥은
채마밭의 경계를 대청마루 앞쪽 마당으로 한정하지 않았다.
그는 채마밭 경계와 그 주변으로 다양한 작물을 심어서 키웠
고, 그것의 범위를 점점 넓혀서 집 주변에 빈 땅만 있으면 모두
채마밭으로 활용하였다. 그리고 재배하는 작물의 범위 역시
채소에서 나물로 넓혀 나갔다. 그는 채마밭에 심는 품종뿐만
아니라 산과 들판에 자생하는 나물 종류도 모두 채소라고 하
면서, 얻을 수 있는 채소와 나물을 열거하기도 한다.

들에서 얻을 수 있는 것으로는 고들빼기, 조방가새, 엉
경퀴, 사태올, 지채광(芝菜光), 꽃다지, 질경이, 소루쟁이, 도꼬
마리, 거여목, 닭의장풀, 벼룩나물, 가자체, 황두채, 동해채, 솔
나물, 평량채, 조팝나물 등을 들었다. 산에서 얻을 수 있는 것
으로는 삽주, 고사리, 어사리, 말굴레풀, 설면자, 고비, 서흘아,
원추리, 게로기, 산쑥, 계아즙, 대나물, 조개나물, 진채(榛菜),
곽채(藿菜), 나올채 등을 들었다.

　이 중에 지금은 나물로 취급하지 않는 것들이 있기는
하지만, 당시에는 이들을 모두 나물로 뜯어 먹었다. 해마다 보
릿고개가 극심하게 찾아오는 봄이기 때문에 탈만 나지 않는다
면 어떤 식물도 나물처럼 뜯어 먹을 수밖에 없었던 사정도 있
었을 것이다. 그러나 이옥의 기록을 보면 그 정도로 어려운 형
편은 아니기도 했고 워낙 산나물을 좋아했었기 때문에 이 기
록은 평소 즐겨 뜯어 먹던 나물들의 목록이었을 것이다. 산나
물과 관련해서 그가 기록한 흥미로운 일화가 하나 있다. 한번
은 한양 인근 마을인 다락원[樓院]을 지나다가 요기를 하기 위
해 주막에 들었다. 마침 주막 노파가 마당 가에서 산나물을 씻
고 있는 것을 본 이옥은 자기가 가지고 있던 말린 청어를 주고
산나물과 바꾼다. 큰 사발에 산나물을 듬뿍 넣어서 한 그릇 가
득 먹었지만 여전히 산나물이 입맛을 돋운다. 더 먹고 싶었던
그는 봇짐 안에 넣어 두었던 북어채를 꺼내서 산나물밥을 사

서 더 먹었다. 이렇게 연달아 세 그릇을 먹자 주막집 노파가 깜짝 놀라면서 산나물 한 그릇을 더 주더라는 것이다. 이옥은 경제 형편 때문에 채소와 나물을 먹었던 것이라기보다는 정말 좋아해서 그것들을 먹었다고 해야 할 것이다.

채마밭 주변의 과일

내가 자란 고향 마을은 감이 아주 흔했다. 다른 지역으로 진학하면서 고향을 떠난 뒤 오랫동안 적응하지 못했던 것이 있었다. 바로 감을 사서 먹는다는 사실이었다. 집 주변에는 감나무가 흔했을 뿐 아니라 마을 곳곳에 감나무가 있었으므로 마을 길을 오가면서 먹고 싶을 때는 언제든지 감을 따서 먹으면 됐다. 그런데 사과나 귤처럼 감을 사서 먹다니. 그건 생각지도 못했던 일이었다. 감나무가 자라는 곳에서는 그만큼 감이 흔한 과일이다. 물론 요즘은 감을 재배해서 유통하기 때문에 사서 먹는 것이 일상적이 되었으므로 지나간 옛이야기일 뿐이기는 하다.

　　나는 이옥의 글을 읽으면서 그가 감을 아주 좋아했다는 사실을 알게 되었다. 흥미로운 것은 이 시대에도 감은 농가의 좋은 수입원이었다는 사실이다. 그는 자기가 살고 있는 바닷가 마을에서 감을 많이 심는데, 숲을 이룰 정도로 많이 심은 집도 있다고 했다. 그런 집에서는 감을 따서 생계에 큰 보탬으로 삼곤 해서, 마치 남쪽에서 귤이나 대나무를 팔아 수익을 얻는 것과 같다고 기록하였다. 이옥과 비슷한 시기에 활동했던 연암(燕巖) 박지원이 지은 작품 「허생전」許生傳에서 허생이 남쪽에서 올라오는 과일을 매점매석해서 큰돈을 버는 일화가 들어 있는 것을 보면, 18세기 말이 되면 과일이 전국적 유통망을 어느 정도 확보한 것으로 보인다. 이옥이 남긴 기록에서도 감뿐만 아니라 지역의 많은 특산품들이 전국적으로 유통되었는데, 심지어 꽃도 품종에 따라서는 큰돈이 되기도 했다고 한다.

지금도 특용작물을 재배할 때 여러 가지 전략을 사용하는데, 그중의 하나는 출하 시기를 조절해서 똑같은 품종이라도 가격 차이를 내는 것이다. 이옥의 시대에도 이런 점에 눈을 뜬 사람들이 제법 있었다. 출하 시기를 조절하는 수준까지는 아니지만, 지역에 따라 다른 기후를 이용하는 방법을 발견한 사람들이 있었다. 이옥도 자신이 살고 있는 와룡산 기슭과 한양을 비교하면서, 120리 정도 거리의 차이가 있지만 채소와 과일을 가지고 비교해 보면 한 달쯤 늦게 수확한다는 점을 발견했다고 기록했다. 이러한 차이를 발견한 것을 활용하지는 않았지만 이옥이 그 차이에서 경제적 이익이 발생한다는 점을 알아차린 것은 분명하다.

　　이옥이 젊은 시절 성균관에서 공부할 때의 일이었다. 함께 공부하는 유생 중에 늘 고운 옷을 입고 놋그릇에 밥을 먹는 사람이 있었다. 제법 부유한 티를 내는 사람이라 그의 집안이 무슨 일을 하는지 궁금해서 물었더니 이렇게 말한다. "앵두, 능금과 유월도(六月桃) 몇 그루가 있습니다." 말하자면 이 과일을 팔아서 상당한 부를 축적했다는 것이다. 그것으로 어떻게 생계를 유지하느냐며 이옥이 묻자, 그 유생은 이렇게 말한다. "한양의 시장에 일찍 출하되는 물품은 값이 배가 됩니다. 저희 집 과일이 남들보다 3~4일 정도 먼저 익기 때문에, 저는 그것으로 과일의 이익을 독점해서 생활에 부족함이 없도록 할 수 있지요." 불과 사나흘 먼저 익는 과일을 출하해서 제법 부유한 티를 낼 수 있을 만큼 경제적 이익을 얻는다고 했다. 그 유생의 말에 어느 정도 과장이 섞여 있다는 점을 감안하더라고 출하 시기를 확인해서 경제성을 따지는 사람들이 이 당시에 있었음을 확인할 수 있다. 게다가 그런 집의 아들이 성균관에 들어와서 공부를 했다는 것은 이렇게 경제활동을 한 집안이 양반가거나 적어도 그에 준하는 집안이었다는 점을 짐작하게 한다.

　　또 하나, 이옥의 기록을 읽다가 침시(沈柿)가 언급된 것을 보고 매우 반가웠다. 감이 익어가면서 감잎에 단풍이 들기 시작하면 할머니는 늘 침시를 만드셨다. 홍시가 되기 전에 단

단한 감을 따서 항아리에 넣는다. 거기에 소금을 넣어 짭짤해
진 물을 끓인 뒤 그것을 항아리에 넣어서 항아리가 식지 않도
록 아랫목에 놓고 이불로 덮는다. 그렇게 하루나 이틀 정도가
지나면 단단한 감의 떫은맛은 사라지고 단맛이 돌면서 사각거
리는 감의 식감이 그대로 살아 있는 침시가 완성된다. 물론 뜨
거운 물을 부을 때 감이 데어서 물러지는 곳이 있기는 하지만,
가난한 시골 살림에 이렇게 훌륭한 간식이 어디 있겠는가.

　　나는 할머니가 일하실 때 어깨너머로 보았기 때문에
자세한 순서를 알지도 못하고, 그게 왜 침시가 되는지 그 원리
를 알지 못한다. 강원도 영동(嶺東) 지역에서는 침시를 만드는
것을 '감을 담근다' 혹은 '침시 담근다'고 말하는데, 아마도 '침
시'라는 한자어의 뜻에서 온 것이거나 그 반대일 것이다. 이옥
이 살던 마을에서도 침시를 만들었던 것으로 보인다. 침시라
는 용어를 명확하게 쓴 것은 아니지만, 그는 다양한 감의 품종
을 소개하면서 '생채'(生菜)라는 품종은 장준(長準)이라는 품
종과 비슷한데 볼록하고 흠이 없으며 먹을 때 소금물에 우리
지 않아도 단 과즙이 흘러나온다고 하였다. 여기서 소금물에
우린다는 것은 떫은맛이 강해서 침시를 만든다는 의미다.

　　홍시는 오래 보관할 수 없고 단단한 감은 떫은맛 때문
에 먹기 어렵다. 이런 점 때문에 단단한 감을 오래 보관할 수
있도록 개발한 방법이 바로 침시를 만드는 것이었다. 물론 침

시도 겨울까지 두고 먹을 수 있는 것은 아니지만, 광에 넣어 놓으면 늦가을까지는 먹을 수 있었던 것으로 기억한다. 감은 가난한 시골에서 겨울 동안 간식을 제공하는 중요한 과일이었다. 곶감을 만들어서 팔면 약간의 현금을 마련할 수 있었고, 곶감을 만드는 과정에서 나오는 껍질은 가을 햇볕에 잘 말렸다가 항아리에 넣어 두면 겨우내 주전부리로 손색이 없었다. 이옥의 글은 우리가 불과 수십 년 전까지 살아왔던 삶의 기억을 간직하고 있어서 읽을 때마다 새롭다. 도시의 아스팔트 위에서 힘들게 살아가는 사람들도 어쩌면 이런 글에서 잊고 있었던 강호자연의 DNA를 끄집어낼지도 모르겠다.

　　어찌 보면 채마밭에서 과일을 기른다는 말에 어폐가 있다 할 것이다. 채마밭이라는 말 자체에 이미 채소를 기르는 곳이라는 의미가 들어 있기 때문이다. 그렇지만 이옥의 채마밭은 채소를 기르는 작은 텃밭이라는 공간적 의미를 넘어서서 그 주변으로 확대되어 가고 있음을 알 수 있다. 그의 뜰은 여러 종류의 꽃을 심어서 즐기는 꽃밭도 있고, 집 뒤쪽으로 못을 파고 연꽃을 심으려 애를 쓰기도 했으며, 마루 아래쪽으로 채소를 심을 수 있도록 텃밭을 만들기도 했지만, 그의 뜰이 꽃밭이나 채마밭과 같은 이름에 의해 공간이 제한되지는 않았다. 채소를 심은 텃밭 경계에 가지나 오이를 비롯한 여러 작물을 심는 순간 텃밭은 확장된다. 그렇게 확장된 공간은 다시 울타리

부근으로 넓어지고, 그것은 다시 집 주변 야산으로까지 확대
된다. 이옥은 자신의 채마밭에 대해 이렇게 쓴 적이 있다. "채
소는 채마밭에 심는 것뿐만 아니라 무릇 산과 들판에 자생하
여 자라는 것도 모두 채소다. 그러므로 매년 봄이 늦고 비가 충
분히 내린 뒤에는 온갖 풀이 싹을 틔우면 연초록과 짙푸른 것
가운데 먹을 수 없는 것이 드물다." 이렇게 생각하는 순간 나
물을 뜯을 수 있는 곳은 모두 자신의 텃밭이 되고, 이옥의 텃밭
이라는 공간은 집 주변으로 드넓게 확장되는 것이다.

확장되는 텃밭

뜰에 꽃밭을 조성해서 많은 꽃을 심고, 채마밭에 많은 채소를
심고, 그 주변으로 여러 종류의 작물을 심고, 울타리와 마당 주
변으로 나무를 제법 여러 종류를 심으면서 이옥의 관심은 자
신의 뜰에서 집 주변으로 점점 넓어진다. 그는 남양으로 돌아
온 뒤에 집 주변으로 많은 나무를 심는 것으로 시간을 보냈
다. 그리고 스스로를 곽탁타(郭橐駝)로 자임하였다. 당나라 문
인 유종원(柳宗元)이 쓴 「종수곽탁타전」種樹郭橐駝傳에 나오는 곽
탁타는 어떤 나무를 심고 옮겨도 잘 살려 내는 능력을 가진 사
람이었다. 어떻게 그토록 나무를 잘 기르느냐고 사람들이 물

어보니 그의 대답은 간단했다. "처음 모종을 낼 때는 마치 자식을 기르듯 정성을 다하고, 나중에는 그냥 놔두기를 마치 내버린 듯이 해야 한다"는 것이었다. 그렇게 하면 나무는 자신의 본성을 잘 지켜서 자란다고 했다. 유종원은 곽탁타의 말에서 백성을 다스리는 지혜를 발견했다.

자신을 곽탁타에 비유한 이옥은 물론 정치를 하겠다는 뜻으로 한 말은 아니다. 그저 나무를 잘 심고 그 본성을 지킬 수 있도록 돌보는 것에 최선을 다하겠다는 의미일 것이다. 그렇게 자임한 것처럼 이옥은 집 주변으로 정말 많은 나무들을 심었다. 그가 남긴 기록 중에 자신이 심은 나무를 적어 놓은 부분이 여러 곳에 흩어져 전한다. 그중의 한 부분을 보면 자신이 은거한 이후 심었던 나무들과 함께 수량이 적혀 있다. 소나무 5백여 그루, 떡갈나무 백여 그루, 산뽕나무 30~40여 그루, 버드나무 30여 그루, 복숭아나무 20여 그루, 살구나무 네다섯 그루, 오얏나무 네다섯 그루, 앵두나무 40여 그루, 감나무 10여 그루, 밤나무 대여섯 그루, 대추나무 서너 그루, 고욤나무 네댓 그루, 모란 예닐곱 뿌리, 참죽나무 10여 그루, 가죽나무 대여섯 그루, 옻나무 뿌리가 절로 돋아난 것 50~60그루, 오동나무 한 그루, 장미 서너 뿌리, 해당화 한 그루, 무궁화 한 그루, 산단화 서너 그루, 조피나무 한 그루, 산앵두나무 한 그루, 두릅나무 한 그루, 위성류 나무 한 그루, 두견화 서너 뿌리, 두충나무 한

그루, 산사나무 두 그루, 석류나무 대여섯 그루 등 30여 종이
나 된다. 어떤 것은 열매 때문에, 혹은 뿌리 때문에, 혹은 꽃 때
문에 심었는데, 이들이 한창 푸른빛을 피워 올리는 계절이면
나무와 꽃에 싸여 있는 이옥의 백운사를 볼 수 있었을 것이다.

그의 뜰은 이제 범위를 더 넓혀서 집 뒤 작은 동산으로
옮겨 간다. 그곳에는 참으로 많은, 그러나 이름 모를 잡목들이
많았다. 이옥이 심은 것이 아니라 절로 돋아나서 단단한 울타
리처럼 온통 산을 둘러싸고 있는 것들이다. 거기에는 자나무
(들장미), 붉나무, 꾸지뽕, 산초와 비슷한 약나무, 엄나무, 합환
목(자귀나무), 떡갈나무, 소리참나무, 참나무, 참죽나무, 가죽
나무, 옻나무 등 참으로 많은 종류가 자생하고 있었다. 그는 이
런 나무들을 심고 가꾸고 감상하면서 인간을 읽어 내고 천지
의 이치를 탐구하였다.

계절에 따라 피고 지는 것에서 삶과 죽음을 읽었고, 바
람에 따라 흔들리다가 고요해지는 것에서 가고 멈추는 것을
읽었으며, 종자를 서로 전하는 것에서 자손을 이으려는 의지
를 읽어 냈다. 나무의 수많은 모습과 움직임에서 인간의 행동
을 읽어 내면서 자신이 살아가는 이치를 탐구하고자 했다. 그
들도 생명이기 때문에 함부로 나무를 베어 내는 것 역시 지양
해야 할 일이라고 생각했다. 비록 나무의 쓰임새 때문에 심는
다고 말하기는 했지만 이옥에게 나무를 기르는 일은 사람을

돌아보고 자신의 삶을 돌아보는 일이었다.

청운의 뜻을 품고 공부하여 성균관에 들어갔고, 거기서 제법 성과를 올려서 임금의 눈에 들기도 했으니 이옥의 미래는 탄탄대로처럼 보였을 것이다. 이옥이 쓴 많은 글을 읽노라면 그의 인생에서 가장 빛나는 시절은 아마도 성균관 시절이 아니었을까 싶다. 그만큼 성균관에서의 생활은 다채롭고 인상적인 기억으로 가득했다. 어떤 과일이나 나무를 보면서, 혹은 어떤 사람의 행동을 마주하면서 자신이 성균관에서 공부하던 시절의 일화와 연결시키는 글을 읽노라면 나는 매번 이옥이 젊은 시절을 아련하게 떠올린다는 느낌을 받곤 했다.

그렇지만 빛나는 성균관 시절은 동시에 그의 인생을 나락으로 떨어지게 하는 순간이기도 했다. 정조의 문체반정 사건에 휘말린 그는 다시는 공식적인 공부길로 들어서지 못하게 되었다. 자신의 인생이 이렇게 슬프게 전개되리라고 생각이나 했을까. 양반으로서 충군 처분을 받아 군역에 처해지고, 유배가 쉽게 풀리지 않아 불우하게 세월을 보내는 동안 이옥의 마음도 썩어갔을 것이다.

세월은 흐르고 이제 머리에는 서리가 내릴 즈음, 혹독한 처분은 슬며시 거두어졌다. 그러나 빛나는 성균관 시절은 다시는 돌아오지 않았다. 내가 보기에 그런 시절을 견디는 동안 이옥은 주변의 사물을 섬세하게 관찰하고 표변하는 인심

(人心)을 관찰하면서 공부를 했다. 유교 경전을 통해서는 절대 배울 수 없는 공부였다. 그 공부를 풀어 낸 것이 지금 남아 있는 이옥의 글 곳곳에 펼쳐져 있다. 세상을 보는 이옥의 시선은 유학자들과 상당히 어긋나 있었고, 그의 생각은 동시대 지식인들과 궤를 달리했다. 그렇게 만년이 되었을 때 자기 삶의 마무리를 고향 마을에서 하기로 결심했다.

그곳에서 이옥은 정성들여 뜰을 조성했다. 꽃밭을 가꾸고 채마밭을 일구면서 일상의 음식을 마련하는 즐거움과 고귀함을 느꼈다. 집 주변으로 나무를 심고 기르면서 자신이 살아온 인생을 돌아보고 사람 공부를 했다. 그의 뜰은 결코 백운사라 이름 붙인 건물 주변의 좁은 공간이 아니었다. 뜰에 대한 관심은 점점 넓어져서 울타리를 넘어 집 주변으로, 뒷산으로 확장되었고, 그 안에서 이옥은 천지의 이치를 온몸으로 느꼈다. 천지 한가운데 오롯이 서서 삶의 이치를 묻는 일, 그렇게 하여 이옥의 뜰은 천지와 하나가 되어 갔다. 천지 한가운데서 그가 던지는 질문은 거창하고 형이상학적인 것이 아니었다. 우리가 일상에서 늘 마주치는 것들, 작고 사소한 사물들의 변화에 대한 것이었다. 세상의 이치를 해명하는 일은 늘 우리의 일상에서부터 시작된다는 점을 그는 뜰을 가꾸는 일에서 잘 보여 주고 있다.

여항의 예술인들이 어울리던 뜰
— 천수경의 송석원

예나 지금이나 예술가들은 가난하다는 사회적 인식이 제법 두 껍게 퍼져 있다. 모든 예술가들이 가난하지는 않지만, 많은 예 술가들이 가난하게 살아가는 것도 현실이기는 하다. 예술가들 이 가난하다고 단정 짓는 것은 어폐가 있을지도 모른다. 오히 려 예술가들은 세상의 평균적인 혹은 보편적인 기준을 벗어 난 삶을 지향하기 때문에 많은 사람들이 경제적 풍요나 정치 권력을 삶의 기준으로 삼을 때에도 그것을 거부하면서 자신만 의 삶을 살아간다. 그리고 그들은 그렇게 새로운 기준을 세우 면서 세상을 향해 커다란 목소리를 낸다. 이 때문에 예술가들 은 일상적 범주에서 해석하기 어려운 행위를 하는 경우가 많 고, 그것을 우리는 기행(奇行)이라는 이름으로 특별하게 취급 한다.

시문을 쓰든, 글씨를 쓰든, 그림을 그리든, 피리나 거문고를 연주하든, 예술 행위를 삶의 중심에 놓고 살아가는 사람이라면 때때로 오늘 만났어도 마치 오랜 친구 같은 느낌을 받곤 한다. 반대로 그런 사람들이 친하게 지내다가도 지독하게 싸운 끝에 평생을 보지 않고 살아가기도 한다. 어느 쪽이든 필부 입장에서는 특이하게 느껴진다. 그렇지만 마음에 맞는 예술인이라면 자기가 가진 것을 모두 주어도 아깝지 않게 느낀다. 이런 사람들이 모여서 시를 짓고 술을 마시는 모임을 만들면 그것이 바로 '시사'(詩社)다. 시사를 여는 자리에 여러 분야의 예술인들이 모여서 술을 마시며 달빛을 구경하고 자신이 지은 시를 읊기도 하며 거문고 연주를 즐기고 누군가의 노래를 듣는다면 얼마나 즐겁고 행복할까. 이런 모임을 여는 뜰이 있다면, 그곳이야말로 예술의 정취가 넘쳐흐르는 뜰일 것이다.

조선 후기 여항문학의 흐름

조선 후기 문학사의 변화를 거론할 때 빼놓을 수 없는 것이 바로 여항문학의 발흥이다. 여항(閭巷)은 도시의 좁고 굽은 골목을 지칭하기도 하고 일반 백성들이 살아가는 마을을 의미하기도 한다. 어느 쪽이든 필부들이 모여서 살아가는 생생한 삶의 현장을 느끼게 하는 단어라는 점은 분명하다. 임진왜란과 병 자호란을 겪으면서 바닥을 쳤던 조선의 경제는 18세기로 접어 들면서 유례없는 성장을 보인다. 경제적 토대의 변화는 조선 의 문화에도 큰 영향을 주면서 새로운 경향들이 나타났는데, 여항문학도 그러한 맥락에서 해석할 수 있다.

여항문학의 주요 구성원들은 중인(中人)과 서얼(庶孽) 이라는 계층과 신분으로 규정된다. 이 때문에 지금도 학계에 서는 여항문학/중인문학/평민문학 등 용어의 개념을 놓고 의 견이 엇갈리는 형편이다. 중인문학이라고 하면 서얼 계층은 제외되기 때문에 이 글에서는 그보다 넓은 개념으로서의 여 항문학을 사용할 것이다. 조선 후기로 오면서 중서통청(中庶通 淸) 운동을 비롯한 다양한 제도적 보완 덕분에 이들의 관직 진 출이 늘어나기는 했지만, 조선은 기본적으로 이들에게 양반과 동등한 자격을 부여하지 않았다. 아무리 능력이 출중하고 하 는 일이 중요하다 해도 중인과 서얼이 가지는 사회적 한계는 명확했다. 이에 따라 그들에 대한 폄시(貶視)와 부당한 대우가 일상화되어 있었다.

조선 사회가 내리누르는 억압의 무게를 버티며 살아가 는 것이 얼마나 힘들었을까. 조선 후기 중인과 서얼 관련 자료 를 읽노라면 글의 이면에 숨어 있는 분노와 슬픔이 얼핏 느껴질 때가 있다. 그러나 자신에게 주어진 기본 조건을 완전히 인정한 상태에서 새로운 삶을 만들어 가기 위해 노력한 사람들 역시 많다. 현실에서는 양반들의 어처구니없는 호통에도 허리를 굽혀야 했지만 근무지를 벗어나는 순간 그들의 상상력은 끝 간 데를 모르고 퍼져 나갔다. 상상력을 펼칠 수 있는 근거는 바로 예술이었다. 예술의 힘은 현실의 어려움을 아름답게 승화시켜서 새로운 삶을 누릴 수 있는 토대가 되어 주었다.

　18세기 전반 여항인들의 시사 활동이 본격적으로 시작된 이래 많은 여항인들이 서로 어울려서 시를 짓는 모임을 만들었다. 그들은 대부분 한양 인왕산을 중심으로 활동했다. 인왕산은 경복궁을 중심으로 한양의 서쪽에 해당하기 때문에 이곳을 서천(西村)으로 통칭하기도 하지만, 골짜기에서 흘러내리는 물을 중심으로 다르게 칭하기도 한다. 널리 알려진 곳으로는 역시 옥류동(玉流洞)이나 필운대(弼雲臺)와 같은 곳인데, 이곳은 여항인들이 모여서 예술적 재능을 마음껏 뽐내면서 한 시절을 즐기던 곳이다.

　조선 후기가 되면서 중인 중에서 경제적 풍요를 누리는 사람들이 늘어났다. 강명관 교수는 경아전과 기술적 중인의 경제적 성장을 주목하면서, 이러한 경제적 토대가 여항문학 나아가 여항인들의 예술적 성취와 향유에 큰 영향을 끼친

여러 원인 중의 하나로 거론하였다.[1] 경제적으로 풍요로워지
고 자신의 사회적 계층에 대한 인식이 형성되면 삶에 변화를
가져올 여러 가지 문제를 고민하게 된다. 사람마다 중요하게
여기는 것이 다르겠지만, 크게 보면 그 변화는 주로 경제적 풍
요로 인해 확보된 시간과 공간을 어떻게 활용할 것인가 하는
문제와 자신의 사회적 계층을 어떻게 벗어날 것인가 하는 문
제로 요약할 수 있다. 여유로운 시간과 공간을 소비하는 문화
적 방식을 예술이라고 한다면, 사회적 계층에 대한 자각은 자
신의 사회적 삶을 어떻게 변화시킬 것인가 하는 사회의식 문
제라고 하겠다.

　　여항문학 연구는 일찍이 구자균의 『조선평민문학사』
(문조사, 1948)를 시작으로 국문학계와 사학계에서 상당한 연
구가 되어 왔다. 여전히 우리에게 알려지지 않은 것들이 있고
연구가 부족한 것이 현실이지만 개략적인 그림을 그릴 수 있
을 정도는 된다. 그동안의 연구를 통해서 조선 후기 여항문학
의 흐름을 살펴보면 그 핵심에 '시사' 활동이 위치하고 있음을
알게 된다.

　　여항문학의 중심에 중인 계층이 있는 것도 사실이지만
이들이 문학 활동을 할 때 서얼들이 함께했음도 사실이다. 그

1　강명관, 『조선후기 여항문학 연구』(창작과비평사, 1997), 62~89쪽 참조.

런 점 때문에 중인문학이라는 용어보다는 여항문학이라는 용
어를 사용한다는 점을 앞에서도 밝힌 바 있다. 어떻든 여항문
학의 흐름을 살펴보고자 할 때 우리는 두 가지 기준을 상정할
수 있다. 하나는 이들이 편찬한 여항문인들의 시선집 발간을
중심으로 흐름을 파악하는 것이고, 다른 하나는 시사 결성을
중심으로 파악하는 것이다. 시선집 편찬은 대체로 60년을 주
기로 편찬하였기 때문에 일정한 기간 동안 어떤 문인과 작품
이 주목을 받았으며 새롭게 등장했는지를 살펴보기에 편리하
다. 그러나 시선집 편찬 역시 시사 구성원들을 중심으로 편찬
이 되었으므로 두 가지 기준은 상당히 넓은 교집합적 면모를
보인다.

    우리 문학사에서 여항인이 부상하게 된 것은 17세기 최
기남(崔奇男, 1589~1671)을 중심으로 하는 삼청시사(三淸詩社)
부터다. 중인들이 중요한 역할을 했지만, 굳이 '여항인'이라고
쓴 것은 중인들과 서얼들이 함께 문학 활동을 하면서 문학사
의 변화를 이끌었기 때문이다. 이들은 특이하게도 '시사'를 결
성하여 작품 활동을 했다. 시사란 함께 모여서 시를 짓는 모임
을 지칭하는데, 요즘 개념으로 말하면 시 창작 동인 모임 정도
가 되겠다. 유희경(劉希慶, 1545~1636), 백대붕(白大鵬, ?~1592)
이 주도했던 서얼이나 천민들의 시 창작 모임이 있었는데 사
람들은 이들을 풍월향도(風月香徒)라고 불렀다. 특히 유희경은

임진왜란에 세운 전공 때문에 천민에서 고위 관료로 신분이 상승했는데, 그가 침류대(枕流臺)를 거점으로 다양한 사람들과 어울려서 시를 지어서 이름이 높았다. 그의 문학적 성과를 계승한 사람이 바로 최기남이었다.

여항문학의 계보에서 새롭게 문학사의 전면에 자신의 존재를 드러내며 부상한 인물은 바로 최기남이다. 선조의 부마였던 신익성(申翊聖, 1588~1644) 집안 궁노(宮奴) 출신으로 알려진 그는 시를 짓는 능력 때문에 당대 양반 지식인들에게 널리 알려졌을 뿐 아니라 통신사의 일원으로 일본에 다녀온 이력이 있다. 가난한 살림살이였지만 자신의 처지를 일찍부터 인식했던 터라 중인층을 비롯한 여항인들의 자제를 위해 서당을 열어서 글을 가르쳤다. 글을 알아야 자신의 처지를 인식하고 더욱 나은 환경을 만들어 갈 수 있으리라 믿었다. 그의 집은 삼청동(三淸洞)에 있었는데, 이곳에서 시회를 자주 열었다. 그중 최기남을 필두로 정남수(鄭楠壽), 남응침(南應琛, 1596~?), 정예남(鄭禮男), 최대립(崔大立), 김효일(金孝一) 여섯 명의 작품을 모아서 『육가잡영』六家雜詠이라는 시선집을 편찬한다. 최기남을 제외하고는 모두 기술직 중인인데, 삼청동에서 자주 시회를 열었기 때문에 이들을 삼청동시사(三淸洞詩社)로 통칭하기도 한다.

최기남이 남긴 지적 유산은 이후 큰 영향을 끼친다. 그

의 아들인 최승태(崔承太), 사위 김부현(金富賢)은 모두 기술직
중인인데, 주변의 여항문인들과 함께 시사 활동을 왕성하게
해 나간다. 주요 구성원으로는 유찬홍(庾纘洪, 1628~1697), 홍
세태(洪世泰, 1653~1725), 석희박(石希璞) 등 당대 최고의 여항
문인들을 포함하고 있는데, 이들이 활동한 시사를 낙사(洛社)
라고 부른다. 이 중 홍세태는 당대 최고의 문인이었던 김창협
(金昌協, 1651~1708)의 후원을 받아 낙사를 이끌면서 1712년 『해
동유주』海東遺珠라고 하는 시선집을 편찬한다. 홍세태의 제자로
알려진 정래교(鄭來僑), 역관 출신인 고시언(高時彦, 1671~1734)
등은 낙사를 이끄는 한편 1737년 여항문학 작품을 모은 시선
집 『소대풍요』昭代風謠를 편찬한다. 이 시선집을 시작으로 이후
에는 60년마다 여항문학의 성과를 정리하여 시선집을 편찬하
는 전통이 여항문인들 사이에 자리를 잡는다. 1797년에는 천
수경(千壽慶, ?~1818), 장혼(張混, 1759~1828) 등이 주도했던 송
석원시사(松石園詩社)가 중심이 되어 『풍요속선』風謠續選을 편찬
하였고, 1857년에는 직하시사(稷下詩社)를 이끌던 유재건(劉在
建, 1793~1880)이 중심이 되어 『풍요삼선』風謠三選을 편찬하였다.
다시 60년이 되는 1917년에 시선집 편찬 문제가 제기되었지만
최남선(崔南善, 1890~1957) 등이 신분제가 철폐되었으므로 이
제는 더 이상 이러한 시선집 편찬이 필요 없다는 반대를 하여
무산되었다. 장지연(張志淵, 1864~1921)이 개인적으로 『대동시

선』大東詩選을 편찬하기는 했지만, 시대의 변화와 함께 여항문학
의 성과를 집대성하는 작업은 문학사에서 사라지게 되었다.

이 와중에 여항인들이 조직하고 활동했던 많은 시사들
이 문학사 속에 나타났다가 사라졌고, 그들의 문학적 성과는
조선이 멸망한 이후까지도 면면히 이어졌다.

여항 예술인들의 살롱

여항인들의 시사들은 역사 속에 명멸했지만 그중 빛나는 별
하나를 꼽으라면 단연코 송석원시사다. 지금은 서울 도심의
확대와 함께 옛 모습을 거의 잃었지만, 불과 백 년 전까지만 해
도 인왕산 인근은 서울 근교에서 가장 아름다운 명승을 자랑
하는 곳이었다. 인왕산에서 흘러내리는 계곡이 몇 줄기 있지
만 그중에서도 옥류동(玉流洞)은 백련봉(白蓮峰)에서 필운대
로 흘러내리면서 굽이마다 승경을 감추고 있었다. 시냇물이
옥과 같이 맑아서 옥류계(玉流溪)로 불리기도 했던 이 시내를
따라 골짜기로 들어가면서 많은 명사들이 집터를 잡았다.

옥류동 계곡이 처음부터 중인들의 터전이었던 것은 아
니다. 임병 양란이 끝난 뒤 장동김문(壯洞金門)으로 알려진 김
상헌(金尙憲, 1570~1652) 집안이 터를 잡고 살면서 조선의 유학

자들에게 본격적으로 이름이 알려지게 된다. 김상헌의 기록에
의하면 모친에게 눈병이 있었는데 이 골짜기의 샘물이 좋다
는 이야기를 듣고 들어왔다고 한다. 이후 손자인 김수항(金壽
恒, 1629~1689)이 청휘각(晴暉閣)을 지음으로써 2백 년 동안 이
곳은 장동김문(壯洞金門)의 터전으로 활용되었다. 그의 후손인
김학진(金鶴鎭, 1838~?)은 청휘각을 송석원이라고 기록하였는
데, 훗날 여항인들이 송석원시사를 열었던 곳과 이름은 같지
만 다른 곳을 지칭한다.

　　여항인들이 송석원시사를 열게 된 것은 천수경 때문이
다. 그의 문집이 남아 있지 않아서 정확한 기록을 확인하기는
어렵지만, 천수경은 1790년 무렵 옥류동으로 이사를 와서 청
휘각 바로 위쪽에 집을 짓는다. 허경진 교수의 글에 의하면, 천
수경은 1818년 세상을 떠날 때까지 이곳에서 살았는데 이후에
장동김문에서 이 땅을 사들여서 송석원을 확장하여 조선 말기
까지 이어지고[2] 이는 친일파였던 윤덕영(尹德榮, 1873~1940)의
개인 저택인 벽수산장(碧樹山莊)으로까지 이어지게 된다.

　　천수경이 인왕산 인근에 살고 있던 여항 문인 여러 사
람과 시사를 결성한 것은 1786년 6월의 일이다.[3] 가장 연치

2　허경진, 「인왕산에서 활동한 여항시인들의 모임터 변천사」(『서울학연구』 제13집,
　　서울학연구소, 1999), 95쪽 참조.
3　송석원시사 결성 과정 및 구성원, 송석원시사와 옥계시사의 명칭에 대한 연구는

가 높은 최창규(崔昌圭)를 필두로 김낙서(金洛西), 천수경, 장
혼, 임득명(林得明, 1767~?), 김태한(金泰漢), 노윤적(盧允迪) 등
13명의 경아전이 참여했다. 그들은 이 모임의 이름을 '옥계시
사'(玉溪詩社)라고 하였는데, 이 시사가 바로 송석원시사라고
불리는 시 동인 그룹이었다. 시사는 구성원들의 집을 옮겨 다
니면서 개최되기도 했지만, 인왕산 인근 경치 좋은 곳 특히 옥
계동이 모임의 중심 장소였기 때문에 옥계시사라고 명명하
였다. 그중에서 천수경은 옥계시사의 맹주 노릇을 했는데, 그
의 뜰인 송석원(松石園)에서 자주 모였으므로 송석원시사라
는 이름으로 불리기도 했다. 이후 왕태(王太), 조수삼(趙秀三,
1762~1849), 차좌일(車佐一, 1753~1809) 등이 이어서 시사에 참
여하여 활동하면서 천수경이 세상을 떠나는 1818년 무렵까지
여항문학의 중심 역할을 하였다.

　　앞서 언급한 것처럼 천수경의 문집이 전하지 않기 때
문에 자신의 손으로 묘사한 뜰의 모습을 알 수는 없지만, 다행
스럽게도 송석원시사의 구성원들, 특히 장혼이나 임득명, 박
윤묵(朴允默)의 글을 통해서 약간이나마 짐작해 볼 수 있다.
또한 조선 후기를 대표하는 최고의 화가였던 김홍도(金弘道,

다음을 참고할 것: 강명관, 앞의 책; 정옥자, 『조선 후기 중인문화 연구』(일지사,
2003).

1745~?)와 이인문(李寅文, 1745~1821)이 송석원시사가 개최되는
모습을 멋진 필치로 남긴 작품이 남아 있어서 천수경의 뜰이
어떤 모습이었는지를 확인할 수 있다. 천수경이 세상을 떠난
뒤 박윤묵이 그를 추도하면서 지은 시를 보면 그의 뜰이 어떤
모습이었는지 짐작이 된다.

高臥山頭五十春   산머리에 높이 누워 지낸 오십 년
松姿石骨極淸新   소나무 자태 바위의 골격 너무나도 청신
                  하다.
滿園花竹知何限   뜰 가득 꽃과 대나무 가이 없나니
西社風流作主人   서사의 풍류로 주인 되었지.

— 박윤묵, 「어지신 어른 일곱 분을 추도하는 시」七賢悼亡詩,
『존재집』存齋集 권10

　　송석원시사의 마지막 인물이라 해도 과언이 아닌 박윤
묵은 시사의 역사를 옆에서 보아 온 문인이다. 시사를 화려하
게 장식했던 어른들이 모두 세상을 떠나자 이들을 추도하는
연작시를 지었는데, 그 첫 번째 수가 바로 천수경을 읊은 위의
작품이다. 시에서 언급한 서사(西社)는 인왕산이 경복궁의 서
쪽에 있기 때문에 송석원시사를 일컫는 별칭이다. 인왕산에서
살아온 50년 동안 인왕산 아래 자신의 뜰 송석원을 마련하고

그곳에서 시사를 이끄는 맹주로서 당대 최고의 풍류를 만들어
온 천수경에 대한 아름다운 추도시라 하겠다.

천수경의 뜰에는 꽃과 대나무가 가득했다. 끝없이 펼쳐진 꽃과
대나무의 행렬 속에 어떤 꽃들이 있었을까. 위의 시에서는 알 수
없다. 그런데 고맙게도 박윤묵은 「송석원기」松石園記라는 글을 남
겨서 송석원의 모습을 조금 더 구체적으로 묘사했다. 그 글에 이
런 구절이 있다. "무릇 뜰 안에 즐길 만한 것으로는 아리따운 복
숭아꽃, 어여쁜 살구꽃, 아름다운 향기를 풍기는 난초, 그윽하고
담박한 국화가 있으니 아름다우면서도 번성하지 않은 것이 없
다. 이들 또한 그저 한때에 그치는 것이다. 소나무와 바위에 이
르면 사시사철 늘 푸르고 천 년을 지내면서도 갈라지지 않는다.
우뚝 서서 구름을 굽어보고 높고 높아 무리 중에 솟아나 있다.
귀 기울여 보면 그 울림을 들을 만하고 눈 들어 보면 그 모습을
움켜쥘 만하다. 이로써 뜻과 지취(志趣)를 펼치고 절의와 지조를
떨치니, 마음과 지각에 닿을 때마다 도움 되지 않은 적이 없다.
그러니 소나무와 바위를 어찌 한때 피어나는 풀이나 나무와 같
은 차원에서 말을 할 수 있겠는가."4

---

4   凡園中可悅之物, 如桃之夭也杏之艶也蘭之芳馨也菊之幽淡也, 非不美且繁也, 此特一時而
止焉, 至於松也石也, 則貫四時而長靑, 閱千歲而不泐, 落落而凌雲, 巖巖而出類, 側耳其韵
可聽, 擧目其容可掬, 以之發其志趣, 勵其節操, 無往非有觸而有助焉, 則此豈可與一時之草

뜰을 가득 메웠던 꽃들이 얼마나 많았겠는가만 박윤
묵은 복숭아꽃, 살구꽃, 난초. 국화를 천수경이 즐겼던 꽃으로
들었다. 이 꽃들은 봄에서 가을까지 뜰을 아름답게 수놓는, 계
절의 상징이다. 글에서도 말한 것처럼 '아름다우면서도 번성
한'[美而繁] 꽃과 잎을 보면서 시를 짓고 벗을 만나고 책을 읽
고 세월을 보낸다. 그러나 그중에서도 가장 중요하게 꼽을 것
은 당연히 소나무와 바위다. 천수경 역시 자신의 뜰을 송석원
이라고 부르지 않았던가.

소나무와 바위의 뜰인 송석원은 많은 사람들이 모이는
곳이면서도 천수경의 생활 공간이다. 동아시아 문학 전통에서
소나무와 바위는 변치 않는 절의를 상징하는 중요한 시적 상
관물이다. 조선 중기의 문인 윤선도 역시 자신의 연시조 「오우
가」五友歌에서 소나무와 바위를 꼽은 바 있다. 어찌 보면 사은유
(死隱喩)라 해도 과언이 아닐 만큼 소나무와 바위는 뻔한 상징
물이다. 그렇지만 천수경은 뜰을 대표하는 중요한 두 요소로
그것들을 가장 먼저 꼽았다. 뜰의 꽃들이 아름답지 않은 것은
아니지만 이들은 한 시절만 꽃을 피웠다가 사라진다. 그러나
소나무는 사시사철 푸른 모습으로 우뚝 서 있고, 바위는 천년
이 지나도록 굳건한 모습으로 자리를 지킨다. 자신도 저렇게

木, 同日而語哉?(박윤묵, 「송석원기」松石園記, 『존재집』存齋集 권23).

살아가고 싶다는 마음을 붙여서 송석원이라는 이름을 붙인 것이다.

사실 천수경의 작은 뜰에는 소나무와 바위가 없다. 천수경의 집은 작은 초가였는데, 앞쪽으로 여러 사람이 모여서 앉을 만한 뜰이 있고, 집 오른쪽으로 인왕산 골짜기를 흘러서 한양으로 들어가는 옥류동 계곡물이 흐르고 있었다. 집 뒤쪽 시내 옆으로 약간 솟은 둔덕으로 넓은 너럭바위와 석벽이 있고 그 주변으로 소나무 여러 그루가 우뚝 서 있다. 천수경의 집은 말 그대로 초가삼간이었다. 주변 사람들의 증언처럼 그는 노년에 이르도록 가난을 면치 못하였지만, 그렇다고 해서 멋스러운 풍류가 줄어든 것은 아니었다. 어떻든 그는 집 뒤쪽 너럭바위와 소나무를 너무도 사랑해서 송석원이라는 이름을 붙인 것으로 보이는데, 이는 집 앞 작은 뜰만을 자신의 뜰로 여긴 것이 아니라 집 주변으로 펼쳐진 자연까지 자신의 뜰로 삼아서 그 아름다움을 마음껏 즐겼음을 알 수 있겠다.

그의 집이 이런 모습이었다는 것은 어떻게 알 수 있을까. 다행스럽게도 우리 미술사에 길이 빛나는 두 명의 화가, 김홍도와 이인문이 송석원에서 시사를 열어 즐기는 모습을 실경으로 그린 작품이 전하고 있기 때문이다. 1791년 유둣날인 6월 15일, 송석원에서는 동인들의 시 짓는 모임이 열린다. 모인 인원은 모두 9명. 송석원의 주인이자 시사의 맹주격인 천수경을 비롯하여 김낙서, 지덕귀(池德龜), 정예중(鄭禮重), 최원식(崔元植), 김의현(金義鉉)과 자(字)로 추정되는 이름만 기록되어 있는 화보(和甫), 양여(良汝), 태보(台輔)가 그들이다. 흔히 〈송석원시사야연도〉松石園詩社夜宴圖로 알려진 그림을 보면, 김홍도는 송석원을 중심에 놓고 그리면서 주변의 풍경은 안개처럼 흐릿하게 처리하여 대부분을 생략했다. 달이 훤하게 밝은 밤 아홉 명의 여항시인들이 모여서 송석원 뜰에서의 풍류를 즐기고 있다. 가운데 탕건을 쓰고 앉은 사람이 천수경일 터, 그를 중심으로 몇 사람이 담소를 나누고 있는 중에 어떤 사람은 비스듬히 기대 있고 어떤 사람은 뒷짐을 지고 서성거린다. 제법 큰 촛불을 하나 켜고 그 앞에 앉아 있는 사람도 있다.

이에 비해 이인문의 그림은 아마도 낮의 풍경을 그린 것으로 보인다. 〈송석원시회도〉松石園詩會圖로 알려진 이 그림을 보면 송석원 뒤쪽 넓은 바위 위에 아홉 사람이 편하게 앉거나 누워 있는 모습으로 나타난다. 석벽 위에 '송석원'이라고 써 놓았으니, 천수경은 집 앞 뜰을 넘어서 뒤쪽 너럭바위와 소나무까지를 자신의 뜰로 생각한 것이 분명하다. 다른 사람들 역시 송석원이라 하면 천수경의 초가집과 그 주변을 함께 떠올렸을 것이다. 의도했는지 모르겠지만, 두 사람의 그림은 근경과 원경을 각각 다루어서 송석원의 모습을 정확하게 떠올릴 수 있게 하였다.

이날 지은 시를 모아서 시축(詩軸)을 만들면서 앞에 이
인문과 김홍도의 그림을 붙이고, 여항문인이면서 명필이었던
마성린(馬聖麟)의 제자(題字)를 받아 시첩(詩帖)으로 만들었다.
현재 전하고 있는 〈옥계아집첩〉玉溪雅集帖이 그것이다.

내 재주 펼칠 곳 없는 이 세상을 어찌할거나

천수경은 자신의 뜰에서 피었다 지며 한 시절을 장식
하는 꽃들과 뒤뜰 소나무와 바위를 보면서 무슨 생각을 했을
까. 어쩌면 조선 후기 여항인들, 특히 중인 지식인들이 느꼈을
시대적 한계를 깊이 고민했을 것도 같다. 송석원시사의 중요
한 멤버인 임득명이 쓴 시를 보면 그들의 고민이 보인다.

詩思秋來十分淸	가을 오자 시 생각은 너무도 맑아지는데
一杯高臥萬鐘輕	술 한 잔 놓고 높이 누우니 높은 봉록 부럽지 않아.
空齋露葉無時下	텅 빈 집 이슬 젖은 잎은 무시로 떨어지고
遙夜巖泉不盡鳴	아득한 밤 바위 사이 샘물은 끝없이 우는구나.
計在耕漁心獨喜	밭 갈고 고기 잡을 계획에 마음 홀로 기쁘고
聽多鴻鴈夢頻驚	잦은 기러기 소리 듣노라니 꿈에서 자주 깬다.
相逢休道朱門事	서로 만나서 권세가 이야기를 하지 맙시다

書劒無成兩鬢明　　　글과 칼 이루지 못하고 양쪽 귀밑머리 희어
　　　　　　　　　　졌나니.

이 작품의 제목 「9월 17일 밤 송석원에 모여서 이이엄, 사원, 사정, 사집, 호고재, 보경, 공묵과 함께 시를 지었다」九月 十七夜, 集松石園, 與而已广, 士元, 士貞, 士執, 好古齋, 步庚, 公默共賦(『송월만록』松月漫錄 권1)는 것만으로도 우리는 송석원시사의 하룻밤을 상상할 수 있다. 호와 자만 써서 누구인지 확인이 필요하지만 우선 눈에 띄는 사람은 장혼, 박윤묵, 김낙서, 왕태(王太) 등이다. 좁고 누추한 집일망정 술 한 잔 앞에 놓고 편안한 마음으로 누우니 만종(萬鐘) 봉록 받는 높은 벼슬아치가 가볍게 보인다고 했다. 이 구절은 작품의 마지막 구절 '글과 칼을 이루지 못했다'는 것과 이어진다. 글은 문신을 지칭하고 칼은 무신을 지칭한다고 보면, 이들은 어느 한쪽도 뜻을 이루지 못했다. 이루지 못한 것이 아니라 이룰 수 없었다. 조선 사회는 중인이나 서얼들의 신분을 인정하지 않았다. 정조 이후 일부 여항인들이 관직에 진출했지만 명확한 한계가 있었다. 그들은 절대 당상관으로 대표되는 고위 관직으로는 승진할 수 없었다. 수많은 책을 읽고 마음속에 엄청난 경륜을 쟁여 놓으면 무엇하겠는가. 그 재주를 쓸 곳이 없었다. 결국 이들은 밭을 갈고 고기를 잡는, 말하자면 강호자연을 벗 삼아 세월을 보내는 것 외에는 방법이 없다.

양반들은 태어나면서부터 마음에 무거운 짐을 지고 살아갈 수밖에 없다. 과거시험에 합격하여 벼슬함으로써 가문을 지키는 것이 커다란 일이었다. 그야말로 입신양명(立身揚名)을 삶의 최고 목표로 삼아야 하는 처지다. 그러니 늘 권력과 예속(禮俗)과 규율 속에서 평생을 살아간다. 그에 비해 여항인들은 이러한 사회적 의무에서 한발 비켜나 있다. 마음은 한결 편하다. 사회적으로 자신의 능력을 인정받지도 못하고 뜻을 펴지도 못하는 처지지만, 그리하여 아무것도 이루지 못하고 귀밑머리 희어진 노년에 이르렀지만, 적어도 자연을 벗 삼아 술 한 잔 놓고 벗들과 모여서 시를 지으며 살아가는 풍류야말로 누구에게도 뒤지지 않는다. 천수경의 뜰은 바로 많은 벗들이 모여서 술을 마시고 시를 짓고 그림을 그리고 멋진 글을 낭송하면서 살아가는 예술가들의 살롱이었던 셈이다.

송석원시사, 즉 옥계시사를 결성하면서 여러 사람들이 글을 남긴 것이 지금도 남아 있다. 이 글의 범례의 의하면 첫 번째 조항이 바로 '글로 모이고 신의로 맺는다'(會以文詞, 結以信義)고 썼다. 천수경은 여기에 부친 글에서 붕우의 도를 강조하였다. 권력과 돈은 없지만 친구가 있고 시가 있었다. 송석원시사의 일을 다른 사람에게 말하지 않는다며 폐쇄적인 면모를 보이기도 하지만, 여항인들을 상대로 백일장을 열어서 좋은 작품에 등수를 매기는 행사도 가졌다. 이렇게 시를 가지고 겨루는 일을 백전(白戰)이라고 불렀는데, 무기를 들지 않고 맨손으로 싸운다고 해서 붙여진 이름이다. 백전을 열면 수백 명이 참가하였으며 이들이 제출한 시를 써서 만든 시축이 소의 허리둘레만큼 컸다고 한다. 당시 이름난 양반 문인들은 백전에 심사하는 것을 큰 영광으로 여기기도 했다고 한다. 작은 뜰에서 시작한 시 모임이 인왕산 자락을 넘어서 조선 여항인들의 문학 축제로 확대되었으니, 천수경은 이 무렵에 가장 흐뭇한 마음으로 자신의 삶을 즐기지 않았을까.

평생토록 설계해 온 아름다운 뜰

— 조선 후기 여항문인 장혼의 뜰

시골 출신인 나에게 도시는 꿈의 공간이었다. 고등학교에 진학하느라 소도시에서 잠시 우거(寓居)하면서부터 나는 문명의 세례를 받기 시작했다. 전기가 없는 동네에서 전기가 있는 동네로 옮긴다는 것은 파천황(破天荒)에 필적하는 변혁이다. 이후 나는 수십 년 동안을 도시에서 살았고, 아파트 생활을 벗어나지 못했으며, 나도 모르는 사이에 현대 문명의 이기(利器)에 익숙해졌다. 스스로 '아파트주의자'를 자처하면서, 내 몸을 움직이는 일에 무관심했다. 조선의 수많은 자연시를 읽으면서도 내 삶은 거기에서 멀리 떨어져 있었다. 그래서 아내가 아파트를 벗어나자는 제안을 했을 때에도 단박에 거절 의사를 밝힐 정도로 나는 도시 생활이 편리하고 좋았다.

　　우여곡절 끝에 도시 외곽으로 집을 짓고 나오자 작은

뜰이 생겼다. 아내는 텃밭을 만들고 싶어 했다. 넓지는 않지만 뜰 한쪽으로 몇 이랑의 텃밭을 만들었던 것은 전적으로 내 의사가 아니었다. 한 번도 농사 비슷한 일을 해 본 적도 없는 아내는 오랫동안 텃밭을 가꾸고 화단을 만드는 꿈을 꾸고 있었던 모양이다. 아파트를 벗어나던 첫해 봄, 아내의 성화에 못 이겨서 마당 한쪽에 서너 이랑의 텃밭을 만들었다. 그리고 아내가 심고 싶어 했던 여러 종류의 푸성귀를 심었고, 마당 주변으로는 소나무 몇 그루를 비롯하여 대추나무, 호두나무, 산수유, 자두나무, 복숭아나무, 산딸나무, 산사나무, 벚나무 등을 심었다. 내가 평소 심고 싶었던 매화나무도 두 그루 심었다. 이렇게 써 놓고 보니 굉장히 넓은 뜰처럼 느껴지지만, 정말 작은 뜰이었다. 뜰이 작았으므로 우리 부부는 나무 하나를 심더라도 어떤 나무를 어디에 심을지 신중하게 검토하고 계산해야만 했다.

사정이 이렇게 되자 내게도 변화가 생겼다. 도시를 절대 벗어나지 않겠다고 다짐했던 마음은 어디론가 가뭇없이 사라지고, 어느새 내가 어렸을 적 몸으로 익혔던 농사일이 저절로 발현되기 시작했다. 이십사절기를 따지면서 어떤 씨나 모종을 심어야 할지, 가지치기는 언제 해야 하는지, 참외나 호박 같은 식물의 순을 언제 어떻게 따 주어야 하는지 판단해야 했다. 누가 가르쳐 준 적도 없는 일들은 나는 무심히 하고 있었던 것이다. 시골에서 자라는 동안 나도 모르게 내 몸 안에 깊이 각인되었던 자연의 질서가 저절로 드러났다.

아내는 나보다 더 즐거워했다. 자기 손으로 심은 모종에서 아침마다 먹을거리를 얻는 것 자체가 신기한 일이라고 했다. 그러더니 텃밭에 정성을 쏟는 한편 화단을 만들어서 온갖 화초와 나무를 심기 시작했다. 평생 마음으로만 가꾸어 오던 뜰을 눈앞에 펼쳐 내는 것이 아닐까 싶을 정도로 열심이었다. 이전과는 다른 생기가 아내의 삶에서 흘러넘쳤다.

평생을 도시에서 살아온 사람이라 하더라도 누구나 마음에 자신만의 뜰을 가꾸며 살아간다. 우주의 삼라만상이 그 안에서 자란다. 물론 누구나 뜰을 잘 가꾸는 것은 아니다. 어떤 사람은 따뜻한 색으로 가득한 뜰을 가꾸지만 어떤 사람은 한겨울 칼바람이 무색할 정도로 황량한 뜰을 가지고 있다. 자기가 살아가는 삶만큼 마음의 뜰은 자신만의 색깔과 모습을 지니고 있을 터이다. 그러다가 문득 삶의 한고비를 지날 때 마음의 뜰을 현실 속에 구현하고 싶은 욕망을 발동시킨다.

현실 속에서 뜰을 만들고 싶어도 누구나 할 수 있는 것은 아니다. 직장 때문에 혹은 아이의 교육 때문에 아파트를 벗어나기 어려운 경우도 있고 도저히 엄두가 나지 않아 지레 포기하는 경우도 다반사다. 그러나 가장 안타까운 것은 경제적인 이유 때문에 자신의 뜰을 가꾸지 못하는 경우다. 요즘만 그런 것이 아니다. 조선 시대에도 이런 사람들이 많았다. 사회의

복잡함은 지금보다 훨씬 덜했을지는 모르지만 사람들이 살아
가는 방식이나 생각은 예나 지금이나 크게 달라졌을 것 같지
는 않다.

평생 가난하게 살았지만, 반드시 자신만의 뜰을 가지
고 싶다는 소망을 평생 버리지 않았던 조선의 문인이 있다. 바
로 조선 후기에 살았던 이이엄(而已广) 장혼이다. 그는 가난한
집에서 태어나 평생을 근근이 먹고 살면서 가족들을 부양하느
라 애를 썼고 그 가난의 굴레를 끝내 벗어나지 못했지만, 언젠
가는 뜰을 만들고 싶다는 소망을 수십 년 동안 버리지 않았다.
그리하여 끝내 자그마하게 뜰을 만들었다. 어떤 사람이 보기
에는 뜰 같지도 않겠지만, 장혼의 눈에는 얼마나 대견스러웠
으랴. 인왕산 자락에 만들었던 그의 뜰은 장혼이 몸과 마음을
편하게 쉴 수 있는 공간이었다. 자신에게 허락된 아주 작은 뜰
에서 그는 무슨 생각을 하며 질문을 던졌을까.

조선 후기 여항문학의 빛나는 뜰, 송석원

조선 후기 문학사에서 송석원시사의 중요성은 여전히 과소평
가되고 있다는 생각을 한다. 1980년대에 고전문학을 공부했던
사람들은 문학 작품을 그 자체로 보려 하지 않고 작가의 생애

라든지 그가 처했던 사회 상황을 염두에 두고 해석을 가하려
했다. 그것은 당시의 연구자들이 사회를 바라보는 시선이 반
영된 것이기도 했다. 그런 점에서 보면 여항문학은 조선 시대
사회적으로 소수자였던 사람들이 남긴 작품의 집적이었고, 그
것을 연구하는 것은 그들의 목소리를 통해서 조선이라고 하는
거대한 바위를 깨는 모습을 읽어 보고 싶었던 것이었고, 나아
가 연구자 자신이 마주하고 있는 군부 독재를 넘어서고 싶은
마음의 표현이었을 것이다. 이 시기에 여항문학 연구가 활발
하게 이루어진 것은 아마도 이러한 연구 환경이 크게 한몫했
을 것이다. 그러나 2000년대 이후 사회 환경의 변화와 함께 다
양한 담론이 문화계에 제공되자 다시 여항문학에 대한 연구는
상대적으로 답보 상태를 면치 못하게 되었다. 이 분야를 연구
하는 사람들이 여전히 있지만 그 열기는 수십 년 전에 비해 강
렬하다 할 수 없다.

　　여항문학 연구가 여전히 미진하다는 점을 인정한다면,
그 이유는 무엇일까. 이미 말한 것처럼 사회 환경의 변화도 큰
역할을 했겠지만, 기본적으로 이들의 자료가 부족하기 때문이
기도 할 것이다. 송석원시사에 대한 자료만 해도 국내뿐만 아
니라 해외로 흩어져 있어서 원전을 확인하기가 어렵고, 몇몇
기록에 나오는 인물들의 문집이나 시고(詩稿)가 산일(散逸)되
어 찾아보기 어려운 탓도 있다. 출판이 어려웠던 조선 후기에

돈 많은 양반도 아닌, 가난한 여항인들의 문집을 펴낸다는 것
은 언감생심 꿈도 꾸기 어려운 일이었다. 송석원시사의 핵심
인물인 장혼의『이이엄집』而已广集이나 박윤묵(朴允默)의『존재
집』存齋集이 전하기 때문에 이들의 활동을 어느 정도 확인할 수
있지만, 정작 맹주라 할 수 있는 천수경의 문집이나 시고는 현
재 전하지 않는다. 게다가 이들 글에 나오는 대부분의 구성원
들의 글이 전하지 않는 것은 물론이거니와 어떤 인명은 누구
인지조차 알아차리기 어려운 경우도 있다. 어쩌다 해당 인물
의 기록을 소장한 사람이나 소장처를 알더라도 그곳을 방문해
자료를 열람하기가 쉽지 않다. 사정이 이러하니 조선 후기 여
항문학 연구가 쉬울 리 없다.

　　여항인들의 문학 살롱이라 할 수 있는 시사가 18~19세
기에 성행했지만, 그중에서 영향력으로나 문학적 성과로 따
져 첫손 꼽을 만한 것은 당연히 송석원시사다. 모임 자체는 폐
쇄적으로 운영되었지만 그 구성원들이 만들었던 문화적 네트
워크는 방대했다. 게다가 이들이 조선 여항인 전체를 대상으
로 열었던 일종의 한시 백일장인 '백전'에는 수천 명의 인파가
몰려들었고, 이렇게 해서 만들어진 시축은 소가 짊어지고 가
기가 버거웠을 정도라는 기록이 남아 있다. 또한 시축의 서문
에 당대 최고 사대부 문장가의 글을 받았으며, 사대부 문장가
의 입장에서는 여기에 서발(序跋)을 쓰게 된 것을 자랑스럽게

여겼다는 말도 있다. 당대 최고의 화가였던 단원(檀園) 김홍도
와 고송유수관도인(古松流水館道人) 이인문은 송석원의 모임
을 그림으로 남겼으며, 추사(秋史) 김정희(金正喜)는 이들을 위
해 '송석원'이라는 글씨를 써 준 것이 암각서로 남아 있다.

　　이런저런 인연으로 천수경의 뜰 송석원은 늘 다양한
사람들이 왕래했고, 그 과정에서 예술 작품들이 창작되고 연
행되었다. 천수경 역시 매우 가난한 사람이었지만, 그의 뜰을
오가는 여항인들 역시 경제적으로 넉넉했을 리 없다. 고만고
만한 가난을 등에 지고 살아가는 그들이었지만, 서로 만나 텁
텁한 막걸리 잔을 나누면서 시문을 짓고 악기 연주를 듣고 노
래를 부르다 보면 세상을 살아갈 힘을 얻곤 했다. 그 모임의 핵
심 구성원이었던 장혼 역시 가난한 사람이었다. 그는 송석원
을 자기 집처럼 오가면서 누구보다도 많은 기록을 남겼다.

하늘이 내려 준 가난으로 살았던 장혼

장혼의 본관은 결성(結城), 자는 원일(元一), 호는 이이엄 또는
공공자(空空子)다. 충남 연기에서 대대로 살다가 한양으로 터
전을 옮긴 것은 그의 고조부인 장후석(張後錫) 때부터라고 한

다.[1] 그의 부친 장우벽(張友璧, 1735~1809)은 당대 이름난 가객 이었는데, 통례원(通禮院) 우통례(右通禮)를 지내기는 했지만 생애 대부분을 가객으로서 풍류를 즐기며 살았다. 이는 집안 의 경제를 제대로 돌보지 않았다는 것을 의미하기도 한다. 그 러나 『일사유사』逸士遺事와 같은 기록에 의하면 음률에 밝아서 매화점법(梅花點法)을 만들기도 했으며 매일 인왕산에 올라가 노래를 부르다가 내려오곤 했다고 한다. 장혼 역시 자신의 부 친인 장우벽이 문장을 좋아하지는 않았지만 음률에 능통했다 는 점, 거문고와 책을 아끼고 노래를 좋아했다는 점, 매일 칡옷 을 입고 산골짜기를 거닐었다는 점을 기록하고 있다.

집안 환경이 이러했으므로 장혼 역시 예술적 면모를 일찍부터 갖추었으리라 추정된다. 그러나 장우벽의 성품으로 보아 가난한 생활을 면치 못했을 것이며, 아들 장혼에게 물려 준 재산 역시 거의 없었으리라는 것은 충분히 짐작할 만하다. 예술적 성취가 높고 풍류 넘치는 부친에게서 물려받은 가난은 장혼이 일생토록 벗어나지 못하는 숙명과도 같은 것이었다. 모든 경험이 그렇기는 하지만, 특히 가난은 경험해 보지 않은

---

1 장혼의 생애에 대해서는 다음의 논문에서 자세히 정리해 놓았다. 이 글에서도 이 논문의 성과를 주로 활용하면서 일부 보완을 하였다. 신복호, 「장혼의 문학세계」 (고려대학교 교육대학원 석사논문, 1990년 11월); 허경진, 『조선의 르네상스인 중 인』(랜덤하우스, 2008).

사람에게는 상상하기 어려운 지점이 있다. 평소처럼 살아가다
가도 어느 순간 거대한 절벽 같은 것이 앞을 가로막고 있는 듯
한 막막함이 몰려올 때가 있다. 가난한 사람들이 쉽게 절망하
는 것처럼 보이지만, 절대 그렇지 않다. 그들은 최선을 다해 험
난한 세상을 살아가고 있는 것이다. 장혼의 시문을 읽노라면
그가 가난한 생활 속에서도 얼마나 최선을 다해 자긍심 넘치
는 삶을 만들어 가려고 애를 썼는지, 가족을 살피려고 노력했
는지를 발견하게 된다.

　　장혼은 소아마비로 추정되는 병으로 인해 여섯 살부터
한쪽 다리를 절게 되었다. 장혼의 절친한 후배이자 문학적 계
승자나 다름없었던 박윤묵(朴允默, 1771~1849)은 장혼이 세상
을 떠나자 그를 위해 지은 만시(挽詩)에서 이렇게 읊었다.

平生貞疾不離身	평생토록 고질병이 몸에서 떠나지 않았고
破屋簞瓢又苦貧	부서진 집 보잘것없는 살림으로 지독히 가난했지.
可惜世間窮一字	괴상하구나, 세상에 '궁'(窮)이란 한 글자를
天公何事賦斯人	하늘님은 무슨 일로 이 사람에게 주었던가.

── 박윤묵, 「이이엄 장혼 어른을 추모함」挽而已广張翁(제1수),
『존재집』存齋集 권8

근대 이전 문인이 자신의 빈궁(貧窮)을 언급하는 글을 남겼다면 우리는 그것이 혹여 관습적 표현은 아닌지 혹은 겸사(謙辭)인지 여부를 꼼꼼하게 점검해 보아야 한다. 또한 빈궁에 대해 개인이 느끼는 정도의 차이가 있기 때문에 어느 정도의 경제적 수준이었는지를 살펴보아야 한다. 그 말은 문인들이 말하는 빈궁은 문맥에 따라 다양한 층위가 있다는 뜻이다. 오히려 주변 사람들의 평가를 통해서 그 점을 살펴보는 것이 더욱 정확한 경우가 있다. 장혼의 경우도 그러하다. 그의 글에서는 자신의 빈궁함을 자주 한탄하곤 했는데, 우리는 박윤묵의 만사를 통해서 그의 가난이 얼마나 처절한 것이었는지를 알 수 있다.

앞서 언급한 송석원시사의 맹주를 천수경이라고 한다면, 장혼은 송석원시사를 실질적으로 이끌어 간 막후의 실세였다 해도 과언이 아니다. 그들이 이끌었던 송석원시사는 최고의 시인 그룹으로 대단한 명성을 누렸다. 대단한 성세를 구가했던 시기의 송석원시사의 주요 구성원이 모두 세상을 떠나면서 해체되기까지의 역사를 직접 목도했던 사람이 바로 박윤묵이다. 장혼과 함께 수십 년을 지냈으니 그 살림살이를 오죽이나 잘 알고 있었으랴. 그의 글에서 장혼을 추모하는 만사에서 두 가지 단어로 장혼의 일생을 요약했다. 고질병과 궁. 고질병은 장혼을 평생 괴롭혔던 절뚝이는 다리였다면, '궁'은 가난이었을 것이다. 물론 그것은 가난과 함께 평생 몸부림쳐도 어쩔 수 없었던, 풀리지 않았던 인생살이를 동시에 의미하는 것이기도 했다. 고질병과 평생 살았던 것도 마음 아픈 일인데, 어째서 하늘님은 그에게 빈궁함을 주었을까 하는 박윤묵의 시구(詩句)에서 우리는 장혼의 고달프기 그지없는 인생을 조금이나마 엿볼 수 있다.

질병과 빈궁함은 장혼의 삶을 규정하는 두 개의 핵심어다. 남들이 보기에도 그러했으니 정작 그것을 온몸으로 겪으며 세파를 헤쳐 나가는 장혼에게는 얼마나 힘들었겠는가. 그의 문집에는 자신의 신세를 서술하는 시가 몇 편 전한다. 상당한 기간을 두고 주기적으로 창작된 것으로 보이는 일련의 시에는 질병과 곤궁함이 공통적으로 들어 있다.

그가 지은 장편 오언시인 「술빈시」述貧詩(『이이엄집』 권1)에서 자신의 빈궁함을 적나라하게 드러내면서 지내 온 세월을 서술하고 있다. 산기슭 쓸쓸한 초가집에서 태어나 여섯 살에 절름발이가 되었고, 아홉 살이 되어서야 책을 읽기 시작했다고 하였다. 스무 살에는 약간의 돈을 벌기 위해 부잣집 아이를 가르치는 일종의 가정교사 노릇을 하기도 했다. 자신의 앞날에 대한 고민으로 여러 직업을 고려했지만 그가 최종 선택한 것은 감인소(監印所)에서 교정을 보는 일이었다. 정조가 1790년 감인소를 설치하고 책을 인쇄해서 반포하게 되었는데,

이때 장혼은 오재순(吳載純, 1727~1792)의 추천으로 사준(司準)
이 된 것이다. 교소관(校書館)에 소속된 종8품 잡직이었는데
워낙 말단이었으므로 가족들이 먹고살기에도 어려운 정도의
월급을 받았다. 그러나 출판 과정에서 교정을 보는 일이 주 업
무여서 장혼은 자신에게 딱 맞는 직책이라고 여겼고, 실제로
도 훌륭하게 업무를 보았다. 그의 교정 실력은 조선에 널리 알
려져서, 양반가에서 문집을 출판할 때면 장혼에게 비용을 지
불하면서 교정을 부탁할 정도였다. 어떻든 「술빈시」의 서문에
서 그는, 가난은 태어날 때부터 주어진 것이었으므로 가난에
힘쓰거나 가난을 편안히 여기거나 가난을 즐기거나 할 틈도
없다고 하였다. 그저 가난을 근심하고 가난을 통곡할 뿐이라
는 것이다. 평생 벗어나지 못한 가난은 장혼의 삶을 규정하는
제일의적(第一義的) 요소였다.

장혼이 평생 설계했던 뜰

가난하다고 해서 어찌 꿈이 없겠는가. 장혼에게는 가난을 벗
어나는 것이 꿈이자 현실적 삶의 목표였을 것인데, 그것은 부
자가 되자는 것이 아니라 가족들이 먹을거리 걱정을 하지 않
는 수준이면 족했다. 그렇지만 '벼슬을 하고 싶어도 재주가 없

고, 은거하여 살아가고 싶어도 밭이 없으니, 글과 술로 세월을
보내면서 한가롭게 노니는 처지'²라고 하였다.

　이렇게 가난한 장혼에게 평생토록 마음에 품었던 꿈
이 있었다. 바로 자기만의 뜰을 꾸미는 것이었다. 그의 문집에
는 「평생지」平生志(『이이엄집』 권14)라는 제목으로 제법 긴 글이
남아 있다. '평생 품고 있는 뜻'이라는 제목의 이 글에서 그는
자기가 꾸미고 싶은 뜰의 모습을 매우 구체적으로 묘사하고
있다.

　장혼은 상당히 오랫동안 아들을 포함하여 여항인 자제
들을 가르쳤다. 이들의 집은 대부분 인왕산 자락에 위치해 있
었으므로, 장혼 역시 이곳을 무시로 다녔다. 게다가 천수경의
송석원이 바로 인왕산 옥류동 계곡에 있었으니, 장혼에게 인
왕산 자락은 자기 영역이나 다름없었다. 자신의 정원은 아니
었지만 송석원을 출입하면서 장혼은 마음속에 송석원과 같은
뜰을 가지고 싶었을 것이다. 그러던 차에 자기가 늘 걸어 다니
던 옥류동 산 밑에 버려진 집을 발견한다. 집은 좁고 누추했을
뿐 아니라 다 쓰러져가는, 그야말로 폐가였다. 그렇지만 장혼
이 보기에 이곳은 인왕산의 아름다운 옥류동 계곡을 앞에 두
고 있었고 집 앞에는 제법 깊은 우물이 있었으며, 그 옆 바위

2　欲仕非材具, 欲隱無田疇. 姑與將文酒, 暇日作閑遊(張混, 「閑居」, 『而已广集』 卷1).

를 쪼개자 달고 시원한 샘물이 흘러나왔다. 주변으로는 여러 사람이 앉을 수 있는 너럭바위도 있었고, 높고 평평한 언덕도 있었으며, 담요를 펼친 듯한 풀밭도 있었다. 넓이는 사방 10무(畝)라고 했으니, 지금으로 치면 약 3백 평쯤 되었다. 집값은 겨우 50관(貫)이라고 했으니, 장혼과 같은 가난한 처지에서도 마련할 만한 수준이었다.

이곳이 어째서 장혼의 마음에 들었던 것일까? 내 생각에 두 가지로 정리할 수 있지 않을까 싶다. 하나는 자신이 너무 좋아하는 천수경의 송석원과 가까운 곳에 있다는 점이다. 송석원은 당대 최고의 예술인들이 무시로 모여서 시와 음악과 미술과 대화와 술을 즐기던 곳이었다. 가난했지만 시인으로서의 이름이 높았던 장혼에게 송석원은 마음껏 자신의 재능을 펼칠 수 있는 곳이었다. 또 하나는 가정 경제를 꾸려 가기에 적합한 곳이라는 점이다. 그 당시 한양 지도를 보면 인왕산 옥류동은 경복궁과 그리 멀지 않은 곳에 있었고, 장혼이 근무하던 교서관도 조금 멀기는 하지만 출퇴근이 가능한 거리에 있었다. 그가 평생 종8품 사준으로 근무했던 것 역시 적으나마 항산(恒産)을 확보하기 위한 수단이었음을 감안한다면, 옥류동 입구 계곡 옆의 집터는 최적의 장소였을 것이다.

이렇게 집터를 마련한 장혼은 그 집과 뜰을 어떻게 꾸밀 것인가 하는 즐거운 상상을 하기 시작한다.

대문 앞에는 푸른 회화나무 한 그루를 심어서 그늘을 드리우고, 벽오동 한 그루를 사랑채 옆에 심어서 서쪽으로 달그림자를 받게 한다. 시렁마다 포도를 심어서 햇빛을 받게 하고 바깥채 오른편으로는 병풍처럼 탱자나무를 심어서 문을 막아 준다. 그 왼쪽으로 파초 한 그루를 심어서 빗소리를 듣는다. 울타리 아래로는 뽕나무를 심고 사이사이에 무궁화, 해당화로 빈틈을 메운다. 담장 모서리로는 구기자와 장미를 심고, 매화나무를 심어서 바깥채를 숨긴다. 안뜰에는 작약, 월계, 사계화를 배치하고, 석류와 국화는 안채와 바깥채에 나누어 심는다. 패랭이, 맨드라미는 안채와 바깥채 섬돌 부근에 흩뿌려 심고 진달래, 철쭉, 목련은 정원에 번갈아 심는다. 해아국(孩兒菊), 들국화 같은 종류는 언덕쪽에 마구 뿌린다. 자죽(慈竹)은 적당한 토양을 보아 심고 서남쪽 모퉁이 둘레로는 앵두나무를 심으며 복숭아나무와 살구나무를 그 바깥으로 심는다. 해가 잘 드는 쪽에는 사과나무, 능금나무, 잣나무, 밤나무 등을 펼쳐서 심고 마른 땅에는 옥수수를 심는다. 오이 한 뙈기, 동과 한 뙈기, 파 한 군데를 동쪽 담장의 동편으로 섞어서 가꾸고, 아욱, 갓, 차조기는 집 남쪽에 종횡으로 심는다. 무와 배추는 집 서쪽에 심되 밭두둑으로 양쪽을 갈라놓는다. 가지는 채마밭 가장자리로 모종을 내는데 그 빛깔은 자줏빛이다. 참외와 호박은 사방 울타리에 뻗어 여러 나무로 기어오르게 한다. 이에 꽃이 피면 꽃을 보고, 나무가 무성하면 거기서

쉬고, 과일이 열리면 따서 먹고, 채소가 자라면 삶아 먹는다. 진
실로 우유자득(優遊自得)함이 있다면 이것이야말로 구원임천(丘
園林泉)의 아름다움이리라.[3]

특별한 설명이 없어도 이 글을 읽으면 장혼이 만들고
싶어 했던 뜰의 모습이 선연하게 떠오른다. 회화나무, 벽오동,
매화나무 등은 거처의 품격을 높여 주고, 수많은 화초는 계절
의 변화에 따라 봄과 여름 내내 번갈아 꽃을 피운다. 과일나무
를 여러 곳에 심어서 다양한 맛을 즐길 수 있게 했으며, 옥수수
나 차조 같은 작물이나 다양한 채소 등을 심어서 꽃과 색깔도
감상하려니와 집안 살림에 보탬이 되도록 하였다. 그가 꿈꾸
는 뜰, 그 뜰을 포함한 자연에서 살아가는 아름다움의 구체적
인 내용은 바로 위와 같은 것이었다.

아무리 작더라도 자기 뜰을 가져본 사람이라면 알 것

---

3 綠槐一樹植門前以蔭, 碧梧一樹樹外軒, 西受月影. 葡萄架架其側以承陽, 柏屛一曲樹外舍之
右以塞門. 芭蕉一本種其左以聽雨, 桑樹籬下, 間之木槿玫瑰以補缺, 枸杞薔薇靠牆角, 梅花
藏外舍. 芍藥月桂四季置內庭, 若榴及菊, 分蓄內外舍. 石竹鷄冠散種內舍墻除, 杜鵑躑躅木
筆交栽于園. 孩兒菊苦蕒之屬紛披于岸, 慈竹占宜土, 而養含桃週內含西南隅, 植桃杏其外.
其陽處林禽丹柰柏樹栗樹羅植之, 玉薥黍播之閒燥地. 蓏一圃冬蓏一圃葱一區, 錯理東牆之
東, 葵菜芥菜紫蘓, 區置舍南而橫從之. 萊菔菘菜種舍之西, 而畦隔一兩席, 茄子蒔圃畔, 其
色紫白, 甘瓠南蓏延四籬援拏木. 於是乎花焉而觀, 木焉而息, 果焉而摘, 蔬焉而烹. 信有優
游自得者, 豈獨丘園林泉之美與(장혼, 「평생지」, 『이이엄집』 권14).

이다. 그 작은 공간에서 이루어지는 놀라운 일들을, 그것이 바로 무한한 천지의 축소판임을, 그리고 그 안에 삼라만상이 모두 들어 있다는 사실을. 미국의 생물학자인 데이비드 조지 해스켈은 지름 1미터가량 되는 공간을 '만다라'라 이름 붙인 뒤, 그 안에서 일어나는 자연의 변화를 1년간 관찰한 바 있다.[4] 만다라라는 이름이 의미하듯, 그 작은 공간은 바로 우주 전체와 다를 바 없었다. 꼭 생물학자가 아니더라도 작은 뜰을 사랑하는 사람이라면 누구나 동의할 수 있을 것이다. 한시도 같은 모습으로 존재하는 사물―특히 그것이 살아 있는 생명체라면 더더욱 그러하겠지만―은 없다. 세상의 변화를 관찰하면서 어떤 사람은 삶의 무상함을 느끼고 어떤 사람은 약동하는 생명의 환희를 느낄 것이다. 어느 쪽이든 이러한 느낌은 생명에 대한 깊은 관찰과 애정이 없으면 불가능한 일이리라.

　　뜰을 어떻게 가꿀 것인가 하는 생각은, 뜰을 가지고 있든 가지고 있지 않든, 누구에게나 다양한 상상을 불러일으킨다. 장혼은 자기의 뜰을 이렇게 가꾸고 싶었다. 작은 공간이라도 있으면 씨를 뿌리려고 하는 것이 농부의 마음이듯, 어떻게 해서든 꽃과 나무 심을 곳을 상상하는 것은 뜰을 사랑하는 사람의 마음이다. 장혼의 마음에는 자신이 누릴 아름다운 뜰로

4　데이비드 조지 해스켈, 『숲에서 우주를 보다』(노승영 옮김, 에이도스, 2014).

가득했고, 그 뜰에서 자라는 수많은 꽃들과 나무들과 푸성귀
들을 상상하면서 즐거워했다. 그런 즐거움이 현실에서의 곤궁
함, 현실에서 만나는 수많은 푺시와 푸대접을 견디게 했을 것
이다.

　　3백 평 정도에 불과한 집터에 건물이 들어서고 나면 뜰
은 아주 넓지는 않았을 것이다. 거기에 자기가 심고 싶었던 나
무와 꽃들을 모두 넣고 채마밭까지 만들려면 얼마나 신중하
게 공간을 분할해서 생각했을까. 게다가 이들 중 몇 가지는 상
당히 귀해서 제법 비싼 묘목도 있다. 장혼은 이렇게 뜰을 만드
는 예산으로 300관(貫)을 편성했다. 집터를 구입하는 비용이
50관이라는 점을 감안하면 그가 뜰에 얼마나 정성을 들이려
했는지 짐작할 만하다. 그렇게 가꾼 뜰을 아이들에게 물려주
고 싶었던 것이다.

　　그런데 이렇게 뜰을 만들기만 하면 무엇하겠는가. 피
어나는 꽃 구경하고 푸성귀 뜯어 먹는 것도 하루이틀이지, 매
일을 똑같이 지낼 수는 없다. 위의 인용문에 이어서 장혼은 이
렇게 썼다. "홀로 있을 때는 깨진 거문고를 어루만지고 옛 책
을 읽으며 그 사이에서 편안히 노닐고, 뜻이 이르면 나가서 숲
을 거닐고, 손님이 오면 술을 나누고 시를 짓는다. 흥이 극에
이르면 휘파람도 불고 노래도 부르면 그만이고, 배고프면 내
밥을 먹으면 그만이고, 목마르면 내 우물의 물을 마시면 그만

이고, 추위와 더위에 따라 내 옷을 입으면 그만이고, 해가 지면 내 집에서 쉬면 그만이다."[5]

자유롭게 뜰을 거닐며 거기서 한껏 즐기는 모습이 너무도 천연스러워서 거의 도인에 가까운 모습으로 보인다. 그만큼 장혼은 이 글에서 자신이 평생 이루고 싶은 뜻을 서술하였다. 어쩌면 이 글 속의 모습은 그가 생각하는 일종의 유토피아나 다름없다.

흥미롭게도 장혼은 「평생지」에 자신의 뜻을 서술한 뒤 부록으로 몇 가지 조항을 덧붙여 놓았다. 청복 8품(淸福八品), 청공 80종(淸供八十種), 청과 34사(淸課三十四事), 청보 100부(淸寶一百部), 청경 10단(淸景十段), 청연 6반(淸燕六般), 청계 4칙(淸戒四則)이 그것이다. 하나하나가 모두 흥미로워서, 꼼꼼하게 음미하면 할수록 장혼의 뜻이 선연하게 머릿속에 그려진다. 그러나 여기서는 몇 가지만 살펴보기로 한다.

청복이란 인간의 욕망이 개재하지 않은, 순수하고 맑은 복을 말한다. 장혼은 자신이 누리고 있는 혹은 누리고 싶은 청복 여덟 가지를 나열하였는데, 그중에서 다섯 번째로 꼽은 것이 계곡 한 구역을 즐기는 것이었고, 여섯 번째로 꼽은 것

5 獨居則撫破琴閱古書而偃仰乎其間而已, 意到則出步山樊而已, 賓至則命酒焉諷詩焉而已, 興劇則歡也歌也而已, 飢則飯吾飯而已, 渴則飲吾井而已, 隨寒暑而衣吾衣而已, 日入則息吾廬而已(장혼, 「평생지」).

이 바로 꽃과 나무 천 그루를 심어서 즐기는 것이라고 했다. 청공은 맑고 우아한 물건을 말한다. 80종을 나열하였는데, 거기에는 고금(古琴), 고검(古劍), 단계(端溪)에서 나오는 돌로 만든 벼루, 다정(茶鼎), 명화(名畫)뿐 아니라 그가 정원에 심고 싶다고 했던 여러 식물들도 다수 포함되어 있다. 청과는 속세를 떠나 맑은 마음으로 하는 여러 가지 일을 말하는데 34가지 일을 나열하고 있다. 향 피우기, 차 달이기, 낮잠, 밤의 독서, 시 짓기 등 선비의 일상에서부터 폭포 소리 듣기, 답청(踏靑), 꽃 심기, 대나무 옮겨심기, 연꽃 감상하기, 채소 뜯기, 뜰에 물 주기 등 많은 일들이 여기 들어 있다. 청보는 마음을 맑게 해 주는 보물이라는 뜻으로 책을 의미한다. 그는 여기서 백 종에 달하는 책제목을 나열하고 있는데, 유교 경전부터 도가의 경전, 불경, 역사서, 제자백가서, 문학서, 사전류, 패설류에 이르기까지 다양하면서도 광범위하다. 청경에서는 맑은 경치를 10가지 나열하고 있다. 작은 언덕의 닭과 개라든지 외로운 봉우리에 반사되는 빛도 있지만, 아름다운 꽃과 짙은 향기, 어여쁜 나무의 무성한 그늘 같은 것도 있다. 이것은 아마도 뜰이 집 주변 원림으로 범위가 넓어지면서 누릴 수 있는 경치를 포함하고 있는 듯하다. 청연은 청정하면서도 편안한 휴식을 의미하는데, 6가지를 들고 있다. 그중에 마음을 편안하게 하는 것으로 풀의 향기로움과 꽃의 어여쁨을 즐겨 사랑하는 것을 거론하고 있다.

마지막으로 청계는 청정한 계율이라는 뜻으로, 네 가지를 제시한다. 여기서 우리는 장혼의 삶을 엿볼 수 있는데, 다음과 같다. 첫째, 작고 초라한 집에 살면서 좀벌레나 물고기 같은 글자를 교정하지만 이미 그 졸박함을 편안히 여긴다. 둘째, 허름한 삼베옷을 입고 나물죽을 먹지만 어찌 이 곤궁함을 원망하겠는가. 셋째, 작은 거문고와 책을 즐기되 대대로 이은 가업은 감히 그만두지 못한다. 넷째, 산의 꽃과 계곡의 새를 즐기되 빈천함을 알아 잊지 아니한다.

세상 모든 굴레를 벗어난 나만의 공간

장혼이 평생 마음에 품었던 자신만의 뜰을 완성했는지 알 수 없는 일이다. 문집에는 「평생지」만 수록되어 있을 뿐 그의 글 어디에도 만년에 장혼이 어떤 뜰을 즐겼는지 기록되어 있지 않다. 여러 차례 그의 문집을 훑어봤는데도 딱히 그것을 추정할 만한 작품이 눈에 들어오지 않았다. 어쩌면 연대순으로 편찬되지 않아서 그럴 수도 있다. 그러나 장혼의 일생이 곤궁함으로 점철되었다는 점, 송석원을 드나들면서 많은 사람들과 시문을 주고받았던 점을 떠올려 보면 자신이 꿈꾸어 왔던 그 아름답고 우아한 뜰을 완성했을 것 같지 않았다. 물론 나의 편견일 수도 있다. 나도 장혼이 만년에 평생의 꿈을 이루었으면 좋겠다. 그렇지만 그것은 우리의 희망사항일 뿐, 그가 만들고자 했던 뜰은 모습을 드러내지 않은 것으로 보인다.

장혼이 무시로 드나들었던 송석원은 많은 사람들이 시문으로 혹은 그림으로 흔적을 남겼다. 그러한 기록들을 통해서 우리는 송석원이 당대 문예계 인사들의 가장 중요한 사교장 혹은 살롱이었음을 알 수 있다. 장혼은 그 사교장을 오가면서 천수경의 뜰을 마치 자신의 것인 양 즐기곤 했다. 그렇게 생각했다는 점은 장혼이 남긴 시문을 통해서 엿볼 수 있다. 사회적 관계를 맺고 그 과정에서 좋은 작품을 주고받는 일은 조선의 문인에게는 매우 중요한 일이었다. 장혼은 송석원이라고 하는 뜰을 그런 방식으로 활용했다.

그렇다면 「평생지」에 담긴 뜰은 어떤 것이었을까. 사회적 관계에 의해 만들어지고 유포된 장혼이라는 존재에서 잠시 벗어나서, 오직 천지 간에 유일한 존재로 오롯이 서 있는 장혼이라는 존재를 확인하는 곳이 아니었을까. 그곳에는 곤궁에 찌들어 간고한 삶을 이어가는 생활인으로서의 장혼도 없고, 중인층이라는 이유로 자신의 능력을 인정받지 못한 채 양반들에게 폄하되는 장혼도 없으며, 절름발이로 매일 먼 길을 걸어서 출퇴근하는 장혼도 없다. 장혼의 집인 '이이엄'에 정성 들여 가꾼 마음속의 뜰에는 거문고와 책을 즐기고 마음껏 시문을 쓰고 읊조리는 한 인간으로서의 장혼만이 존재할 뿐이다. 그가 「평생지」에서 말한 것처럼, 흥이 나면 노래하고 배고프면 밥을 먹고 목마르면 물 마시고 날씨에 따라 옷을 입고 해가 지면 집에서 쉬면 그만인 삶을 즐기는 장혼만이 존재할 뿐이다.

장혼의 삶은 애처롭고 구슬펐으되 그의 예술혼은 우아하고 풍류로웠다. 이따금 내 마음의 뜰을 돌아보면서, 혹시나 거친 세파를 헤쳐 나가느라 황폐해지지나 않았는지 돌아볼 일이다.

그리움과 외로움 가득한 조선 여인의 뜰

— 조선 후기 박죽서의 삶과 시

아파트의 답답함을 벗어나기 위하여

때때로 궁금한 공간이 있다. 규정이나 사회적 통념 때문에 접근이 어려운 공간이라면 더더욱 궁금해질 때가 있다. 어느 시대, 누구에게나 이런 공간이 있기 마련인데, 고전문학을 공부하는 나에게 규방(閨房)은 늘 궁금하기 그지없는 공간이다. 여성들이 살아가는 가장 중요한 공간, 외부 사람 특히 외간 남자에게는 거의 공개되지 않는 공간이 바로 규방이다. 집 안에서 살아가는 가까운 가족 외에는 규방을 드나들 수 있는 사람은 거의 없었다.

근대 이전의 규방을 엿보기 위해서는 당시 여성들의 일상을 살펴야 한다. 그렇지만 애석하게도 당시 여성들의 삶을 전해 주는 상세한 기록이 많지 않다. 그들의 일상을 굳이 글로 남겨야 할 필요성을 느끼지 못하는 사회였고, 남긴다 하더라도 자신의 관심사나 필요한 점만 간략하게 기록하곤 했다. 여성들의 일상을 구체적으로 남기지 못한 것은 그런 연유 때문이다. 지금이야 성별에 따른 공간 구분이 없으니 오히려 옛날의 공간 감각을 이해하기 어려울 것이다. 그렇다고 해서 우리가 지금 공간의 구분이 완전히 없어진 시대를 살고 있는 것은 아니다. 근대 이전이 성별이나 신분에 따른 공간 구분을 가지고 있었듯이, 지금은 자본이 만들어 낸 공간 구분에 따라 살아가고 있는 것은 아닐까.

처음 아파트에 입주했을 때, 나는 이렇게 환상적인 공간이 있는가 싶을 정도로 좋아했다. 심지어 일 때문에 외출하는 경우가 아니면 늘 집에서 하루를 보냈고 웬만하면 집을 나가지 않으려 했다. 어렸을 때부터 아파트에서 살아온 사람이라면 이런 말이 이상하게 들릴 수도 있다. 그렇지만 시골에서 자란 사람에게 아파트는 상상도 못했던 공간이었고, 아무리 작은 틈새라도 활용도를 높이기 위해 아이디어를 낸 걸 보면서 놀라워했다. 아파트에서 나가지 않으려 했던 것은 결코 과장이거나 거짓말이 아니었다. 문만 닫으면 세상의 모든 소음에서 벗어날 수 있었고(나중에 층간소음 때문에 고생하기는 했지만), 날씨에 상관없이 창밖으로 보이는 풍경을 즐길 수가 있었다. 커피를 한 잔 앞에 놓고 책을 읽노라면 세상이 이런 호사가 또 있을까 싶었다. 지금도 아내는 그때를 회상하면서 나를 놀리곤 한다.

아파트 생활이 좋기는 했지만 살다 보니 아쉬운 점이 하나씩 눈에 띄기 시작했다. 그중에서도 가장 아쉬운 점은 계절의 변화를 전혀 모르고 살아가야 한다는 점이었다. 집 안으로 들어오는 순간 바깥 날씨에 관계없이 완전히 외부와 단절되는 느낌이 들었고, 실제로도 비가 오는지 바람이 부는지 알아차리기가 힘들었다. 오랜 세월 자연의 순환과 함께 살아왔던 내 몸속의 유전자가 더 이상 필요 없어지는 느낌이 들었다. 어떤 날은 무심코 외출하려고 나왔다가 비가 오고 있는 걸 발견하고 다시 들어가서 우산을 들고 나온 적도 있었다. 이런 것들이 쌓이다 보니 때로는 자연의 흐름 속에 나를 맡기고 싶은 마음이 생기기도 했다.

돌아보면 작은 공간 속에서 평생을 살아가는 일은 얼마나 답답하고 지루한 일인가. 그런데도 우리는 몇 년 동안 열심히 모은 돈을 몇 평 아파트를 넓히는 데에 쓰곤 한다. 서너 평 넓어진다고 해서 우리 삶이 얼마나 확장될 수 있을 것인가. 수천 년 동안 자연 속에서 만들어 왔던 신체 리듬을 잊고 두꺼운 콘크리트 벽에 갇혀서 인생을 살아가는 자신을 돌아보면 스스로 불쌍한 마음이 들지 않는가. 어쩌면 그런 생각조차 하

지 못하는 사람이 더 많을지도 모르지만, 그렇다고 해서 우리
의 삶이 행복한 것은 아니다. 여행이 자유로워지고 마음만 먹
으면 어디든 갈 수 있는 환경이 우리를 더 넓은 세상으로 이끄
는 것도 사실이고, 그럴 때면 마음이 드넓은 곳을 향해 열린다
는 사실도 알고 있다. 그러나 여행은 늘 내가 나왔던 좁은 공간
으로 돌아갈 수밖에 없는 운명이고, 다시 세상과 단절된 좁디
좁은 공간으로 들어가야 한다.

  앞서 말한 것처럼, 옛 기록을 읽으면서 나는 규방이 늘
궁금했다. 옛날 집이라고 해야 넓었던 것도 아니었다. 가난한
평민들의 경우는 좀 달랐겠지만, 양반가에서 규방은 여성들의
공간이었으므로 남성들의 출입이 제한적이었다. 동시에 여성
들의 출입 역시 제한적이었다. 규방을 벗어나서 여성들이 자
유롭게 왕래할 수 있는 환경이 아니었다는 의미에서 그러하
다. 태어나서는 어머니를 포함한 여성들이 주로 생활하는 공
간에서 자랐고, 혼인을 한 뒤에는 시댁에 마련된 여성 공간에
서 죽을 때까지 살아야 했다. 요즘처럼 외출과 여행을 자주 할
수 있는 처지도 아니었으니, 규방은 여성들에게 허여된 최대
한의 공간이었다.

조선 여인의 규방과 뜰

최근 에이모 토울스가 쓴 『모스크바의 신사』를 읽었다. 사람
마다 취향이 달라서 평가하기는 섣부르지만, 나로서는 오랜만
에 재미있는 소설을 읽었다는 생각을 했다. 좁은 호텔 안에서
평생을 살아가는 사람 이야기다. 나중에라도 읽을 독자를 위
해 자세한 줄거리를 이야기하지는 않겠지만, 적어도 호텔 안
에서만 살아가야 한다는 설정은 내게 많은 생각을 하게 만들
었다. 특히 조선 시대 사대부 집안 여성들의 삶이 떠올리면서
그들의 문학 작품과 생애를 다시 한번 돌아보게 되는 계기가
되었다. 아무리 고대광실 좋은 집이라 하더라도 평생을 담장
안에서 살아가야 한다면 견딜 수 있을지 모르겠다. 사람은 빵
만으로는 살 수 없는 법, 좋은 음식과 잠자리와 돈이 있어서 제
한된 공간에서만 살아가는 답답함을 어쩌지 못한다.
　　사대부 집안이라고 해서 어찌 경제적으로 넉넉하기만
했겠는가. 그렇지만 사회적으로 큰기침깨나 하면서 많은 하인
들을 거느리며 살아가는 여성이라 해도 평생 규방을 중심으로
여성들의 공간을 벗어나지 못한다면 힘든 삶이 될 가능성이
높다. 물론 당시의 모든 여성들이 그러한 생활방식을 유지하
면서 당연히 그렇게 살아야 한다고 교육을 받아 온 처지기 때
문에 우리가 생각하듯 절망스러운 답답함을 느끼지는 않았을

것이다. 그렇다고 해서 좁은 공간에서의 생애가 답답하지 않 았을 리 만무다.

　남성들은 바깥출입을 자유롭게 하면서 여성들에게는 허여된 공간 외에는 출입을 금하니 자연히 여성들의 시선은 남편이나 자식과 같은 남성들에게 집중되었다. 그러나 이들 남성이 자신을 위해서 온전히 시간을 내줄 리 없으니, 길고 긴 시간 동안 여성들은 쓸쓸함과 그리움으로 가득한 삶을 살아갔 다. 허난설헌(許蘭雪軒, 1563~1589)의 작품으로 알려진 가사 작 품 중에 「규원가」閨怨歌라는 작품이 있다. 작중 화자인 젊은 부 인은 밖으로만 떠도는 풍류남아 남편을 기다리느라 온 시간을 다 쏟는다. 그 과정에서 느끼는 감정을 이렇게 노래했다.

　　얼골을 못 보거든 그립기나 마르려믄

　　열두 쌔 김도 길샤 설흔 날 지리(支離)ㅎ다

　　옥창(玉窓)에 심근 매화(梅花) 몇 번이나 희여진고

　　겨울밤 차고 찬 제 자최눈 섯거 치고

　　여름날 길고 길 제 구즌비는 므스 일고

　　삼춘화류(三春花柳) 호시절(好時節)의 경물(景物)이 시름업다

　　가을 둘 방에 들고 실솔(蟋蟀)이 상(床)에 울 제

　　긴 한숨 디는 눈물 속절업시 헴만 만타

　　아마도 모진 목숨 죽기도 어려울사

찾아오지 않는 남편 때문에 작중 화자의 규방은 남편
을 향한 그리움과 삶의 지루함과 쓸쓸함으로 인해 황폐한 느
낌마저 든다. 여기서 보이는 규방 주변의 뜰 풍경이 사실적인
묘사인지 확인할 길은 없다. 창밖에는 아름다운 매화나무가
있고, 마당 한쪽에 있는 누각에 올라가면 봄날의 꽃과 버드나
무가 한눈에 들어온다. 가을밤 창문을 열면 달이 세상을 환하
게 비추고 침상 주변으로는 귀뚜라미 소리가 들린다. 굳은비
내리는 긴 여름날과 땅을 살짝 덮을 정도로 내린 자취눈이 내
리는 겨울이면 한숨과 눈물, 수많은 근심의 나날이 이어졌다.

남편이 오지 않는 쓸쓸한 규방에서 이 여인이 늘 바라
보는 것은 주변의 경물이다. 달과 눈, 겨울을 이겨 내고 피어나
는 창가의 매화, 깊은 봄날 피어난 꽃과 버드나무는 그저 시절
따라 피고 지는 사물이 아니라 자신의 슬픔, 근심, 외로움, 그
리움을 온통 함께 견뎌 주는 벗이었을 것이다. 한정된 규방 공
간이지만 외로운 여인에게 가장 아름다운 벗이 되었던 이들은
바로 뜰에서 피고 지는 꽃과 나무들이었다.

어떤 관점에서 보느냐에 따라 조금은 달라지겠지만,
조선 사회에서 여성들의 처지가 좋았다고 할 수는 없다. 특히
여성들에게 글을 가르치지 않는 풍조가 널리 퍼져 있어서, 자
신의 삶을 글로 남겨 놓은 경우가 별로 없었다. 우리가 근대 이
전의 여성들이 어떻게 살았는지 세세하게 살피기 어려운 것은

대체로 그런 탓이다. 앞서 언급한 허난설헌의 문집이 17세기가
되어서야 우여곡절 끝에 출간되었을 뿐 아니라 사대부들에게
호의적인 반응을 이끌어 내지 못했으니 당시의 문화적 풍토를
짐작할 만하다. 조선 후기가 되어서야 비로소 몇몇 여성들의
문집이 소략하게나마 발간이 되었는데, 조선 여인들의 삶을
미시적으로 살펴볼 수 있는 작은 소재를 마련할 수 있었다.

　　규방에서 지내는 한 생이 할 수 있는 일이란 한정적
인 것이 아니겠는가. 좁은 공간이라고 해서 그들의 삶이 좁았
던 것도 아니었다. 대부분은 그곳이 세상 모든 것인 듯 살아갔
겠지만, 어떤 사람은 드넓은 천하를 향해 정신적 유영(遊泳)
을 즐겼다. 어깨너머로 배우든 혹은 아버지나 남자 형제의 호
의에 힘입어 배우든, 어렵사리 배운 글은 어떤 여인에게는 자
신의 정신을 천하로 향하게 만들어 주었다. 몇 권 안 되는 책
을 무수히 반복하면서 정신세계를 넓혀 나가기도 했을 것이
고, 집에 소장되어 있는 많은 책을 통해서 자신을 넓혀 나가기
도 했을 것이다. 그렇게 세계를 향해 자신의 마음이 달려 나갈
때 문득 자신의 신체를 억압하는 좁은 공간이 보이지 않았을
까. 그들은 드넓은 세계와 좁디좁은 규방 주변이 공간 사이에
서 발생하는 간극을 어떻게 견뎠을까.

　　여성들이라고 해서 고립된 생활만 하지는 않았다. 비
록 현실적 공간은 좁았지만 그 안에서는 인간의 희로애락과

생로병사가 만다라처럼 펼쳐지고 있었다. 아들이 태어나면 그
곳에 여러 사람의 웃음꽃이 피어났고, 어여쁜 딸이 아프기라
도 하면 수심 가득한 근심이 수런거렸다. 누군가 세상을 떠나
면 가장 슬픈 울음소리가 문틈을 비집고 새어 나왔다. 인간사
수많은 일들을 겪는 이곳에는 집안 여성들의 마음을 어루만지
고 벗이 되어 주었던 풀과 꽃과 나무들이 있었다. 당시 여성들
이 뜰을 직접 가꾸었다는 기록을 찾기는 어렵지만 조선 후기
여성들의 시문집을 살펴보면 규방 주변에서 만날 수 있는 아
름다운 초목들이 소재로 자주 등장한다.

박죽서와 삼호정시사(三湖亭詩社)

19세기를 살았던 여성 시인 중에 박죽서(朴竹西, 1817년경
~1851년경)라는 인물이 있다. 원주 사람으로, 금천부원군(錦川
府院君) 박은(朴訔)의 후예인 박종언(朴宗彦)의 서녀(庶女)로 기
록에 전한다. 그녀의 호는 죽서식거(竹西識居), 반아당(半啞堂)
이다. 꽤 오래전에 그녀의 시집인 『죽서시집』竹西詩集을 번역한
적이 있었는데, 당시 '반아당'이라는 호가 내 눈길을 끌었다.
　　당시 대부분의 여성처럼 그녀에 대한 기록이 별로 전
하지 않아서 상세한 생애를 복원하지는 못했지만, 송호(松湖)

서기보(徐箕輔)의 소실로 들어간 이후 그리 길지 않은 생애를 병으로 고생하면서 한시를 평생의 낙으로 삼았던 인물로 보인다. 죽서가 세상을 떠난 뒤 166편의 한시 작품을 수습하여 남편의 친척인 서돈보(徐惇輔)가 서문을 붙인 『죽서시집』竹西詩集이 간행되었다. 당시 여성에 비해 제법 많은 문학적 흔적을 남긴 셈이기는 하다. 그러나 죽서의 신분이라든지 현실적인 처지, 여성이라는 한계 때문에 자신이 하고 싶은 말을 제대로 할 수 없었을 것이다. 말을 할 줄은 알지만 하고 싶은 말을 못 하는 처지를 빗대어 '반벙어리' 즉 '반아'(半啞)라고 자호(自號)하지 않았을까 짐작되었다.

『죽서시집』 첫머리에 이미 열 살 때 지은 작품이 수록된 것을 보면 박죽서는 어렸을 때부터 꾸준히 한시 창작에 전념했던 것을 짐작할 수 있다. 『죽서시집』에 부친 서돈보의 서문에 의하면, 죽서 역시 당대의 다른 여성들처럼 정식으로 글을 배운 것은 아니었다. 부친이 공부하는 옆에서 자연히 글을 깨치게 되는데, 워낙 영오(穎悟)하고 책을 좋아해서 이후 『소학』小學을 비롯하여 유교 경전과 역사서, 옛 작가들의 시문을 널리 읽었다고 한다. 문집 서문이라서 약간의 과장이 있다는 점을 감안하더라도, 위의 기록은 죽서의 탐서벽(耽書癖)과 함께 한시 창작의 생활화를 짐작게 한다.

죽서의 한시는 문집이 간행될 당시에 이미 애상적 정

조가 특징적인 부면으로 지적된 바 있다. 이러한 애상적 그리
움의 대상으로 자주 등장하는 인물이 있는데, 바로 김금원(金
錦園)이다. 김금원은 죽서와는 동향인 원주 사람으로 평생의
지기였던 것으로 보인다. 그녀는 죽서가 죽었을 때 그 죽음을
애도하는 글을 쓴 바 있다. 김금원은 시랑(侍郎) 김덕희(金德
熙)의 소실로, 남편 김덕희가 의주부사로 나갔다가 서울로 돌
아온 뒤에는 서울에서 지내게 된다. 그때 김금원이 거처한 곳
이 바로 용산에 있는 삼호정(三湖亭)이다. 삼호정을 중심으로
주변의 여성 문인들이 모여서 시회를 열게 되는데, 이를 삼호
정시사라고 부른다.

　　조선 후기가 되면 중인 계층들의 시사 활동이 활발해
진다. 양반들의 전유물처럼 여겨졌던 한시문을 즐겨 창작하
고, 나아가 자신들의 한시가 훨씬 우수하다고 자부했던 중인
층 문인들의 자부심은 조선 후기 한국 문학사에 새로운 활기
를 불어넣는다. 그런 와중에 여성들이 중심이 되어 시사 활동
을 한 것은 특별한 의미를 지닌다. 삼호정에서 함께 시를 지으
며 즐기던 김운초(金雲楚)의 글에서 자신들의 모임을 시사로
지칭한 기록이 있으니, 분명히 문학 동인으로서의 인식을 가
지고 있었을 것이다. 김금원은 삼호정에서 노니는 자신들의
모습을 이렇게 묘사하였다.

때때로 읊조리며 좇아서 시를 주고받는 사람이 넷인데 하나는
운초(雲楚)이다. 성천(成川) 사람으로 연천 김상서의 소실이다.
재주가 뛰어나 시로 크게 알려져 사람들이 끊임없이 찾아오는
데 어떤 사람은 떠나지 않고 오래 머무르며 이틀 밤을 묵기도 한
다. 한 사람은 경산(瓊山)이다. 문화(文化) 사람으로 화사(花史)
이상서(李尙書)의 소실이다. 많이 알고 박식한데 시를 읊조리는
데에 뛰어나다. 때마침 이웃에 살아서 서로 자주 만난다. 한 사
람은 죽서(竹西)로 나와는 같은 고향 사람이다. 송호(松湖) 서태
수의 소실이다. 재기가 영명하고 지혜로워 하나를 들으면 열을
안다. 글로는 한유, 소동파를 사모하며 시 역시 기이하고 고아하
다. 또 한 사람은 내 아우 경춘(鏡春)이다. 주천 홍태수의 소실이
다. 총명하고 지혜롭고 정숙할 뿐만 아니라 널리 경사(經史)에
통달했다. 시사 역시 여러 사람에 뒤지지 않는다. 서로 어울려
좇아 노는데 비단 같은 글 두루마리가 상위에 가득하고 명언가
구(名言佳句)가 선반 위에 가득 차 있어 때때로 낭송하면 낭랑하
기가 쇠를 두드리고 옥(玉)을 부수는 듯하다(김금원, 『호동서락
기』湖東西洛記).

운초, 경산, 죽서, 경춘 등은 김금원의 거소(居所)인 삼
호정에서 자주 모여 시를 음영하면서 즐겼다. 문장뿐만 아니
라 시에도 능하여, 삼호정에서의 시회(詩會)는 많은 시를 짓고

이를 낭송하면서 흥겨운 분위기를 연출했던 것으로 보인다. 강명관 교수는 조선 후기에 발흥하는 시사들의 기본적인 주조를 유흥적인 경향으로 정리한 바 있다. 그렇다면 삼호정에서의 시회 역시 유흥적인 분위기를 강하게 가지고 있었을 것이다. 더욱이 이들 여성들의 신분이 모두 기생 혹은 서녀 출신의 소실이었으므로 쉽게 동류의식을 가질 수 있었을 터이다.

주변의 이 같은 분위기에 힘입어 죽서의 한시 창작은 일정한 추동력을 받았을 것이다. 서로의 입장을 이해하면서 창작에 몰두하는 죽서의 태도는 한시 창작 자체가 삶의 자연스러운 일부로 승화된다. 그 입장을 가장 잘 이해해 준 사람들이 바로 이들 삼호정시사의 구성원들이었으며, 그중에서도 김금원이 더욱 친밀했다. 김금원이 조금 연상이기는 하지만, 같은 원주 출신에다 서울에서도 이웃에 거처하고 있었으며, 신분상 같은 조건을 가지고 있었다는 점이 그렇게 된 요인으로 작용하였다. 후일 김금원은 일찍 죽은 죽서를 위해 시집의 발문을 쓰게 된다.

그리움과 외로움으로 가득한 박죽서의 뜰

『죽서시집』에 수록된 작품의 창작 배경이나 연대를 정확히 알

수는 없지만 크게 두 가지 부류가 있는 것으로 보인다. 고향집
에서 지은 작품이나 혼인 이후 거처하던 집에서 지은 작품이
하나고, 남편의 임지로 가서 관아에서 지은 작품이 다른 하나
다. 어디서 지었든 그녀가 뜰 가꾸는 일에 관심을 두었다는 기
록은 보이지 않는다. 그렇지만 심신이 안정되지 않거나 무언
가 고민거리가 있을 때에는 뜰을 거닐거나 집 주변을 산책하
면서 마음을 달랬던 점은 작품 곳곳에 보인다. 이러한 작은 기
록을 통해서 우리는 박죽서가 일상을 보냈던 뜰의 모습을 재
구해 볼 수 있을 것이고, 나아가 조선 후기 여성들이 살았던 공
간의 일부를 엿볼 수 있을 것이다.

　　박죽서의 글을 통해서 그녀가 생활했던 공간을 그려
볼 수 있다. 남편의 임지로 따라가서 생활했던 관아는 잠시 머
물던 곳이니 우리의 관심사는 당연히 그녀의 사적 공간이 될
터이다. 시에서 자신의 공간을 전적으로 묘사하지 않았으니
작은 조각들을 모아서 대체로 어떤 모습이었는지를 상상해
보자.

　　우선 그녀가 살았던 집은 그리 화려한 곳은 아니었을
것이다. '모옥'(茅屋)이라고 했으니 띠풀로 지붕을 이은 집이
다. 한시가 가지고 있는 관용적 표현을 감안하더라도 으리으
리한 기와집에 규모를 갖춘 반가(班家)라고 하기는 어렵다. 그
러나 자신의 공간을 '소원'(小院)이라고 더러 표현했으니 건물

한 채만 덜렁 있었다고 하기도 어렵다. 남성과 여성의 공간이 구분되어 있지만 전반적으로 소박한 느낌을 주는 집이었다.

집을 중심으로 문밖에는 멋진 소나무가 높이 솟아 있었고, 뜰 한쪽으로는 매화나무가 자라고 있었다. 건물 뒤쪽으로는 대나무 숲이 감싸고 있으며, 담장 쪽으로는 오동나무가 한 그루 멋진 자태를 뽐내고 있었다. 마당을 중심으로 가장자리 쪽으로는 봄날 달밤에 희디흰 꽃을 피워 내는 배나무가 있고, 봄이면 붉은 꽃을 피워 내는 꽃들이 있었을 것이다. 계절 따라 국화라든지 단풍 같은 것들이 빛깔을 바꾸면서 그녀의 뜰을 장식해 주고 있었다. 앞서 말한 것처럼 답답증이 이는 날이면 집 주변으로 나가서 산책을 즐기며 주변의 경관을 즐기기도 했다.

우선 박죽서의 집 주변 풍경을 엿볼 수 있는 작품을 한 편 읽어 보자.

雪意虛明遠雁橫	눈 내릴 듯 맑은 하늘엔 먼 기러기 비끼고
梅花初落夢逾淸	매화 막 떨어지자 꿈 더욱 맑다.
北風竟夜茅簷外	북풍은 밤새도록 처마 끝에 불고
數樹寒篁作雨聲	겨울 대숲엔 비 내리는 듯한 소리.

—— 박죽서, 「겨울밤」冬夜

겨울밤의 정서를 감각적으로 포착한 아름다운 작품
이다. 표현은 아름다워도 어찌 보면 관용적인 느낌이 들 정도
로 깔끔하다. 그렇지만 글의 이면에 스며 있는 박죽서의 감성
을 더듬어 보자. 눈이 내릴락 말락 하는 맑은 겨울 하늘에는 기
러기가 비스듬히 줄지어 날아간다. 겨울이 깊어 가는 밤, 추위
를 이기고 피어났던 납매의 꽃잎이 떨어지고 맑은 꿈은 깊어
만 간다. 띠풀로 덮은 초가집 처마엔 밤새도록 북풍이 몰아치
고, 집을 둘러싼 대나무 숲에서는 바람에 서걱이는 댓잎 소리
가 마치 빗소리처럼 들려온다.

　　기러기, 매화와 같은 소재는 박죽서의 시에서 굉장히
자주 등장한다. 그만큼 자신의 심정을 드러내기에 적합하다는
뜻이리라. 기러기는 전통적으로 멀리 떨어져 있는 사람과의
소통을 의미한다. 안서(雁書)와 같이 편지를 의미할 때 등장하
는 기러기가 시에 자주 보인다면 이는 그녀가 누군가의 소식
을 기다린다는 것으로 읽을 수 있다. 그런 맥락을 감안하면서
이 작품을 보면 작중 화자의 마음 풍경을 볼 수 있다.

　　북풍은 겨울바람이다. 이 작품의 계절적 배경은 겨울
이고 시간적 배경은 밤중이다. 추운 겨울밤 박죽서는 방안에
홀로 앉아서 길고 긴 시간을 보내고 있다. 기러기가 줄지어 날
아가도 바라던 소식은 오지 않는다. 처마 끝 띠풀을 스치며 밤
새도록 불어오는 저 북풍의 싸늘함이 밤의 추위를 더한다. 게

다가 바람이 훑고 지나가는 대숲에서는 마치 비라도 쏟아지
는 양 댓잎 부딪치는 소리가 들린다. 겨울 한밤중, 대나무 숲
이 바람에 흔들리는 소리를 들어본 사람은 그것이 얼마나 사
람을 쓸쓸하게 만들어 주는지 잘 안다. 추위를 이기고 겨우 피
었던 매화가 겨울 밤바람에 떨어지자 꿈은 더욱 맑아졌다고
했다. 꿈이 맑아지면 잠은 더욱 멀리 달아나는 법, 어쩌면 박
죽서는 그리움과 쓸쓸함에 사무쳐서 긴 겨울밤을 꼬박 새우고
있는 것인지도 모른다. 이와 같은 표현이 여러 차례 반복되는
것을 보면 그녀의 심정이 어떠했는지 짐작할 수 있다. 예컨대
"떼 지어 돌아가는 기러기 울음소리 먼 바람결에 들려오고, 대
나무 소리 때때로 빗소리 속에 섞인다"(一陣歸鴻叫遠風, 竹聲時
雜雨聲中:「새벽에 앉아서」曉坐)는 표현 역시 같은 맥락에서 나온
것이다.

　　계절로 치면 봄처럼 아름다운 시절이 또 있을까. 겨우
내 움츠렸던 만물에 물이 올라 푸르름을 뽐내고 따스한 햇살
을 받아 자신의 아름다움을 자랑한다. 박죽서의 시에서 배경
으로 채택되는 계절은 단연코 봄이다. 166수 중에서 61수가 봄
을 노래한 것이니 매우 높은 비율이다(가을 19수, 겨울 14수, 여
름 4수). 그런데 이상할 정도로 그녀의 작품에서 봄이 주는 즐
거움이나 만물이 소생을 다룬 것이 적다. 봄을 다루면서도 여
전히 그녀는 외롭고 쓸쓸하다. 예를 들어 보자.

紅綠俱春艶	붉고 푸른색 봄의 아리따움 갖추었는데
詩懷却似秋	시흥 솟는 이 마음은 도리어 가을 같아라.
醉中猶硋碿	취중에도 오히려 마음은 편치 못하고
病裏更遨遊	병중이라 더욱 멋대로 노닌다.
佳節誰能續	아름다운 시절을 그 누가 이을 수 있으랴
名花挽不留	이름난 꽃들은 붙들어도 머무르질 않는다.
西園殘照外	서쪽 뜰에 비치는 저녁 빛 저편으로
啼鳥喚新愁	우는 새가 새로운 근심을 부르는구나.

—— 박죽서, 「늦봄 한가로이 지내며」暮春閑居

뜰에는 온통 푸르고 붉은빛 가득한 봄이지만 시흥을 일으키는 마음은 가을 같다고 하는 첫 구절부터 그녀의 심사가 범상치 않다는 점을 느끼게 한다. 뜰에서 지내는 그녀의 시간은 시와 술이 늘 함께한다. 그렇지만 술을 마셔도 마음은 평화롭지 못한데, 표면적인 이유는 병 때문이다. 병이 들었으니 깊어 가는 봄도 가을처럼 느껴지고 뜰앞 나뭇가지에 앉아 우는 새도 즐겁기보다는 새로운 근심을 부르는 듯하다. 서쪽 뜰에 비스듬히 들어오는 저녁 빛 역시 그녀의 병이 제법 깊었음을 느끼게 한다.

이 작품에서 경련(頸聯)의 표현은 박죽서 시 중에서 절창으로 꼽힐 만하다. 언젠가는 이 세상을 떠나야 하는 것은 인

간의 숙명이다. 아름다운 시절이 계속되지 않듯이, 아무리 붙
잡고 만류해도 피어 있는 꽃을 머무르게 할 수 없듯이, 우리의
인생은 쉼 없이 흘러간다. 그러는 사이에 누군가는 만나고 헤
어지고 그리워하고 미워하고 기뻐하고 슬퍼하다가 결국은 병
이 들어 세상을 하직한다. 생로병사는 누구나 똑같이 겪는 숙
명이다. 박죽서의 슬픔은 인간의 숙명에서 비롯되는 것처럼
보인다. 그렇지만 이런 슬픔을 계속 되새기게 하는 존재가 있
다. 바로 자신의 곁을 떠난 임이다.

아무도 없는 뜰에서 그대를 그리워하네

당시 여성들의 삶이 비슷해 보여도 개인사를 살펴보면 각양
각색이라는 것은 예나 지금이나 마찬가지다. 더욱이 박죽서는
번듯한 반가의 여성이 아니라 서녀(庶女) 신분이었다는 점, 한
남자의 소실이었다는 점을 감안하면 말할 수 없는 곡절이 없
었을 리 없다. 그녀의 작품을 전반적으로 살펴보면 그리움의
정서가 글의 전면에 깔려 있는 것을 발견하게 된다.
　　대나무로 둘러싸인 박죽서의 뜰에 몇 그루의 나무와
꽃들이 온전하게 그녀의 눈을 사로잡은 일은 없었던 것으로
보인다. 그녀가 아름다운 꽃과 나무에 관심이 없거나 심미안

이 없어서 그러하지는 않았을 것이다. 늘 생활하는 공간인 뜰에서 계절 따라 피고 지는 저 아름다운 꽃과 나무들은 그 자체로 수용되는 것이 아니라 늘 그녀의 심사를 드러내는 시적 상관물로 사용되었기 때문이다. 그녀의 시선은 늘 사랑하는 임을 향해 있었고, 자신에게 소식 한 장 제대로 전해 주지 않는 임에 대한 그리움으로 가득한 생을 살아 내고 있었다.

　그리워해도 임이 돌아올 기미가 보이지 않는다면 쓸쓸해진다. 어디에도 기댈 곳 없는 신세라는 사실을 절실히 깨닫기 때문이다. 그 쓸쓸함은 쉽게 외로움으로 이어진다. 그러니 뜰의 꽃과 나무를 보아도 자신의 외로움과 정서적으로 동일시된다. 조선의 모든 여인이 그렇게 살지는 않았지만, 적어도 박죽서의 뜰은 그리움과 외로움으로 가득한 공간이었다. 어렸을 적부터 친하게 지내던 김금원이나 경춘도 자기 길을 따라 떠나고, 사랑하는 임도 옆에 없다. 그저 옆에서 벗으로 꼽을 만한 것은 시와 술과 병(病)뿐이다. 그러니 계절이 바뀐들 무슨 낙이 있으랴. 저 깊디깊은 그리움과 외로움만이 뜰에 가득할 뿐이다.

　박죽서의 그리움을 절절하게 노래한 작품이 문득 떠오른다. 아무도 이해할 수 없는 도저한 그리움의 깊이를 그녀는 이렇게 노래했다.

鏡裏誰憐病已成	거울 속 이 몸 누가 가련히 여길까요, 병 이미 깊었나니
不須醫藥不須驚	약도 필요 없고 놀랄 필요도 없답니다.
他生若使君爲我	저승에서 그대가 만약 내가 되신다면
應識相思此夜情	그리워하는 오늘 밤의 정을 알게 되실 겁니다.

—— 박죽서, 「그대에게 보내는 시」寄呈

꽃 속에서 보낸 생애
― 유박의 백화암

어딘가에 미쳐 있던 시절

누구에게나 무언가에 미치는 시절이 있다. 책, 영화, 낚시, 사
냥, 게임, 바둑 등 세상은 넓고 사람을 미칠 듯이 빠져들게 만
드는 것은 무한하다. 조금만 눈을 돌려 보면 우리를 유혹하는
수많은 것들이 내 관심을 받기 위해 자신의 매력을 뽐내고 있
다. 그러나 아무리 재미있는 것이라도 누구에게나 재미있으리
라는 법은 없다. 또한 나에게 재미없는 것이라도 다른 사람에
게는 매혹적인 것이 될 수 있다. 술을 좋아하는 사람이라면 아
무리 싸구려 술이라도 밤을 새워 마시게 만드는 힘이 있지만,
술을 마시지 못하는 사람이라면 아무리 비싸고 좋은 술이라도
한 잔 물만도 못한 것이다.

돌아보니 나도 청춘 시절에 무언가 탐닉하며 시간을 보냈던 것들이 있었다. 일일이 거론하지는 않으려니와 나 역시 그 시절 무언가에 홀려서 다른 수많은 것들을 도외시하면서 살았더랬다. 어떤 친구는 나의 탐닉을 비웃었고 어떤 친구는 함께 웃으면서 호응해 주기도 했다. 신기한 것은, 그 기간이 지나서 관심사가 다른 곳으로 옮겨 가는 순간 내 탐닉의 대상이었던 것은 정말 하찮은 것으로 변하곤 했다는 점이다. 한 사람의 인생에서도 탐닉의 대상은 수시로 바뀔 수 있다.

그렇지만 평생 하나에 몰두해서 그것의 매혹에서 빠져나오지 못하는 사람들도 있다. 어쩌면 어린 시절 매혹되었던 책에 빠져서 지금까지도 빠져나오지 못하는 나 역시 그런 유형 중의 하나일지도 모르겠다. 어디 책뿐이랴. 조금만 둘러보아도 주변에 평생을 두고 한 가지에 탐닉하는 사람들이 제법 있음을 쉽게 알 수 있다. 최근 젊은이들이 방안에 틀어박혀서 자신만의 세계에 빠진 사람들이 많다면서 우려의 시선을 보내는 경우가 있다. 그들을 방에 콕 틀어박혀서 살아간다는 뜻으로 방콕족이나 골방생활자라고 부르든, 은둔형 외톨이를 뜻하는 히키코모리라고 부르든, 이들의 탐닉 욕망은 상상을 초월하는 경우가 많다. 그들을 이해하지 못하는 사람들은 사회 부적응자로 그들을 분류하면서 걱정과 비난을 던진다.

세상에 존재하는 생명체만큼이나 수많은 유형의 삶이

존재한다는 입장에서 보면, 모든 생명체는 오직 자신만의 특징적인 삶의 태도와 생활방식으로 자신의 존재 증명을 하는 셈이다. 나의 삶이 독특한 개성을 드러냄으로써 나의 정체성을 형성하는 것처럼, 다른 사람 역시 마찬가지로 그들 나름의 삶을 만든다. 그러니 다른 사람이 그렇게 살아간다고 해서 비난할 필요도 없고 그럴 수 있는 자격이 있는 것도 아니다. 물론 우리 사회 공동체를 심각하게 훼손함으로써 누군가의 삶과 생활방식을 침해한다면 비난할 수는 있겠지만, 그들의 삶이 잘못된 것이라고 지목할 수는 없는 일이다.

어찌 보면 사회 구성원의 평균치를 유지하면서 평범하게 살아가는 생활을 도외시하면서 어느 한 가지에 몰두하여 탐닉하는 사람들 덕분에 새로운 발걸음을 떼는지도 모른다. 평균치 주변에서 살아가는 대다수는 그들을 폄시하거나 도외시하면서 소수자로 취급하지만, 엉뚱한 생각을 하는 사람 덕분에 우리 삶은 새로운 경계를 맞이하는 경우가 역사에서 얼마나 많았던가. 그렇게 보면 어느 한 분야에 미친 사람들, 그리하여 그들의 성향에 '벽'(癖)이나 '치'(痴)를 붙이는 공부 덕분에 우리처럼 평범한 사람들도 뜻밖의 멋진 경지를 맛볼 수 있는 게 아니던가.

유박, 꽃에 미친 선비

우리 문화사에서 한 분야에 몰두하는 경향이 나타난 시기가 있다. 처음에는 기벽(奇僻)한 취미에서 시작하여 끝내는 '벽'이 되고 '치'가 된 사람들이 나타나는 것은 개인의 기질에서 연유하기도 하지만 사회 문화적 경향 탓이기도 하다. 그렇게 보면 조선 선조 시기, 우리가 흔히 문학의 번성 때문에 '목릉성세'(穆陵盛世)로 지칭하는 시기에 그러한 경향이 보인다.

그렇지만 그러한 취미가 고질병이 되어 한 인물의 평생을 결정하는 문화적 분위기가 성행한 시기는 역시 18세기 후반이 아닐까 싶다. 책에 미쳐서 평생 엄청난 수량의 책을 모은 사람도 있고, 벼루에 미쳐서 어떤 사물이건 보이는 족족 벼루로 깎는 사람도 있었으며, 괴석을 모으는 사람도 있었다. 서유구(徐有榘, 1764~1845)의 『임원경제지』「이운지」怡雲志에 보면 18세기 당시 사대부들이 몰두했던 취미를 거론한 항목이 있다. 정원과 연못, 다양한 용도의 건축물, 서재에 배치하는 문구들, 차, 향, 악기, 검, 짐승, 물고기 등 다양한 취미와 함께 꽃과 돌을 하나의 항목으로 거론하였다. 특히 꽃을 거론한 부분에서는 분재를 기르는 방법이라든지 꽃병이나 꽃의 등급, 꽃꽂이, 윤회매(輪回梅) 등 사대부들이 집에서 몰두할 수 있는 많은 것들을 자세하게 기록하였다.

　　꽃에 미친 사람도 있었는데, 유박만큼 미친 사람도 없
을 것이다. 널리 알려진 인물은 아니지만 정민 교수에 의해 문
집이 소개되고 생애가 재구되면서 꽃에 미친 그의 삶이 사람
들의 눈길을 끌었다.[1] 게다가 유박의 문집인 『화암수록』花菴隨錄
이 원문과 함께 번역되어 출판되면서 그가 남긴 글의 전모를
쉽게 볼 수 있게 되었다. 그의 호에서 볼 수 있듯이, 그리고 그
의 문집에 수록된 시문에서 쉽게 알 수 있듯이, 유박은 그야말
로 꽃에 미친 사람이었다. 꽃에 대한 그의 열정은 아마도 우리
역사에서 보기 드문 사례가 아닐까 싶다. 역대 문인들이나 권
력자들 중에 꽃을 지나치게 좋아해서 도에 넘치는 사람이 없
었던 것은 아니었지만, 일생을 두고 꽃만을 생각하고 꽃과 더
불어 살았던 사람은 유박이 첫손 꼽힌다.

　　유박의 일생에 대한 기록은 그리 많지 않다. 주변 사람
들의 기록과 유박 자신이 남긴 시문의 단편으로 구성해야 겨
우 짐작이 가능하다. 유박의 자는 화서(和瑞), 호는 화암(花菴),
본관은 문화(文化)다. 그의 조부 때에 분가해서 터를 마련한
곳이 황해도 배천(白川)인데, 유박은 평생 벼슬길에 나아가지

1　이 글에서 언급하는 유박의 생애는 정민 교수의 논문 「화암구곡의 작가 유박과 화
　　암수록」(『한국시가연구』 제14집, 한국시가학회, 2003)에 기대서 쓴 것이다. 또한
　　유박의 글을 인용한 것 역시 정민 등이 함께 번역한 『화암수록』(휴머니스트, 2019)
　　의 번역을 이용하는 것을 원칙으로 하되 의견이 다른 곳은 일부 수정하였다.

않고 이곳에서 생평을 보냈다. 자신이 지내는 집의 이름을 백화암(百花庵)이라 명명하고 온갖 꽃과 나무에 둘러싸여서 세월을 보낸 것이다. 유박 집안은 1628년에 있었던 인성군(仁城君) 추대 사건에 연루되어 역모로 유배되었다가 세상을 뜬 유효립(柳孝立) 때문인지 특별히 현달한 사람은 보이지 않는다고 한다. 물론 그 사건 이후 대부분 사면을 받았던 탓에 생원진사시에 합격한 사람은 간간이 보이지만, 사회적으로 크게 뜻을 펴기에는 어려웠던 것으로 보인다. 그런 사정 때문인지 유박은 조부 때부터 세거하던 황해도 배천 지역을 떠나지 않고 평생을 보냈던 것이다.

그가 지은 『화암수록』은 오랫동안 필사본으로 전해왔고 그 존재 역시 여러 사람들에게 알려져 있었다. 그러나 유박에 대한 정보가 워낙 드문데다 『화암수록』과 연결을 짓지 못했던 탓에 관심을 가지는 사람이 없었다. 그러다가 정민 교수에 의해 전모가 밝혀지면서 그것이 제대로 전승되지 못했던 사정 역시 알려지게 되었다.

한 인물의 생애 혹은 그의 집안을 당색으로 완전하게 규정하고 해석해 내기 어려운 측면이 있기는 하지만, 전반적인 정치적 학문적 경향을 추정할 실마리를 제공하는 측면도 있다. 그런 점에서 유박의 집안을 보면 소북(小北) 계열에 속한다고 한다. 유박의 맏딸은 신후담(愼後聃, 1702~1761)과 결혼

하였고 그 덕분에 그는 자신의 백화암에 기문을 소북 계열과
남인 계열 문인들에게서 받을 수 있었을 것이다. 우리에게 널
리 알려진 유득공(柳得恭, 1749~?)은 서얼 신분이라는 점을 접
어 두면(유박은 서얼이 아니다) 유박은 그의 7촌 당숙이 된다.
유득공 역시 백화암에 기문을 남긴 것도 이런 인연 때문일 것
이다.

　　〈대동여지도〉를 보면 유박이 살았던 황해도 배천 금곡
(金谷)이 표시되어 있다. 개경에서 흘러내린 물이 서해로 접어
드는 어구에 벽란도(碧瀾渡)가 있는데, 강 북쪽으로 미라산(彌
羅山), 고정산(高頂山), 천배산(天拜山)이 줄을 지어 서해를 막
아선 듯 이어져 있다. 이들 산맥 동쪽으로 넓은 벌이 펼쳐져 있
는데, 금곡은 바로 그곳에 위치한 고을이다. 유박의 경제 상황
이 어떠했는지 정확하게 알 수는 없지만, 곤궁하게 살았던 것
같지는 않다. 희귀한 화초라도 구할 수만 있다면 중국을 오가
는 사신이나 상인들을 통해서라도 구하려 했던 걸 보면 짐작
할 수 있다. 벽란도는 고려 시대부터 중국과 중요한 교통로 역
할을 했던 해상 기지였고 국내적으로도 많은 세운선(稅運船)
이라든지 어선(漁船)이 드나들었으므로 경제적으로 흥성스러
운 분위기를 가지고 있었다. 유박 역시 그러한 교통 환경 속에
서 살았기 때문에 외국에서라도 귀한 화초를 구하려고 애를
썼을 것이다.

온갖 꽃이 일 년 내내 피어나는 곳

화암 유박, 그가 지내던 집의 당호(堂號)는 백화암이다. 백화암을 위해 기문을 써 준 이헌경(李獻慶, 1719~1791)은 "언덕과 동산, 섬돌과 뜨락이 모두 꽃나무로 뒤덮여 대개 꽃이 백 가지나 되므로"(이헌경,「백화암기」,『간옹집』艮翁集 권20) 그렇게 이름을 붙였다고 쓴 바 있다. 유득공(柳得恭)은「백화암상량문」(『영재집』泠齋集 권13)에서 "꽃이 백 가지에 그치지 않지만 백(百)이라 한 것은 숫자를 채우려 한 것일 뿐"이라고 했다. 이용휴(李用休, 1708~1782) 역시 세상 초목의 종류가 삼천삼백 가지가 넘지만 이를 줄여서 백 가지로 만들고 이름을 백화암이라 지었다고 했다(이용휴,「기제백화암」寄題百花菴,『혜환시초』惠寰詩抄). 결국 백화암이란 온갖 꽃이 피고 자라는 집이라는 뜻이다.

　　유박 자신이 묘사한 집의 풍경은 조금 간단하지만「화암기」花菴記라는 제목으로 남아 있다. 그는 자신이 살고 있는 배천 금곡은 별로 노닐 만한 곳이 없고 자기 집에는 명망 있는 사람이 찾아오는 일이 없다고 했다. 겸사에 불과할 수 있겠지만 적어도 금곡 땅에서 평생을 살아가는 유박 입장에서는 특별히 드라마틱한 일이 생길 리 없다는 것을 짐작할 수 있다. 평탄한 생활에 변화를 주거나 무료한 삶을 잊을 만한 놀거리가 필요하다. 다행히 유박에게는 꽃에 대한 깊은 관심이 있었다. 얼마나 다행이겠는가. 그래서 그는 뜰에 화초와 나무를 심어서 꾸미고 그것을 백화암이라고 명명한 것이다. 그 경관을 유박은 이렇게 표현했다.

근래 사계절의 화훼로 수백 그루를 구하여 큰 것은 땅에 심어 기르고 작은 것은 화분에 담아, 화단을 쌓고 백화암 가운데 보관하였다. 몸이 그사이에 있으면서 소일하며 세상과 더불어 서로를 잊고 기뻐하며 자득하였다. 분매(盆梅)와 금원황, 취향비는 그 정신을 찬찬히 살핀다. 왜철쭉과 영산홍은 멀리서 형세를 보아 웅장함을 취한다. 모란과 작약, 계수나무와 복사꽃은 새로 얻은 여인과 같다. 치자와 동백을 보면 마치 큰 손님을 마주한 여인의 아리따운 모습이 손에 잡힐 듯하다. 석류는 품은 뜻이 시원스럽다. 파초와 괴석은 뜨락의 명산(名山)으로 삼는다. 비쩍 마른 소나무는 태곳적의 모습을 얻었고, 풍죽(風竹)은 전국시대의 기상을 띠고 있다. 이것들을 섞어 심어서 시중드는 하인으로 삼는다. 연꽃은 마치 공경스럽게 주돈이를 마주하고 있는 것만 같다 (91~92쪽).

짧은 문단이지만 읽는 순간 백화암의 정경이 눈에 선하게 떠오른다. 너무 짧아서 아쉽기는 하지만, 그래도 유박은 자신이 평생을 의탁하고 있는 뜰을 요령 있게 소개한다. 18세

기를 살아가는 사대부로서 당시 유행하던 화초에 대한 탐닉을
유감없이 드러낸다. 그의 성벽(性癖)으로 보아 여기서 언급한
화초와 나무는 아주 일부에 불과할 것이다. 이들을 벗으로 생
각하고 살았던 유박은 자기의 평생 친구 중에서 특히 아끼는
몇몇 친구만 호명함으로써 백화암의 정경과 풍치(風致)를 그
려 낸다.

당대 최고의 문장가이면서 재상을 지냈던 채제공(蔡濟
恭, 1720~1799)은 백화암에 기문(記文)을 남겼다.「우화재기」寓
花齋記(『번암집』樊巖集 권35)가 그것이다. 유박이 찾아가서 백화암
을 위해 글을 써달라는 부탁을 했고, 이에 응하여 지은 글이다.
백화암을 눈으로 보지 못한 채제공 입장에서는 백화암의 정경
을 글 속에 반영하기 위해 유박에게 자세히 질문하여 주변 경
관을 충분히 이해하려 했을 것이다. 그렇게 들은 이야기를 통
해서 머릿속에 백화암이 선연히 떠오를 정도가 되었을 때「우
화재기」를 지은 것으로 보인다. 이 글의 첫 부분은 다음과 같
이 시작한다.

사문(斯文) 유박은 꽃에 벽이 있다. 집은 황해도 배천의 금곡인
데, 어지러운 세상일을 사절하고 날마다 꽃을 심는 것을 일과로
삼아, 기르지 않는 꽃이 없었고 꽃이 피지 않은 때가 없었다. 다
섯 이랑 크기의 울타리 안이 향기 가득한 중향국(衆香國), 즉 꽃

나라였다. 그는 스스로 뽐내며 그 집 이름을 우화재라 짓고 한
시대에 시를 잘 짓기로 이름난 사람에게 널리 요청하여 이 일을
읊게 하였다(179~180쪽).

백화암 안에 있던 우화재라는 건물에 부치는 기문으로
보이는데, 채제공의 이 글이야말로 유박의 환경을 명확하게
묘사한다. 유박에게 '벽'이 있다는 문장으로 시작하는 이 글은,
꽃에 대한 지나친 탐닉을 통해서 유박이라는 인물을 바라보고
있다는 의미다. 동시에 채제공은 자기 시대 수많은 사람들이
사물에 탐닉하여 벽이 되고 광(狂)이 되고 치가 되는 세태 혹
은 문화적 경향에 대한 자신의 생각을 드러내고자 한다.

채제공은 유박이 꽃을 아끼는 것은 분명하지만 도에
통달한 것은 아닌 듯하다고 말을 시작한다. 성대함과 쇠미함,
밝음과 어둠, 권세와 부귀의 흥망성쇠 등이 반복되는 것은 천
하의 이치다. 꽃 역시 그와 같아서, 필 때가 있으면 지는 것이
이치다. 계절에 따라 피는 꽃이 다르기도 하고, 아무리 화려
해도 영원하지 않다. 그런 꽃들 속에 생애를 부치고 살아간다
는 뜻으로 '우화'라는 이름을 붙였으니 편협해 보인다는 것이
다. 꽃에 깃든다는 것은 꽃을 개인의 물건으로 사유화하는 것
인데, 모든 사물은 인간의 것이 아니라 천지 우주의 것이라
고 했다.

그렇지만 다른 한편으로 보면 유박이 꽃을 좋아하는 것 때문에 주변 사람들을 감화시키는 점이 있다고 했다. 어쩌다 유박이 멀리 외출을 하게 되면 집안사람들이 때에 맞춰 꽃을 심고 물을 주니, 이것이야말로 꽃에 대한 유박의 사랑이 사람들을 감화시킨 것이라고 했다. 그것은 『중용』中庸에서 말하는 '성'(誠)의 경지를 보여 주는 삶으로 해석하면서, 채제공은 이렇게 글을 맺는다.

> 대저 꽃을 귀하게 여기는 것은 단지 향기와 빛깔 때문이 아니라, 꽃을 통해서 열매를 맺기 때문이다. 그대는 성실한 마음으로 꽃에 대한 취미를 추구하고 천하 사물의 실다운 이치에서 이를 구하니, 단지 깃들이기만 하는 것은 아니다. 몸이 이치와 더불어 하나가 된다면 훗날 뿌리를 북돋워 열매를 먹는 보람이 또한 무궁하지 않겠는가. 이에 글을 지어 권면한다(183쪽)

어느 분야든 하나에 몰두하기 위해서는 깊은 관심과 성실함이 기본으로 갖추어져야 가능하겠지만, 특히 꽃과 나무의 경우는 그 정도가 심할 수밖에 없다. 꽃을 구해서 자신의 뜰에 심는다고 해도 완전히 뿌리를 내려서 아름다운 꽃을 피워낸다는 보장이 없다. 그러니 심고 싶은 꽃모종을 구한다고 해도 그것을 가져오는 데에 정성을 기울여야 하고, 심을 때는 물

론 북돋우고 기르는 일에도 온갖 정성을 기울여야 한다. 정성
을 아무리 들인다고 해서 꽃을 피우는 날짜가 빨리 다가오는
것도 아니고 불어오는 풍우(風雨)가 조심스럽게 불어닥치는
것도 아니다. 그렇게 보면 천지의 순환에 완전히 일치할 수 있
어야 꽃이 뿌리를 내리고 잘 자라서 아름다운 꽃을 피우고 열
매는 맺는다. 꽃에 미친 유박의 삶이 성실함으로 온전히 채워
져야 백화암의 아름다운 꽃나라[衆香國]가 완성될 터이니, 채
제공이 말하는 성실한 마음을 갖추었다는 말이 괜히 하는 말
은 아니다.

꽃에 등급을 매긴다면

자신의 뜰에 온갖 꽃을 심어 가꾸고 가상했다고 해서 그의 뜰
에 천하의 모든 꽃과 나무가 자라는 것은 아니다. 식재하고 싶
은 꽃이나 나무가 있어서 배천 금곡의 날씨와 맞지 않아서 심
지 못하는 것도 있고 토양이 맞지 않아서 심을 수 없는 것도 있
을 것이다. 그렇지만 워낙 꽃을 좋아하는 사람이었으므로 어
떤 수단을 쓰든 자신의 뜰에 좋아하는 꽃을 옮겨 심으려 애를
쓴 것은 분명하다.
　　그렇게 경험한 수많은 꽃과 나무 중에서 정말 좋은 것

들을 고르고 골라서 아홉 등급의 꽃과 나무를 선정하기도 했
다. 『화암수록』에 실려 있는 「화목구등품제」花木九等品第라는 글이
그것이다. 제목에서 볼 수 있는 것처럼, 수많은 꽃과 나무 중에
서 아홉 개의 등급을 나누어서 기록했다는 의미다. 유박은 각
각의 꽃과 나무에 대한 기록을 모아서 기록을 하였는데, 그중
에 5등으로 분류한 석류(石榴)를 예로 들어 본다.

> 석류(石榴)
>
> ○ 아리따운 벗(嬌友) ○ 안석류(安石榴) ○ 왜류(倭榴) ○ 나류
> (羅榴) ○ 일명 단약(丹若)이라고도 한다. 『광아』廣雅에서는 약류
> (若榴)라 하였다. 열매가 흰 것은 수정류(水晶榴)라 한다. ○ 꽃은
> 붉은색, 흰색, 노란색 세 종류가 있다. ○ 낮에 물 주는 것을 좋아
> 한다. 석류는 물을 좋아하지만 열매를 맺을 때는 물을 많이 주면
> 안 된다. ○ 보관할 때는 따뜻하게 해야 좋다.

「화목구등품제」의 내용은 대체로 위와 같은 체제를 따
른다. 분량이 적은 것도 있고 많은 것도 있지만, 각 항목에 수
록되는 것은 유박 자신에게 해당 꽃과 나무가 어떤 벗으로서
의 의미를 지니는지, 어떤 종류가 있는지, 이칭(異稱)과 함께
관련된 고사나 옛 기록을 소개하고, 꽃의 색깔 등 종류를 기록
하며, 그것을 기를 때 특별히 주의해야 할 사항을 기록한다.

그렇다면 유박은 석류를 어떻게 구한 것일까. 마침『화
암수록』에 이와 관련된 시가 한 편 남아 있다.

直榴上似傘	곧게 자란 석류 위쪽 우산 같은데
立當我眉齊	내 눈썹과 나란하게 서 있어라.
百金交市日	백금이나 주고 시장에서 사 오던 날
漆齒惜頻啼	일본 사람 아깝다며 자주 울었지.

「왜석류」倭石榴라는 제목의 시다. 제목으로 보면 이것은
일본 사람에게 구입한 것이며, 상당히 높은 가격으로 샀다는
것을 알 수 있다. 높이는 유박의 눈썹 높이로 자란 것이니 그리
크지는 않았을 것이다. 일본 사람이 아깝다면서 몇 번 울었다
고 하니, 아마도 흥정하는 과정이 순탄치만은 않았을 것이다.
그러나 자신이 사고 싶은 것을 사서 뜰에 심었으니 왜석류가
얼마나 어여뻤으랴. 그는 이런 방식으로 여러 종류의 석류를
구해서 뜰에 심었을 터인데, 석류가 있는 풍경을 노래한 시조
가 한 수 전한다.

솟아 ᄌᆞ란 層石榴(층석류)요 틀어 지은 古槎梅(고사매)라
三峯怪石(삼봉 괴석)에 둘닌 솔이 늙어시니
아마도 花菴風景(화암 풍경)이 너ᄲᅮᆫ인가 ᄒᆞ노라

『화암수록』에 기록되어 있는 유박의 「화암구곡」花菴九曲이라는 연시조 중 첫 번째 수이다. 위로 자라는 줄기를 둥글게 꼬아서 층을 만드는 방식으로 기른 석류를 층석류라고 한다. 고사매란 오래된 그루터기 같은 둥치에 가지 몇 개를 살려서 기르는 매화를 말한다. 층석류나 고사매나 모두 자연스럽게 기르는 것은 아니어서, 이런 방식은 분재로 석류나 매화를 기를 때 사용한다. 삼봉괴석이란 괴석으로 만든 세 개의 봉우리를 말하는 것으로, 조선 선비들에게 널리 사랑받았던 가산의 모습을 말한다. 즉 가산을 만들고 그 괴석 사이에 작은 노송(老松)을 심었다는 것을 알 수 있다. 위의 작품은 분재를 놓은 그 너머로 세 개의 봉우리로 구성된 가산이 있고, 가산에 노송 하나가 식재되어 있는 풍경을 표현하였다. 이것을 유박은 '화암풍경'이라고 했다. 그러니 유박이 자신의 뜰에 구현한 것은 귀한 품종의 꽃과 나무를 가져와서 온갖 정성을 다해 기르되 어떤 것들은 분재를 만들어서 사계절 어느 때고 늘 꽃과 나무를 즐길 수 있도록 환경을 조성하였음을 알 수 있다.

이렇게 아홉 등급의 꽃과 나무를 선정한 뒤 부록으로 「구등외화목」九等外花木을 붙였다. 12종의 화목을 여기에 기록한 뒤 유박은 이들 화목이 아홉 등급 내에 들어 있는 품종과 비교해서 수준이 낮다는 의미가 아니라고 했다. 운치도 있고 번화하기도 하지만 아홉 등급의 기준을 가지고 다섯 종류만 선정

하다 보니 이들이 들어가지 못했을 뿐이라고 했다(아홉 등급
에 속한 화목과 등급 외 화목은 첨부한 표를 참고하기 바란다).

등급	꽃 이름	벗의 이름	비고
1등	매화[梅]	춘매(春梅)는 옛벗[古友], 납매는 기이한 벗[奇友]	고상한 품격[高標]과 빼어난 운치[逸韻]를 기준으로 선정
	국화[菊]	뛰어난 벗[逸友]	
	연꽃[蓮]	깨끗한 벗[淨友]	
	대나무[竹]	맑은 벗[淸友]	
	소나무[松]	오래된 벗[老友]	
2등	모란(牡丹)	열정적인 벗[熱友]	부귀의 의미를 기준으로 선정
	작약(芍藥)	귀한 벗[貴友]	
	왜홍(倭紅)	권세 있는 벗[勢友]	
	해류(海榴)	다정한 벗[情友]	
	파초(芭蕉)	우러르는 벗[仰友]	
3등	치자(梔子)	참선하는 벗[禪友]	운치(韻致)를 기준으로 선정
	동백(冬柏)	신선 같은 벗[仙友]	
	사계(四季)	운치 있는 벗[韻友]	
	종려(棕櫚)		
	만년송(萬年松)		
4등	화리(華梨)		위와 같음
	소철(蘇鐵)		
	서향화(瑞香花)	뛰어난 벗[殊友]	
	포도(葡萄)		
	귤(橘,「花木九等品第」) 유자(柚子,「二十八友總目」)	영특한 벗[雋友]	

등급	꽃 이름	벗의 이름	비고
5등	석류(石榴)	아리따운 벗[嬌友]	번화(繁華)함을 기준으로 선정
	복사꽃[桃花]	어여쁜 벗[夭友]	
	해당(海棠)	단장한 벗[靚友]	
	장미(薔薇)	아름다운 벗[佳友]	
	수양(垂楊)		
6등	두견(杜鵑)	때에 맞는 벗[時友]	위와 같음
	살구꽃[杏花]	요염한 벗[艷友]	
	백일홍(百日紅)	속세의 벗[俗友]	
	감나무[柿]		
	오동나무[梧桐]		
7등	배나무[梨]	우아한 벗[雅友]	각각의 좋은 점을 취하여 선정
	정향(庭香=丁香)	그윽한 벗[幽友]	
	목련(木蓮)	담박한 벗[淡友]	
	앵두나무[櫻桃]		
	단풍(丹楓)		
8등	무궁화[木槿]		위와 같음
	석죽(石竹)	꽃다운 벗[芳友]	
	옥잠화(玉簪花)	서늘한 벗[寒友]	
	봉선화(鳳仙花)		
	두충(杜沖)		
9등	규화(葵花)		위와 같음
	전추사(剪秋紗)		
	금전화(金錢花)		
	창촉(昌歜)		
	화양목(華楊木)		
등외 (等外)	임금(林檎), 단내(丹奈), 산수유(山茱萸), 위성류(渭城柳), 백합(百合), 상해당(常海棠), 산단화(山丹花), 철쭉[躑躅], 잣[柏子], 측백(側柏), 비자(榧子), 은행(銀杏)		

표 2. 「화목구등품제」에서 선정한 꽃과 나무

매너리즘을 떨치고 근본에 대해 다시 묻는다

뜰에 아무리 많은 꽃이 피고 진다 해도 특별하게 좋아하는 꽃
이 어찌 없으랴. 유박이 남긴 『화암수록』 안에 들어 있는 시문
을 읽노라면 상당히 많은 종의 꽃과 나무가 등장한다. 그가 좋
아했던 품종의 아주 일부였을 것이다. 그러나 반복적으로 등
장하는 것이 하나 있으니, 바로 매화다.

　　동아시아 문화사에서 매화는 두말할 필요도 없을 정도
로 중요하다. 한겨울 눈 속에서 추위를 이겨 내고 꽃을 피워 낼
뿐 아니라 우아한 향기는 수많은 시인묵객들의 찬사를 받았
고, 정절의 상징으로 추앙받았다. 조선의 선비들은 누구나 송
나라 임포(林逋)와 소동파(蘇東坡)의 시구를 읊조렸고, 역대 매
화시를 즐겨 애송했다. 나아가 자신의 뜰 안에 매화 한두 그루
쯤은 있어야 선비 노릇을 한다고 여길 정도로 많은 사람들이
즐기고 사랑했다. 퇴계 이황의 매화 사랑은 너무도 유명한 것
이어서, 그가 지은 매화시만 따로 편집해서 읽는 풍조가 있을
정도였으니 조선 선비들의 매화 사랑은 때와 장소를 가리지
않았다.

　　너도나도 매화를 심고 가꾸다 보니 세월이 흐르면서
매화에 대한 인식이 범상한 것으로 변하기 시작했다. 조선 후
기가 되자 일종의 매너리즘이라고 할 만한 모습이 매화 애호

가들 사이에서 보이기 시작한 것이다. 웬만한 선비의 뜰이라면 어디나 매화가 한두 그루는 자라고 있었다. 한양과 같은 도시에 사는 선비들도 마당에 매화를 심었을 뿐 아니라 사정이 여의치 않거나 사계절 방안에서 매화를 즐기고 싶은 이들은 매화 분재를 두고 있었다. 흔히 분매(盆梅)라고 표현되는 것이 바로 매화 분재를 지칭하는 것이다.

매화라는 문화적 상징이 하나의 장식물처럼 전락하는 순간 많은 사람들은 매화가 원래 사랑받았던 상징적 의미를 잊기 시작하였다. 다른 사람의 뜰에 매화가 있으니 내 뜰에도 매화를 심었고, 다른 사람 집에 멋진 분매가 있으니 나도 큰돈을 들여서 분매를 마련했다. 남들이 매화를 소재로 시를 지으니 나도 매화시를 지었지만, 상징의 의미를 깊이 생각하지 못한 사람들의 시문은 범상하고 관습적인 표현으로 가득 차 있을 뿐이었다. 그런 점에서 조선 후기 매화 사랑은 일종의 매너리즘적 측면을 가진다고 하겠다.

유박 역시 이런 풍조를 정확하게 파악하고 있었다. 매화를 좋아하는 입장에서 이러한 풍조가 있다는 점은 자기 역시 그런 무리 중의 한 사람으로 오해받을 수 있다는 생각을 하지 않았을까. 그는 「화목구등품제」에 서문처럼 붙인 글에서 이렇게 말했다.

근래에 여러 공자와 도위(都尉)의 저택에서는 소철과 화리, 종려를 다투어 숭상한다. 먼 곳에서 나는 것을 어여삐 여기고 사모하며 조정에 바치는 것을 으뜸으로 친다. 그러면서 멋대로 매화나 국화를 그 아래 등급[亞品]으로 부르면서 마침내 평범한 사람과 훌륭한 선비를 나란히 세워 둔 꼴이 되었으니, 지금 꽃의 세계에서 각 품종의 지위와 차례를 정하는 일을 조심스럽고 엄격하게 하지 않을 수 없다.

글의 첫 문장에서 유박이 주목하는 것은 부귀와 권력을 가진 사람들의 저택에서 배나무와 종려를 즐겨 심고 감상하는 풍조다. 화리(花梨)는 중국모과(장미과에 속하는 낙엽활엽소교목)라고 불리는 것(혹은 자단목紫檀木을 지칭한다고도 함)이라 아마도 중국 상선을 통해서 들어오는 것으로 보이고, 종려 역시 야자과에 속하는 나무로 중국 남방에서 많이 재배되기도 하고 일본의 정원수로 활용되는 것이니 이 역시 중국(혹은 일본)에서 수입된 나무였을 것이다. 우리나라 토종이 아니므로 일반 백성들 집에서는 보기도 어렵거니와 돈과 권력이 있어야 구할 수 있었다. 게다가 추운 겨울이면 얼어 죽을 수도 있으니 보호하기에도 쉽지 않았다. 그렇지만 이런 식물들이 자신의 뜰에서 자란다는 사실 하나만으로도 자랑거리가 될 만했다. 그 식물에 어떤 의미가 있어서 특별히 좋아한다기보다는 희귀한 식물이라는 점 때문에 구해서 길렀다는 의미다. 그것은 명품을 통해 자신의 욕망을 펼치는 것과 비슷하게, 남의 뜰에는 없는 식물을 내가 기른다는 점에서 그들의 성향을 짐작할 수 있겠다.

문제는, 마치 명품으로 자신의 삶을 치장하듯 희귀한 식물로 자신의 뜰을 장식하는 사람들에게서 뜰을 가꾸는 이념적 지향을 찾아보기 힘들다는 점이다. 자신의 나무와 꽃을 자랑하기만 할 뿐이니 거기서 무슨 의미를 만들어 내겠는가. 이런 사람들에게 매화나 국화는 흔하디흔한 화목이었다. 어느 집을 가도 매화가 있고 조금만 걸어 나가도 국화가 널려 있으니 이런 화목을 길러봐야 자랑거리가 될 리 없었다. 자신의 권력과 부귀와 사회적 지위를 드러내기에 적합한 화목은 희귀한 것이어야 했고, 그 희귀성을 통해서 자신을 돋보이게 하려 했다. 그러니 매화와 국화가 다 무슨 소용이란 말인가.

위에서 언급한 유박의 발언은 바로 이와 같은 사회적 풍조를 지적하는 것이다. 동시에 자기 시대가 보이는 매화와 국화 같은 꽃을 기르는 매너리즘적 풍조에 대한 비판이며 반성이라 할 수 있다.

앞서 언급한 것처럼, 수많은 꽃과 나무 중에서 유박이 특히 좋아했던 품종은 매화였다. 「매설」梅說에서 그는 꿈속에서 매화를 만난 이야기를 썼다. 매화 그늘에서 잠깐 잠이 들었는데, 기이하고 예스럽게 생긴 사람을 만난다. 그는 유박의 성품을 "상고(上古)에 뜻을 두어 질박함을 벗으로 삼는 사람"이라고 하면서 자신의 생각을 이야기한다. 자신은 성질이 저잣거리를 싫어하고 산림만 좋아하여 세외(世外)에 이름을 숨겼다고 하면서, 소동파 같은 문인 때문에 자신의 빙혼옥골(氷魂玉骨), 즉 얼음 같은 영혼과 옥 같은 뼈를 세상에 널리 알림으로써 우물(尤物)로 만들었다고 하면서 유박에게 이렇게 제안한다. "그대가 만약 나를 안다면 적막하고 황량하게 추운 산수의 가장자리와 세상에서 등한히 여겨 버려진 땅에서 처음부터 끝까지 함께 하세나. 그리하여 속된 무리와 함부로 업신여기는 것을 면하고 가득 차 있어도 텅 빈 것처럼 있어도 없는 것처럼 하면서 하늘로부터 타고난 성품을 보전하였으면 하네." 유박은 그를 매형(梅兄)으로 칭하면서 그의 제안에 동의하다가 꿈에서 깬다.

꿈의 형식을 빌려 오기는 했지만, 사실 매형의 이야기는 유박 자신의 이야기이기도 하다. 그의 『화암수록』에는 「매농곡」梅儂曲이라는 시조가 한 수 수록되어 있다.

풍설(風雪) 산재야(山齋夜)에 상대일매화(相對一梅花)ㅣ라

웃고 저을 보니 저도 날을 웃는고나

우어라 매즉농혜(梅則儂兮)ㅣ오 농즉매(儂則梅)ㄴ가 ᄒ노라

바람과 눈이 불어오는 산속 집에서 맞이한 밤에 한 그
루 매화를 마주하고 있다고 했다. 작중 화자인 유박은 매화를
보고 웃고 매화는 유박을 보고 웃으니, 결국 매화가 나요, 내가
매화라고 하였다. 이처럼 그는 매화를 늘 자신과 동일시했다.
심지어 자신을 '매농'(梅儂)으로 자칭한다고 썼다. 무엇 때문
일까.

앞서 그의 일생을 간단히 소개할 때 조상 중에 한 사람
이 역모에 연루되는 바람에 벼슬길이 순탄하지 못했던 사정을
언급한 바 있다. 거기다가 노론이 득세한 시기에 소북계 남인
의 학맥과 혼맥을 가진 유박 입장에서는 세상에 나가기가 쉽
지 않았을 것이다. 「우연히 읊조리다」(偶吟)라는 작품에서 유박은
이렇게 썼다. "한양에 발걸음 끊은 지 이십 년 세월, 한가롭게
꽃 가꾸며 그들과 짝하며 친하게 지냈지"(跡絶京華二十年, 閑來
花事偶相親).

유박 역시 한양의 인연을 아예 만들지는 않았으리라.
그렇지 않다면 당대의 모모한 인사들의 시문을 어떻게 받았겠
는가. 그렇지만 세상에 뜻을 잃고 한양에 발걸음 하지 않은 지
20년이 지났다. 그동안 한 일이라고는 오직 꽃을 가꾸는 것.
꽃들과 벗이 되어 친하게 지내는 것이 온 삶이 된 것이다. 「화
목구등품제」에서 꽃을 벗으로 부르며 이름을 붙인 것처럼, 그
에게 벗은 오직 뜰에 자라고 있는 꽃과 나무들이었다. 그중에

서도 매화야말로 자신의 뜻을 가장 잘 알아주는 벗이었다.

　　어지러운 세상에 마음을 닫고 살아가는 은거자의 삶. 그가 할 수 있는 최선은 하늘로부터 받은 인간의 맑고 깨끗한 본성을 잘 지키는 일이었다. 그리고 그러한 품성에 어울리는 것은 오직 매화였다. 세상 사람들이 매화를 무심하게 대해도 그것은 매화의 '빙혼옥골'이 인간의 본성과 상통한다는 점을 알지 못하는 속된 자들의 태도일 뿐이다. 동시에 배천 금곡에서 꽃 속에 파묻혀 살아가는 유박의 고고한 정신을 드러내는 방식이기도 했다. 누구나 평범하게 바라보는 매화에서, 원래 그것을 소중하게 생각했던 근본적 의미를 묻는 것이다. 어쩌면 그렇게 함으로써 이 세상에 태어난 자신의 삶이 어떤 의미를 가지는지 근본적으로 묻는 것이기도 했으리라.

이름 모를 꽃들의 뜰
— 여암 신경준의 순원

화목원에서 노는 즐거움

아이가 어렸을 때, 주말이면 정말 자주 들르던 곳이 있었다. 화목원이었다. 넓은 부지에 다채로운 식물과 나무들이 관리를 받으며 자라고 있는 곳. 아이는 그곳을 놀이터 삼아 마음껏 뛰놀았다. 유리로 둘러싸인 온실에는 처음 만나는 열대식물이 위용을 뽐내고 있었고, 다른 한쪽에서는 우리의 야생식물이 계절마다 모습을 바꾸면서 꽃을 피웠다. 멋진 조경 계획에 따라 식재된 나무들은 다양한 색깔의 단풍으로 화목원을 늘 푸르고 붉은 모습으로 수놓곤 했다.

화목원을 들르면 나무나 꽃의 이름을 알 수 있도록 팻말을 달아 놓은 것도 참 좋았다. 처음 보는 꽃과 나무야 말할 것도 없거니와 자주 보던 식물들 역시 이름을 확인하면서 돌아보는 재미가 쏠쏠했다. 나 자신 시골 출신이지만 나무나 풀, 꽃 이름을 많이 아는 것은 아니었다. 생활 속에서 늘 만나던 나무와 화훼의 이름을 알아볼 생각도 못했지만, 그 이름을 알려주는 사람도 별로 없었다. 최근에야 이들 식물을 보면서 그 이름을 아는 사람들이 많이 늘었지만, 지금도 시골에서 사는 사람보다는 도시 사람 중에 이름을 널리 아는 사람이 많은 것 같다. 그런 이름을 아는 것은 특별히 관심을 가지고 공부하지 않는 한 쉽게 도달하기 어려운 경지일 것이다. 내 어린 시절에는 소가 먹을 수 있는 풀인지 아닌지, 사람이 먹어도 되는 식물인지 아닌지 정도만 구분하면 충분했기 때문에 굳이 그 이름이 무엇인지 기억할 필요가 없었다.

　어떻든, 나무나 화훼의 이름을 푯말에서 확인하다 보면 내 지식이 쑥쑥 자라는 것 같은 느낌이 들었다. 아이가 화목원을 워낙 좋아하기도 했지만, 나 역시 아이와 함께 그곳을 산책하면서 마치 공부하는 듯한 마음이 들어서 좋았다. 그러던 어느 날 나는 새로운 것을 발견했다. 온실 안에서 자라는 커다란 열대식물 밑으로 푸른 이끼가 빽빽하게 자라는 걸 보았다. 문득 그 이끼의 이름이 궁금했다. 애석하게도 이끼 이름은 푯말로 표시되어 있지 않았다. 화목원에서 중요한 것은 열대식물이었지 이끼가 아니었다. 이끼는 그저 나무의 식생을 보호하기 위한 곁다리였다. 주말마다 이곳을 방문해서 숱하게 온실을 드나들었지만 이끼가 내 눈에 들어온 것은 그때가 처음이었다. 나는 이끼가 이렇게 장하게 자라고 있었다는 것도 몰랐고, 이끼의 종류가 이렇게 많은 줄도 몰랐다. 더 놀라웠던 것은 문외한의 눈에도 이끼의 종류가 제법 많이 보였다는 점이다.

　그때부터 수많은 생명들이 내 눈에 들어오기 시작했다. 이름도 모르고 중요하게 취급받지도 못하는, 그리하여 우리 눈에 보이지도 않던 것들이 봇물처럼 내게 들어오기 시작했다. 나중에 아파트를 벗어나서 뜰이 있는 집으로 이사를 한 뒤 새삼 이름 모를 생명들이 얼마나 많은지 깨닫기까지, 나는 늘 내가 이름을 아는 식물 주변으로 더 많은 것들이 이름을 숨긴 채 살아가고 있다는 점을 모른 채 살아가고 있었다. 그러나 그 사실을 깨닫게 되자 뜰은 내가 공부해서 알던 우주보다 더 많은 우주를 가슴에 묻고 살아가는 공간임을 알게 되었다.

　아무리 작은 뜰이라도 거기에는 별처럼 수많은 생명들이 자신만의 우주를 만들면서 살아간다. 매일 지나다녀도 눈에 들어오지 않으면 내 마음속의 존재로 자리 잡지 않는다는 건 누구나 알고 있다. 심지어 출근길에 매번 지나다니는 큰길 옆에 식당이 새로 개업해도 바쁘게 오가다 보면 모르고 지내기 일쑤다. 인간 중심적 시각이라 미안한 말이기는 하지만, 적어도 우리 인간의 감각에 포착되지 않는다면 그 존재를 인식하는 것은 어쩌면 거의 불가능할지도 모르겠다.

순원, 신경준의 숨터

여암(旅庵) 신경준(申景濬, 1712~1781)은 전라도 순창(淳昌)을 근거지로 삼아 한양과 경기의 여러 지역에서 지내며 관직 생활 및 저술 활동을 한 인물이다. 그가 활동하던 시기는 조선 후기 문화의 황금시대로 일컬어지던 18세기다. 그것을 실학이라고 하든 주자학의 변형이라고 하든, 조선 후기 문화가 다채로운 빛으로 자신의 스펙트럼을 드러내던 시기였던 것은 분명하다. 그중에서도 신경준의 저술은 어학과 문학에서부터 지리학에 이르기까지 다양한 분야를 포괄한다.

신경준은 귀래공(歸來公) 신말주의 10세손이다. 신말주는 세조 때의 공신 신숙주의 동생으로, 관직 생활을 그만두고 순창 남산(南山) 아래로 은거를 했던 인물이다. 자신의 은거지에 귀래정이라는 정자를 짓고 전원으로 귀거래를 실천한 뒤 유유자적 지냈는데, 이를 계기로 그의 후손들이 순창에서 세거(世居)하게 된다. 신경준은 순창 남산 세거지에서 태어났다. 커다란 붉은 호랑이가 하늘에서 내려오는 꿈을 그의 부친이 태몽으로 꾼 터라 주변의 관심을 받았다. 거기에 부응하듯 태어난 지 겨우 8~9개월 정도 되자 벽에 붙어 있는 글자를 알고 사람들에게 손가락으로 가리키기도 했으며, 네 살에는 『천자문』을 읽고 자신의 뜻을 글자로 표현할 수 있었다. 여덟 살이 되던 해 공부를 위해 한양으로 떠난 이래 젊은 시절부터 많은 저술을 하게 된다.

23세에는 온양을 여행하다 만난 동자가 시에 대해 묻자 그에 대한 답변으로 「시칙」詩則을 써서 주었다. 부친이 돌아가신 뒤 가족을 이끌고 경기도 소사로 이사하여 사는 동안 「소사문답」素沙問答을 지었고, 직산에 거주할 때에는 「직주기」稷州記를 지었다. 33세 무렵 고향 순창으로 돌아와 10여 년간 머물 때에는 불교계 인사들과 교유하는 한편 『훈민정음운해』訓民正音韻解를 저술하기도 했다. 그가 과거시험에 합격한 것이 이때였으니 능력이나 명성에 비해 늦은 편이다. 이후 관직 생활을 하는 동안 『강계지』彊界誌, 『도로고』道路考와 같은 지리지를 저술하였고(아쉽게도 이들 저술은 전하지 않는다), 『훈민정음운해』와 같은 언어 관련 저술로 『일본증운』日本證韻, 『언서음해』諺書音解, 『평측운호거』平仄韻互擧 등을 지었다. 그 외에도 국가적인 편찬 사업에 큰 몫을 했는데, 우리말에 대한 그의 이론적 업적은 손꼽을 만하다.

신경준은 꽃에 대한 기록을 남기기도 했는데, 「순원화훼잡설」淳園花卉雜說(『여암유고』 권10)이 그것이다. 백과사전 방식으로 남긴 이 글은 자신의 뜰인 '순원'(淳園)에 자라고 있는 나무와 꽃을 정리하면서 그것의 사전적 지식부터 문화적 상징에 이르기까지 이들을 해설하는 방식으로 집필되었다. 그가 순원(순창에 있는 뜰이라는 의미)이라고 하는 자신의 뜰로 돌아온 것은 부친상을 당한 이후 가족을 데리고 소사, 직산에서의 우거(寓居)를 정리한 1744년이니 그의 나이 33세 때의 일이다. 신경준이 남긴 글 「남산구려기」南山舊廬記(『여암유고』 권4)에 의하면 이 당시에 집안의 여러 어른들이 돌아가시기도 했고 가족 중에 병을 치료해야 하는 사람이 생기면서 사정이 복잡했다고 하였다. 그렇다고는 하지만 어찌 보면 청운의 꿈을 품고 학문의 세계를 떠돌다가 고향으로 돌아와 자신의 삶을 돌아볼 필요도 있었으리라.

순원이라 명명한 신경준의 뜰은 아마도 그가 직접 만든 것은 아니었을 것이다. 신말주가 은거하면서 조영한 귀래정이 대대로 전승되어 왔고, 그 주변으로 어떤 형태로든 꽃과 나무가 자라고 있는 뜰이 있었을 것이다. 신경준이 가족과 함께 고향으로 돌아와 즐겼던 순원의 기본 형태는 그의 조부인 신선영(申善泳)에 의해 조성되었다. 신선영은 집의 동쪽 바위 꼭대기에 정자를 짓고, 그 아래에 못을 팠다. 못 안에는 세 개의 섬을 만들었는데, 기괴한 바위를 모아서 모양을 냈다고 한다. 주변에는 꽃과 대나무 등을 심었는데 기존 기록에 나타나

지 않는 것들이 많았다고 한다. 신경준은 조부가 만들어서 가
꾸던 뜰로 돌아와서 풀리지 않는 자신의 삶을 돌아보며 삼십
대를 보낸다.

　　순원에 자라고 있는 꽃들은 어떤 것이었을까. 그의 기
록을 통해서 살펴보면 연꽃, 난초, 목가(木茄), 명사(楩樝), 국
화, 매화, 복숭아꽃, 어상(禦霜), 철쭉, 무(楙, 모과나무), 작약,
앵두나무, 모란, 풍모란(風牧丹), 무궁화, 면래(眠來), 백합, 석
류, 해바라기, 영산홍, 옥잠화, 충천(衝天), 탱자나무, 금정(錦
庭), 상산(常山), 동백, 자미화(배롱나무). 사계화, 망우(忘憂),
자귀나무, 창포, 산수유, 대나무 등이 나온다. 이들은 순원에서
만날 수 있는 것들이지만, 이렇게 기록으로 남는 순간 신경준
의 눈에 깊이 각인되면서 그 의미를 재삼 확인하게 된다. 이
렇게 뜰의 꽃과 나무를 관찰하고 기록하면서, 너무도 각박해
서 숨 쉴 곳조차 없었던 세상에서 잠시 벗어나 상처받은 삶을
치유하였다. 자신을 강하게 조이는 세상의 그물을 벗어 던지
고 숨을 쉴 수 있는 자신만의 숨터를 만드는 일이기도 했다. 그
렇게 보면 순원이라는 뜰은 신경준에게 일종의 숨터 역할을
했다.

꽃의 관습적 상징에 반대한다

신경준이 꽃을 기록하는 방식은 몇 가지로 구분할 수 있다. 우선 식물의 세부 명칭이라든지 종류에 따른 명칭의 차이를 상세하게 고증하는 방식을 들 수 있다. 연꽃을 기록하는 대목에서 다음과 같은 글을 예로 들 수 있다.

> 연의 밑동은 밀(藌)이라 하고, 뿌리는 우(藕)라고 하며, 줄기는 가(茄), 잎사귀는 하(荷)라고 한다. 꽃이 아직 피지 않은 것은 함담(菡萏)이라 하고 이미 피었다면 부용(芙蓉)이라 한다. 이것들을 총칭하여 거(蕖)라고 부른다. 열매는 연(蓮), 연의 한가운데를 적(菂), 적의 한가운데를 의(薏)라고 한다. 작은 풀 하나지만 많은 글자로 나타내는 것이 이 정도나 되니, 옛날 신성한 분들에게 사랑을 받은 것이 과연 어떠하겠는가. 옛날 글자를 만든 사람이 많으니 복희(伏羲), 주양(朱襄), 신농(神農), 황제(黃帝), 창힐(蒼頡), 대우(大禹)와 같은 분들이 서로 이어서 더욱 덧붙였다. 연꽃을 사랑하기로는 누가 가장 깊은지 나는 알지 못하지만 필시 염계(濂溪)와 같은 사람이 있을 것이다. 그러니 연을 늦게 만난 것은 아니지만 그것은 아마도 오랜 옛날부터 있었을진저.[1]

---

1 蓮之本曰藌, 根曰藕, 莖曰茄, 葉曰荷, 花未發曰菡萏, 已發曰芙蓉, 總名曰蕖, 實曰蓮, 蓮之

　　연꽃과 관련된 한자를 하나씩 들면서 글자들이 어떻게
다른 함의를 가지고 있는지를 간략하게 언급한다. 어학사전의
지식을 열거하면서, 하나의 작은 사물에도 이렇게 다양한 글
자로 이름이 부여된다는 점을 지적한다. 중세 동아시아 문화
권에서 연꽃은 대체로 주돈이의 「애련설」을 떠올리는데, 이와
같은 사람이 연꽃을 매우 사랑했음에 분명하지만 이러한 사람
이 역사 속에 수없이 명멸했을 것이라는 점 역시 언급한다. 또
한 글자가 처음 만들어지던 오랜 옛날부터 많은 성현들이 새
로운 글자를 만들어서 사물의 다양한 측면을 표현하려는 의
지를 보였다는 점을 통해서 연꽃이 얼마나 오래된 식물인지를
말하고 있다.

　　신경준이 보여 주는 서술 방식은 일종의 백과사전식이
라 하겠는데, 이러한 공부 형태는 그가 계승한 학파와 관련이
있는 것으로 보인다. 자세한 논의가 필요하기는 하겠지만 조
선 중기 허균에게서 명확히 보이는 백과사전식 공부 방식과
편찬 태도는 특히 북인계 지식인들을 통해서 꾸준히 계승되었
다. 앞서 언급한 것처럼 신경준 역시 소북계 지식인으로 분류

中曰苭, 苭之中曰薏. 一草之微, 而得字之多, 至于如此, 其見愛於古之神聖之人者, 果何如
也? 古之制字者多, 若伏犧·朱襄·神農·黃帝·蒼頡·大禹之人, 相繼而增益之. 吾未知蓮之
愛, 誰爲最深, 而必有與濂溪同者矣. 然則蓮之遭非晚, 而其在鑿古之初也夫!(申景濬,「淳園
花卉雜說」,『旅菴遺稿』卷10).

되는바, 이러한 공부는 조선 후기까지도 꾸준히 이어져 왔다.

폭넓은 독서를 통해서 얻은 지식은 언어학, 지리학뿐만 아니라 문학 이론이나 식물과 같은 분야로 이어지면서 융합적 글쓰기로 이어졌다. 앞서 인용한 연꽃 관련 기록은 언어학적 지식에 토대를 두고 용어를 정리하는 방식으로 서술되었다. 이와 다르게 꽃에 부여된 사회적 상징의 강고함이 오히려 꽃을 감상하는 데 방해가 되는 점을 비판하는 대목도 있다. 어떤 꽃을 지칭하는지 정확하게 알 수는 없지만, 아마도 국화 종류의 하나일 듯한 어상(禦霜)을 기록한 부분에서 그런 점을 읽어 낼 수 있다.

'어상'이 국화 종류라는 것은 알 수 있지만, 정확하게 어떤 종류를 지칭하는지 알 수 없다. 이런 사정은 신경준 시대라고 해서 다를 바가 없었다. 많은 사람들이 오상고절(傲霜孤節)이라는 관용구를 떠올리면서 국화의 절개를 칭송하고 그와 관련해서 도연명을 떠올리지만 과연 국화가 그러한 이미지에 부합하는지는 따져 보아야 한다는 것이 신경준의 생각이었다. 동아시아 문화에서 사군자(四君子)로 통칭되는 매화, 난초, 국화, 대나무는 오랫동안 지식인들 사이에서 아름다운 인품과 절의의 상징으로 수용되었다. 조선 후기 문인화나 민화에서 집 주변으로 이런 화훼 품종이 자주 발견되는 것은 일종의 상징적 패턴이기도 하지만 그만큼 많은 사람들이 심어서 감상했

다는 뜻이기도 하다. 그러다 보니 나무와 꽃들이 가지는 상징
은 하나의 관습으로 변하면서 그것이 주는 의미를 사람들에게
인상적으로 전달하지 못하는 상황이 되었다. 조선 후기가 되
면 꽃과 나무를 좋아하는 사람들의 글에서 이와 같은 사회적
인식에 문제를 제기하면서 그들이 가지고 있는 상징의 본원을
돌아보자는 인식이 확산된다. 신경준 역시 이러한 문제의식을
가지고 「화훼잡설」을 집필하였다. 그러한 태도를 '어상' 서술
에서 잘 살펴볼 수 있다.

　　그는 국화가 은일(隱逸)의 상징으로 여겨지고 있지만
사실은 은일의 꽃은 아니라는 말로 이 부분의 서술을 시작한
다. 어상에 대해 쓴 신경준의 글은 다음과 같다.

> 국화에게 서리를 이겨 내는 높은 절개가 있기 때문에 진나라 도
> 잠(陶潛)이 이 꽃을 사랑하였다. 도잠은 숨어 사는 사람이다. 주
> 무숙(周茂叔)이 국화를 가리켜 '은일'(숨어 산다는 의미)이라고
> 일컫는 바람에 국화가 마침내 은일로서의 명성을 드날리게 되
> 었지만, 사실 국화가 은일한 존재는 아니다. 왕궁(王宮), 귀인(貴
> 人), 부호(富豪)로부터 여염의 비천한 선비에 이르기까지 뜨락이
> 나 채마밭이 있는 사람이라면 누구나 심으면서 총애하지 않는
> 이가 없었다. 고금의 시인과 문사들이 노래를 지어 찬탄하고 글
> 을 지어 애송하여 높이 드날린 이들이 환하게 빛났으며, 화가들

도 또한 이들을 따라 아름다운 빛으로 그려 냈다. 유몽(劉蒙), 범지능(范至能), 사정지(史正志), 왕관(王觀) 같은 사람들은 그 종류를 빠짐없이 모아 국보(菊譜)를 만들었으니, 과연 국화를 보고 험준하고 깊은 숲속에 몰래 숨어 살아서 사람들이 그 이름을 모르는 꽃이라고 할 수 있겠는가. 혁혁한 그 명성은 아마도 모란보다 더 높을 것이다.

아! 꽃 중에서 진실로 숨어 사는 것은 어상(禦霜)이라 하겠다. 이 꽃은 담홍색으로 꽃잎이 많아서 국화와 비슷한데 줄기가 약간 가늘다. 늦가을에야 비로소 피며, 서리가 내리면 그 빛깔은 더욱 선명하다. 아마 도잠이 이 꽃을 보았다면 그의 사랑이 어찌 국화보다 못하였으랴. 어찌된 연유로 빛을 머금고 덕을 감추며 세상에서 이름을 도피한 지가 이토록 오래되었을까. 나는 이제야 그 꽃을 보았으나 같은 종류가 얼마나 있는지 알지 못한다. 또한 깊숙한 산언덕 쑥대와 넝쿨이 뒤엉킨 사이에 절개를 가진 꽃들이 어상처럼 숨어 사는 것들이 제법 있을 것이다. 산과 들에서 나무와 나물을 뜯으면서 속세에서 멀리 떨어져 숨어 사는 선비들 중에서 간혹 이 꽃을 아는 사람들이 있다 하더라도 어찌 반드시 도잠이나 나처럼 번거롭게 글을 써서 널리 전파하겠는가.[2]

2　菊有淩霜之節, 故晉陶潛愛之. 陶隱人也. 周茂叔指菊謂隱逸, 菊遂擅隱逸之名, 而然而菊實非隱也. 自王宮貴第富豪之家, 下至閭閻賤士有階圃者, 莫不封寵之, 今古騷人文士, 歌詠銘讚, 序敍誦說, 揄揚獎褒者, 煥然輝映, 而畫者又從以丹靑之, 若劉蒙·范至能·史正志·王觀

이 글은 두 부분으로 구성되어 있다. 앞부분에서는 국
화가 은일지화(隱逸之花)라는 일반적 인식에 의문을 제기하는
내용이고, 그 대안으로 은일지화라는 인식에 맞는 어상이라는
꽃을 소개하는 내용이다.

국화를 숨어 사는 사람의 꽃이라는 인식은 '주무숙'이
라고 표현된 인물, 즉 주돈이의 글에서 비롯된다. 그는 앞서 언
급한 「애련설」이라는 글을 쓰면서 '진나라 도연명은 홀로 국화
를 사랑했다'(晉陶淵明獨愛菊)고 하면서, '국화는 꽃 중에 은일
한 자'(菊花之隱逸者也)라고 했다. 주돈이가 이렇게 쓴 속뜻이
나 배경이 알려진 바는 없지만, 국화가 왕공부호(王公富豪)의
뜰에서 사랑받는 존재가 아니라는 점이 고려의 대상이 되었을
것이다. 즉 국화는 권력자의 뜰에서 화려함으로 사랑받는 꽃
이라기보다는 들판 여기저기 피어서 누구의 눈길도 받지 않다
는 점을 은일이라고 칭한 중요한 이유였으리라는 것이다. 그
런데 그의 글이 널리 애송되면서 국화는 '은일'이라는 상징어
를 획득하게 되었고, 이런 문화적 전통 때문에 고려 시대 이래

輩, 譜其族, 無遺餘焉, 菊果幽棲潛居於嶔林邃絶之墟, 而人不知名者耶? 其燁爛華貴, 殆有
甚於牧丹也. 噫! 花之眞逸者, 唯禦霜乎! 花淡紅而千葉, 與菊類而莖少脆, 秋晚始開, 霜降色
逾鮮, 使陶潛見之, 其愛豈下於菊乎? 何苦含光晦德, 逃名於世, 至於此久也? 余今見之, 而
未知其族有幾也. 又未知山阿之幽, 蒿藜榛莽之間, 花之有介操而隱, 如禦霜者有幾也. 遐遁
之士, 樵採於山野, 雖或有知之者, 而豈必著書播傳, 如陶與吾之煩也哉?(앞의 글, '禦霜'
참조).

많은 학사문인들 중 세속을 벗어나 방외(方外)에 숨어 지내며
절의를 지키려는 사람들이 국화를 심고 가꾸고 즐기면서 자신
의 뜻을 의탁하곤 했다. 심지어 지금도 국화에서 이런 이미지
를 먼저 떠올리는 사람들이 제법 많다. 학교 교육의 영향일 것
이다. 우리는 고전문학 작품에서 국화가 나오면 은일과 절의
의 상징으로 배우기 때문이다.

　　이런 식상한 상징 해석에 문제를 제기하는 사람들이
그동안 왜 없었겠는가마는 그런 목소리는 쉽게 묻혔다. 신경
준은 문제를 제기하면서 그에 대한 자신의 생각을 밝힐 뿐만
아니라 대안으로 어상을 제시하고 있다.

　　따지고 보면 국화만큼 대중들의 사랑을 받은 꽃이 드
물다. 오죽하면 시대별로 국화의 종류를 모아서 족보와 같은
책이 편찬되었겠는가. 신경준이 국보를 편찬한 네 사람을 거
론했다. 유몽은 송나라 때 사람으로 『유씨국보』劉氏菊譜를 편찬
했고, 범지능은 송나라 범성대(范成大)를 말하는데(그의 자는
치능(致能)이므로 지능(至能)은 신경준의 착오일 것이다) 『범
촌국보』范村菊譜를 편찬했으며, 사정지 역시 송나라 때 사람으로
『사씨국보』史氏菊譜를 편찬했다. 왕관은 아마도 『광군방보』廣群芳譜
를 편찬한 청나라 왕호(汪灝)를 지칭하는 것으로 보인다. 그는
이 책에서 국화의 식생에서부터 종류에 이르기까지 자세한 기
록을 남긴 바 있다. 어떻든 이렇게 많은 문인들이 국화에 대한

기록을 책으로 저술하였으니, 더 이상 산야에 숨어 있는 꽃이라고 할 수 없다는 것이 신경준의 생각이었다.

그러나 '어상'이라는 꽃은 은일이라는 단어에 꼭 들어맞는 존재라는 것이다. 국화 종류 중 하나인 것으로 보이는데, 이 꽃은 『국보』菊譜에도 발견되지 않는다. 신경준이 지칭한 어상이 무엇인지 명확하게 특정할 수는 없지만, 그의 생각에 이런 꽃이야말로 숨어서 살아가는 선비의 정신을 드러낼 수 있는 존재였다. 이름에서도 볼 수 있듯이 이 꽃은 서리를 막아 내면서 꽃을 피우는, 그야말로 어떤 고난도 이겨 내고 꽃을 피우는 존재다. 쑥대와 덤불이 뒤엉겨서 사람의 발길도 닿지 않고 눈길도 줄 수 없는 산언덕에 피어나는 어상이라니, 얼마나 대견하고 멋진 꽃이란 말인가. 그러니 주돈이 이래 은일의 상징이라고 한다면 당연히 어상과 같은 꽃이어야 했다.

이런 글을 통해서 신경준은 자신의 삶을 반영하고 싶어 했을 것이다. 천재 소리를 들으면서 어린 시절을 보낸 그에게 정치세계는 심오하면서도 납득하기 어려운 점이 많았을 것이다. 여러 군데 타향을 떠돌다가 결국 삼십 대 초반에 가족을 이끌고 고향으로 돌아왔으니 착잡한 마음 가눌 수 없었으리라. 그는 순원에 자라고 있는 많은 꽃과 나무들을 보면서, 세상에 이름이 높다고 해서 반드시 명실상부한 삶을 살아가는 것은 아니라는 이치를 깊이 따져 보고 싶었을 것이다.

이름 없는 꽃, 이름 모를 꽃

이름이란 무엇인가. 이름은 늘 그 사람의 모든 것을 대표할 수 있는 것인가. 신경준이 자신의 뜰 '순원'에서 던진 질문은 참으로 소중하면서도 중요하다. 조선이 국가의 근본으로 삼았던 유교는 '정명'(正名)을 매우 중요한 덕목이자 목표로 삼고 있기 때문이다. 정명은 이름과 실질이 맞아야 한다는 이른바 '명실상부'(名實相符)를 이루자는 것이다. 세상이 어지러운 것은 이름이 올바르지 않기 때문이다. 선생이 선생이라는 이름에 걸맞은 행실을 하고 학생이 학생이라는 이름에 걸맞은 행동을 한다면 우리나라 교육이 올바르게 서지 않을 리 없다. 임금이 임금이라는 이름에 걸맞아야 하고, 백성은 백성이라는 이름에 걸맞아야 한다. 그래야 나라가 바로 선다. 그러니 자기가 살아가는 시대에 세상의 이름이 모두 자기 자리를 지키면서 올바른 이름을 지니고 있는지를 묻는 행위는 유학자로서는 세상 모든 생명의 근본을 되묻는 행위라 하겠다. 신경준에게 이름은 자신의 삶을 돌아보고 앞으로 나아가야 할 이념의 푯대를 세우는 일과 다름없었다.

신경준의 『순원화훼잡설』淳園花卉雜說 중에서 나에게 가장 흥미로운 대목은 「무명」無名이다. 꽃에 대한 글이니, '무명'은 '이름 없는 꽃' 혹은 '이름 모를 꽃'이라는 뜻이다. 다른 꽃에 비

해 길게 서술되었는데, 여기서 신경준은 이름에 대한 자신의
생각을 흥미롭게 풀어낸다.

뜰의 꽃 중에 이름 없는 것들이 많다. 대저 사물은 스스로 이름
을 지을 수 없으므로 사람이 이름을 지어 준다. 꽃에 이미 이름
이 없다면 내가 이름을 지어 주어도 되겠지만 또한 어찌 반드시
이름을 붙일 필요가 있으랴. 사람이 사물에 있어서 그 이름을 사
랑하는 것이 아니다. 그들이 사랑하는 것은 이름 밖에 있다. 사
람이 먹을거리를 사랑하는 것이 어찌 먹을거리의 이름 때문이
겠으며, 옷을 사랑하는 것이 어찌 옷의 이름 때문이겠는가. 여기
에 맛있는 회와 구운 고기가 있다면 그저 마땅히 먹을 것이요,
먹어서 배가 부르면 그만이다. 무슨 물고기의 회인지 모른다고
해서 무슨 문제가 있겠는가. 여기에 가벼운 갖옷이 있다면 그저
마땅히 입을 것이요, 입어서 따뜻하면 그만이다. 무슨 짐승으로
만든 가죽인지 모른다고 해서 무슨 문제가 있겠는가.[3]

아무리 작은 뜰이라도 거기에서 자라는 식물의 이름을

3 園之花無名者多, 夫物不能自名而人名之, 花旣無名, 則吾名之可也, 而又何必名乎? 人之於
物, 非愛其名也. 愛之者在於名之外. 人愛食, 豈以食之名可愛也耶? 愛衣, 豈以衣之名可愛
也耶? 有美膾炙於此, 但當食之, 食則飽而已, 何傷乎不知某魚之肉? 有輕裘於此, 但當衣之,
衣則煖而已, 何傷乎不知某獸之皮?(위의 책, '無名'조).

모두 아는 사람은 아마도 없을 것이다. 하다못해 아파트 베란다에 놓고 키우는 화분도 마찬가지다. 거기에 심은 식물의 이름은 쉽게 알 수 있지만, 화분에는 그 식물만 자라는 것은 아니다. 자세히 들여다보면 눈에 거의 보이지 않을 정도로 작은 이끼류부터 조그만 풀에 이르기까지 제법 여러 종류의 생명이 터를 잡고 있다. 그 생명들은 화분에 흙을 넣을 때 함께 휩쓸려 들어온 풀씨가 발아한 것일 수도 있고, 베란다에 문을 열어 놓았을 때 바람에 날려서 화분에 안착한 것도 있을 것이다. 어떤 경로로 이곳까지 날아와서 터를 잡았는지 모르는 만큼 최선을 다해 생명을 키워 올리는 저 식물의 이름을 알아차린다는 것은 힘들다. 그러니 뜰에 자라는 식물 중에서 내가 이름을 아는 것은 몇 개 되지 않는다.

신경준은 바로 이런 점을 상기시킨다. 사실 근대 이전의 문인들이 자신의 뜰에 대해 쓴 글이 굉장히 많지만, 이렇게 이름 모를 혹은 이름 없는 식물에 큰 관심을 가지고 자신의 생각을 펼친 사람은 거의 없다 해도 과언이 아니다. 모든 이름을 인간이 붙인다. 사물은 자신의 이름을 가지고 있어서 같은 부류끼리 통용하는지는 모르겠지만, 적어도 인간 세상에서의 모든 이름은 인간에게서 비롯한다. 식물의 이름 역시 마찬가지다. 그러나 수많은 식물에 모두 이름을 붙이는 경우는 없다. 지금도 이따금 새로운 식물 종이 발견되었다는 보도가 나오는

것을 보면, 인간의 눈에 띄지 않는 식물이 정말 많으리라는 추
정을 충분히 할 수 있다.

　이런 맥락에서 보면, 이름이 없는 식물이라는 표현은
두 가지 측면이 있다. 하나는 인간의 눈에 쉽게 띄지 않아서 이
름을 붙이지 않았다는 의미일 것이고, 다른 하나는 이름이 있
지만 내가 그 이름을 모르는 식물이라는 의미일 것이다. 전자
는 이름이 없는 것이고 후자는 이름을 모르는 것이다. 신경준
은 두 가지 경우 모두 '무명'이라고 표현하였다.

　신경준은 이런 생각을 이어서 이렇게 쓰고 있다.

　이미 사랑할 만한 것을 얻었다면 꽃 이름을 모른다고 해서 무슨
　문제가 있겠는가. 만약 사랑할 만한 것이 없다면 진실로 이름 붙
　이기에 부족하다. 사랑할 만한 것이 있어서 이미 그것을 얻었다
　면 또한 꼭 거기에 이름을 붙일 필요는 없다. 이름이란 구별하고
　자 하는 마음에서 나오는 것이다. 구별하고자 한다면 이름이 없
　을 수는 없을 것이다. 모양을 가지고 장단(長短)과 대소(大小)를
　구별한다면 이름 아닌 것이 없을 것이고, 색깔을 가지고 청황적
　백(靑黃赤白)을 구별한다면 그것도 이름 아닌 것이 없을 것이며,
　땅을 가지고 동서남북을 구별한다면 그것도 이름 아닌 것이 없
　을 것이다. 가까이 있는 것을 '이것'이라고 불렀다면 '이것' 역
　시 이름이며, 멀리 있는 것을 '저것'이라고 불렀다면 '저것' 역

시 이름이다. 이름이 없어서 '무명'(無名)이라고 불렸다면 '무명'도 이름이다. 어찌 일찍이 다시 이름을 붙여서 사치스럽고 아름다움을 구하겠는가.[4]

그에게 이름은 변별을 위한 것이지 그 본질을 지칭하는 것이 아니었다. 언어의 자의성(恣意性)을 이렇게 멋지게 표현할 글이 있었을까. 인간의 언어를 빌려서 하나의 사물을 지칭하고, 그것을 통해서 생활의 편리함을 구하기 위한 것이 이름이다. 그러니 굳이 이름 붙이는 것에 엄청난 공력을 들일 필요도 없고 이름의 지나친 아름다움을 추구할 필요도 없다. 무어라고 부르든 중요한 것은 내가 그 사물, 그 꽃을 좋아하는지 여부일 뿐이다.

나무나 꽃 이름을 정말 많이 아는 친구가 있다. 어쩌다 궁금한 꽃 이름이 있으면 사진을 찍어 그 친구에 보낸다. 금세 답이 와서 의문이 해결된다. 물론 최근 인터넷으로 꽃 사진을 찍어서 이름을 확인하는 프로그램이 있기는 하지만, 그것만으로는 모든 식물 이름을 알 수는 없다. 그런데 그 친구는 신기하

4　旣得其可愛者矣, 何傷乎不知花之名乎? 苟無可愛者, 固不足名之也. 有可愛者而苟旣得之, 又不必名之也. 名者出於欲別者也, 如欲別之, 無非名也. 以形而長短大小, 無非名也; 以色而靑黃赤白, 無非名也; 以地而東西南北, 無非名也. 在近而曰此, 此亦名也; 在遠而曰彼, 彼亦名也; 無名而曰無名, 無名亦名也. 何嘗復爲之名, 以求侈美也哉?(위의 책, '無名'조).

게도 식물의 이름을 정확하게 가르쳐 줄 뿐만 아니라 식생이라든지 식물의 활용까지도 더러 이야기해 준다. 친구의 그 능력은 때로 부럽다. 그렇지만 정작 자신은 그 능력을 대수롭지 않게 생각한다. 그냥 예쁘면 예쁘다고 느끼면 된다는 것이다.

생각해 보면 신경준이 말하려는 의도와 내 친구의 말은 상통하는 데가 있다. 이름이 없는 것이든 이름을 모르는 것이든 그것을 보이는 그대로 느끼고 즐길 수 있다면 이름이 무슨 상관이냐는 것이다. 우리가 음식이 맛있다고 느끼거나 옷이 예쁘다고 말하는 것은 음식과 옷의 이름 때문이 아니다. 음식 이름을 몰라도, 옷의 이름을 몰라도, 우리는 음식과 옷을 충분히 즐기고 좋아할 수 있다. 회를 먹거나 고기를 먹을 때 맛있게 즐기고 배가 부르면 그만이지 그것의 이름을 모르는 것이 문제가 되지는 않는다. 가죽옷을 입어서 추위를 막으면 그것으로 족할 뿐 무슨 가죽으로 만들었는지 모르는 것이 문제가 될 리 없다. 어쩌면 대상의 이름과 관계없이 그것을 즐기고 좋아하는 것이야말로 실질에 더 가까이 다가가는 방법일 수도 있다.

꽃도 마찬가지여서 우리가 배롱나무꽃을 좋아한다면 배롱나무라는 이름 때문에 좋아하는 것이 아니고 그 꽃의 색깔이라든지 뜰에 서 있는 나무의 꽃 빛깔이 아름다워서 그런 것이다. 하나의 이름은 아름다운 대상 혹은 실용적인 대상에 수반되는 조치일 뿐 그것이 먼저 행해질 수 없다는 것이 신경준의 생각이었다. 그는 심지어 자신이 이름을 모르는 꽃에 대하여 '이름 없는 꽃'이라는 뜻으로 '무명'(無名)이라고 했다면 그것도 하나의 이름이 될 수 있다고 했다.

이름을 벗어나는 순간 우주를 경험하네

여름날 오후 소나기라도 한차례 훑고 지나가면 마법처럼 작고 가느다란 몸통을 가진 버섯이 마당 잔디밭에 마구 돋아난다. 뜨거운 여름 햇살 아래 어디 숨어 있었을까 싶은 개구리들이 텃밭 고랑 사이로 이리저리 뛰어다니고, 햇살에 땅이 마르기 전에 지렁이들이 슬며시 땅 밖으로 기어 나온다. 마당은 어느새 신비로운 몰약(沒藥)이라도 새로 마신 듯 신선하고 반짝이는 생명으로 가득해진다. 게으름을 권하던 여름 오후에 쏟아지는 소나기가 반가운 것은 숨 막히는 더위를 한풀 식혀 주기 때문이기도 하지만, 소나기가 지난 뒤 만날 수 있는 마당의 새로운 모습을 만나는 설렘 때문이기도 하다. 그럴 때면 슬리퍼를 대충 꿰어 신고 마당을 어슬렁거리면서 뜰이 보여 주는 작은 생명들의 노래를 듣곤 하는 것이다.

    아침에 일어나서 창밖을 보면 늘 소나무 몇 그루가 보

였고, 철 따라 피고 지는 꽃나무 몇 그루가 보였다. 봄이면 산수유가 노랗게 피어났고 매화가 꽃을 피웠다. 서부해당화 아래로 키 작은 꽃들이 나도 모르는 사이에 피었다 지고 있었다. 그렇지만 내 눈에 들어오지 않았던 수많은 생명들은 일 년 내내 자신의 존재감을 내게 심어 주지 못했다. 그들은 계절의 순환에 따라 싹을 틔우고 잎을 펼쳤으며 꽃을 피우다가 겨울이 오기 전에 땅으로 돌아갔다. 한 번도 내게 눈길을 요구하지도 않았지만 자연의 섭리에 따라 묵묵히 자신의 일을 했다. 최선을 다해서 생명을 가꾸어 갔다.

이름에 대해 다시 한번 돌아본다. 내 이름 때문에 내가 존재하는 것이 아니다. 내 존재에 대해 붙여진 것이 이름이다. 오랜만에 만난 친구의 이름이 가물거릴 때, 졸업한 지 제법 되는 제자가 찾아왔는데 이름이 가물거릴 때, 몇 년 만에 한 번씩 만나 안부 정도만 묻곤 하는 친척의 이름이 가물거릴 때, 나는 미안한 마음을 가졌다. 그러나 맹세컨대 나는 그들과 내가 만들었던 여러 인연들, 그사이에 얽힌 이야기를 모두 기억하고 있었다. 그들의 얼굴을 보는 순간 그런 인연과 이야기가 한꺼번에 폭죽처럼 떠올랐다. 이름을 모른다고 해서 그들과의 인연이 사라지는 것은 아니다. 인연의 그물 속에 스며 있는 많은 기억들이 이름과 함께 사라지는 것이 아니다.

꽃 이름을 모른다고 해서 내 뜰에 아름다운 모습으로

자라는 꽃이 존재하지 않는 것은 아니다. 이름은 인간이 만들고 붙인 것일 뿐 뜰에서 자라고 있는 꽃들은 저마다 자신만의 우주를 만들면서 최선을 다해서 세계를 장엄하고 있다. 인간으로서의 시선을 내려놓고, 여름날 소나기 뒤에 서늘해진 그늘에 앉아서 평소에는 눈길을 주지 않았던 뜰의 한구석을 찬찬히 살펴본다. 푸르고 보드라운 이끼의 감촉까지 눈으로 느껴질 정도다. 작은 소나무 줄기에 터를 잡고 자라는 식물, 눈으로는 제대로 보이지 않는 저 식물들도 새삼스럽게 느껴진다.

　　나도 저들처럼 내 이름을 내려놓고 살아가고 싶다. 이름이 강요하는 인간중심주의적 사유에서 벗어나고 싶다. 이름과 실재 사이에 존재하는 미끄러짐, 그리하여 도저히 존재의 본질에 도달하지 못하게 만드는 이름을 벗어나는 일이 얼마나 어려운지 생각한다. 이런저런 생각을 하는 사이에 여름 해는 어느새 넘어가고 하늘에는 개밥바라기가 떠오르면, 뜰은 다른 시간을 품는다.

　　내 뜰의 이름 모를 꽃들도 인간이 붙여 준 이름을 버리고 살아갈 권리가 있다. 이런 말조차 인간중심주의적이라면, 꽃은 그냥 그렇게 살아가고 있는 걸 내가 본다고 말해야 할 것이다. 이름을 넘어서 그들을 존재 그대로 바라보는 순간 나도 그 우주 속에서 꽃과 하나가 되는 걸 느낀다. 설명할 수는 없지만, 그 황홀경 속에 있을 때 비로소 우주를 만들어 낸 화엄(華

嚴)의 중중무진(重重無盡)을 경험한다. 내 뜰에서 나는 시공을 넘어서는 우주를 경험하는 것이다.

지은이 김풍기

강원도 강릉에서 태어났다. 강원대학교 사범대학 국어교육과를 졸업하고 고려대학교에서 석사 및 박사학위를 취득했다. 현재 강원대 국어교육과 교수로 재직 중이다. 지은 책으로는 『고전문학사의 라이벌』(공저), 『선가귀감, 조선 불교의 탄생』, 『한시의 품격』, 『선물의 문화사』, 『한국 고전 소설의 매혹』 등이 있으며, 옮긴 책으로는 『세계 최고의 여행기 열하일기』(공역), 『옥루몽』 등이 있다.

정원에서의 질문 ──뜰은 좁지만 질문하는 인간은 위대하다

초판1쇄 펴냄 2024년 4월 5일

지은이 김풍기
펴낸이 유재건
펴낸곳 (주)그린비출판사
주소 서울시 마포구 와우산로 180, 4층
대표전화 02-702-2717 | **팩스** 02-703-0272
홈페이지 www.greenbee.co.kr
원고투고 및 문의 editor@greenbee.co.kr

편집 이진희, 구세주, 송예진 | **디자인** 이은솔, 박예은
마케팅 육소연 | **물류유통** 류경희 | **경영관리** 이선희

독자의 학문사변행學問思辨行을 돕는 든든한 가이드 _(주)그린비출판사